城市进化与未来城市：
回溯及展望

焦永利 著

中国城市出版社

图书在版编目（CIP）数据

城市进化与未来城市：回溯及展望/焦永利著. —
北京：中国城市出版社，2021.9
　ISBN 978-7-5074-3369-2

Ⅰ.①城… Ⅱ.①焦… Ⅲ.①城市管理—研究—中国
Ⅳ.①F299.23

中国版本图书馆CIP数据核字（2021）第199828号

责任编辑：焦　扬
书籍设计：锋尚设计
责任校对：焦　乐

城市进化与未来城市：回溯及展望
焦永利　著

*
中国城市出版社出版、发行（北京海淀三里河路9号）
各地新华书店、建筑书店经销
北京锋尚制版有限公司制版
天津翔远印刷有限公司印刷
*
开本：787毫米×960毫米　1/16　印张：18½　字数：263千字
2021年9月第一版　2021年9月第一次印刷
定价：**78.00元**
ISBN 978-7-5074-3369-2
　（904395）

版权所有　翻印必究
如有印装质量问题，可寄本社图书出版中心退换
（邮政编码100037）

内容简介

城市是人类文明的产物，同时又承载并推动着人类文明的演进。城市是生命体，其发展进化受技术基因与文化基因支配。

从这样的视角来看，需要采用大历史观寻找贯穿城市发展的主线，以此汲取经验教训，为今天的城市人居体系和空间规划的完善提供支撑。在历史上，观念变革、科技产业新变化往往会给城市带来进化机遇，但同时也会带来对原有体系的冲击，出现一些当时条件下的"城市病"。针对这些病症，一些有识之士看到变化、预判未来、谋划应对，提出新的理想城市模型。

当前，以人工智能、物联网、量子计算等为代表的新一轮科技产业革命呼啸而来，叠加上以人为本、生态文明、智能社会等一系列新观念、新理念，将给城市带来系统提升、整体变革的进化机遇。面向未来城市的建设机遇，中国已经站在新的起跑线上，新型城镇化和新一轮科技产业革命相结合将带来巨大的想象空间，为新的科技、新的治理体系提供集成、完整的应用场景，激发城市实现"物种进化"。

本书系统回溯古往今来人类对理想城市的追求历程，尝试构建城市进化的理论框架，提出城市生命体的进化受到技术基因与文化基因的综合影响。基于这一框架，分析历次科技产业革命与城市发展的范式变革，进而聚焦近年来兴起的国内外未来城市建设案例，梳理新一轮科技产业革命可能对城市带来的场景影响，提出"双重整合"的未来城市认知思路，进而前瞻适应未来之城、应对科技变革和场景变革的城市治理应对思路。

序 一

一幅地图和一个指南针

书的名字是《城市进化与未来城市：回溯及展望》。如果你想从中拿到一个未来城市的蓝图，你会失望。但是，如果你是想求启发和端倪，你会大有收获，令你有很强的冲动去"按图索骥"，并且给了你清楚的方向。一个作者的贡献莫过于此。

永利写出来的不是学府派的论文，虽然书中引用的文献足够拿个博士学位。他写下来的是一颗炽热的心、一双锐利的眼、一个活泼的脑袋，在一趟划时空的思想遨游中的所见所闻，简要地、精警地、睿智地与大家分享。

书分九章。除绪论外就是理想城市、未来城市、城市进化（理论）、城市进化（规律）、中国近代城市、技术变革、治理变革、中国案例与前景展望。我是个方法论者，特别留意理论框架、规律之类的东西。

在谈城市进化的分析框架时，永利提出一个"三层次"整体演进观，很得现象学的精髓。（一）城市的"发展现象层"是指城市的规模（人口、空间）、主体功能、空间结构、公共服务、基础设施、居住形态、对外联系等的客观状态。（二）贯穿这个发展现象层的是"物质技术层"（科学、技术、工程、生产力的发展），亦即是物质流、能量流、信息流、资金流的汇聚与流动。（三）支配和引导城市物质、能量、信息与资金流动的是"思想文化层",是城市现象和科技背后的社会制度和文化精神,体现在城市认知模型及由此延伸出来的城市规划管理手段和工具。城市进化(规律)一章讨论了几个城市进化的基本规律:转录、突变、滞后、积累、跃迁之间的叠加和循环。

永利对科技发展与城市进化的关系是乐观的,只要我们让中国特色的社会制度和文化精神去带引我们对理想城市的追求。若干年前,我写了一篇"城市理想与理想城市"。理想城市就是"好"的城市,但什么才是"好"的城市?这要看"好"的定义。也就是,我们的城市理想是什么?因为,城市理想的实现就是理想城市。理想只可以来自文化,也就是我们的宇宙观、伦理观和社会观。不同的宇宙观、伦理观和社会观产生不同的城市理想。

这本书给读者绘了一幅地图(城市进化的三层次),并送上一个指南针(城市进化的基本规律)。学术研究者和专业工作者都可以按此去思考如何把中华文化与现代科技配合起来去创造中国特色的理想城市。永利要记一功。

梁鹤年

加拿大女王大学荣休教授

2021 年 6 月

序 二

城市进化规律底层探索的力作

2010年前后，中国和世界同步进入城市社会。城市成为我们这颗蔚蓝星球上多数人生活的家园，成为世界创造财富和实现创新的核心载体。另一方面，高度聚集的城市脆弱性也愈加显现，各类城市问题以前所未有的规模和速度挑战安全极限和可持续发展：新冠疫情，环境污染，洪涝灾害，建筑垮塌，交通拥堵，都市贫困，公平正义缺失。城市的美好与艰险并存引发多学科广泛关注，新的城市发展理念和理论不断涌现，各种新技术新模式层出不穷，百花齐放，百家争鸣。

面对复杂城市科学的缤纷世界，永利以其多学科交叉的比较优势，担当起城市规律底层探索的使命。他立足中国，眼观全球，以大历史观和系统观为方法，以空间为表象，以科技和人文为主线，审视城市发展的底层逻辑，建构城市发展的基础理论，解释城市进化的基本规律，探索通向未来理想城市的路径。

永利认为，史前阶段是人类的"个体进化"阶段，城市出现之后，人类进入"集体进化"的文明阶段。城市是集体进化的空间组织和空间载体，城市源自并服务于人的集聚。城市与文明同源共生，城市进化与人类文明发展同根共长。永利提出科技和人文共同构成城市进化的两大基因，二者恰如生物 DNA 的双螺旋结构,"技术—文化"双螺旋构成城市进化的基因结构。以此为基础,形成了他的"现象—技术—文化"三层次城市进化分析框架,该框架是对中国哲学思想系统观、整体观的学理化运用。

科技与文化,作为城市进化的两大基因,贯穿著作始终。科技与文化交融,支配了中西方城市历史进化的脉络和节奏,决定着当代城市综合竞争力和可持续发展的格局,并将持续引领人类走向未来理想城市。

"一阴一阳之谓道"。科技与文化,作为城市进化的两大基因,需要阴阳协调,阴阳互换,辩证统一。科技是快变量、人文是慢变量,慢变量是系统的决定性变量。无论科技之变如何加快,其根本目标是服务永恒的人文价值。正如芒福德所言,技术"只是人类文化中的一个元素,它起作用的好坏,取决于社会集团对其利用的好坏。机器本身不提出任何要求,也不保证做到什么。提出要求和保证做到什么,这是人类的精神任务。"因此,在技术剧烈变革的当下,必须坚持人文为科技导航,这是营造未来城市的核心原则。

"非宁静无以致远"。在当前城市研究缤彩纷呈的世界里,永利面壁十年,亮出一剑,为读者挑开城市发展基因的神秘面纱,奉献了一部城市进化规律底层探索的力作,值得称道。

中国人民大学教授

2021 年 7 月

目 录

序一　一幅地图和一个指南针 / 梁鹤年
序二　城市进化规律底层探索的力作 / 叶裕民

1 第一章
绪论·001

2 第二章
理想城市：历史脉络与理论观察·007

一　城市发展与营城思想的互动演进脉络·009
二　关于理想城市、理想人居的理论视角·013
三　国外理想城市脉络梳理·024
　　（一）古代阶段·024
　　（二）中古阶段·028
　　（三）近代阶段·030
　　（四）现代阶段·036
四　中华文明理想城市脉络梳理·049
　　（一）古国时期·050
　　（二）帝国时期·051
　　（三）近现代时期·055

3 第三章
未来城市：思考图景与前沿实践·061

一　未来城市：独特的"思想实验"·063
　　（一）起始阶段·063
　　（二）发展阶段·064
　　（三）实践阶段·068

二　国外代表性案例·072
　　（一）谷歌Sidewalk Toronto方案·073
　　（二）丰田编织城市·073

三　国内代表性案例·075
　　（一）河北雄安新区：千年大计、国家大事、未来之城·075
　　（二）北京通州副中心：最先进理念、最高标准、最好质量·076
　　（三）上海五大新城：引领高品质生活的未来之城·078
　　（四）成都东部新区（城）：建设产城融合的未来新城·079
　　（五）武汉长江新城：建设全球未来城市的样板区·080

4 第四章
城市进化：一个观察城市生命体的理论视角·081

一　大历史观看城市：集体进化的空间载体·083

二　城市起源及其主要影响因素·087
　　（一）城市的起源·087
　　（二）影响城市起源发展的主要因素·091

三　城市进化历程的内在基因·095

四　城市进化的分析框架："三层次"整体演进观·103

第五章
阶段演进：城市进化的阶段特征与基本规律·109

一 城市与文明起源期·111

二 第一轮古代城市繁荣期·127

三 第二轮古代城市繁荣期·134

四 近现代城市繁荣时期·140

五 二战后城市扩张与信息化繁荣期·146

六 智能城市时期·152

七 城市进化的几项基本规律·153

第六章
时空压缩：中国近现代城市发展的回溯与分析·157

一 艰难起步：千年变局下的近现代化之路·159

（一）物种移植：作为"西方城市复制品"的租界·159

（二）产业为先：洋务运动与早期民族工业化·163

（三）"中国近代第一城"：张謇经营南通·174

二 翻天覆地：中华人民共和国成立后的城市发展跃迁·177

（一）中华人民共和国成立后的三十年：工业为先、社会主义城市建设起步·178

（二）改革开放以来的四十年：城市视角的"四次循环"·182

三 营造未来：探索人类城市发展新前沿·186

（一）建设未来城市的时代背景·187

（二）探索"双重整合"的理论路径·190

7 | 第七章
技术变革：科技产业革命的城市影响·193

一 鉴往知今：历次科技产业革命对城市发展的重要影响·195
二 变革潜力：当前新一轮科技产业革命的发展图景·197
 （一）未来变化是否可预测？·198
 （二）技术变化的未来图景·200
 （三）技术发展的几项规律性认识·209
三 城市影响：重要领域的变动趋势及应对策略·212

8 | 第八章
治理变革：探索新型城市治理模式·221

一 国内外城市治理及新型治理模式研究进展·224
 （一）国内外城市治理研究进展·224
 （二）网格化、数字化城市管理研究·226
 （三）数字孪生、城市大脑等新型城市治理模式研究·226
二 网格化、数字化城市管理：探索技术创新与管理创新的融合·228
 （一）基本历程：2004年起步，2017年全国覆盖·228
 （二）创新做法：以网格化、数字化为手段重塑城市管理体制与流程·229
 （三）理论观察：技术与管理的互嵌、融合·232
三 全周期、智慧化城市治理：面向智能社会的变革前景·233

（一）上海：以"一网通办、一网统管"提高城市治理水平·233

（二）雄安新区：建设数字孪生城市·235

（三）杭州：联合阿里巴巴等公司建设"城市大脑"·235

（四）高科技企业：技术导向的城市治理解决方案·237

四 智慧化城市治理的前景展望·239

（一）共性与差异：延续"两轴互嵌"规律并拓展深度·239

（二）重要特征：政府与高科技企业实现能力融合·240

（三）理论观察：深化数字治理、敏捷治理、整体政府联动研究·241

第九章
发展实践：中国案例与前景展望·243

一 雄安新区：探寻未来之城的整体设计与建设·245

（一）规划编制·247

（二）产业体系·249

（三）城市管理·251

（四）政策设计·251

（五）生态环境·253

二 成都：后发赶超型城市的创新实践·254

（一）营城策略创新：从城市场景到场景城市·255

（二）构建面向未来的空间结构·257

（三）谋划新的产业发展图景·259

（四）东部新区：建设未来之城·261

（五）科学城：强化源头创新·263

三　关于城市进化前景的初步思考·266

参考文献·271

后记·276

第一章

绪论

每当经济社会发展过程中出现一些独特的新现象，往往意味着需要通过理论创新进行解释。近年来，未来城市、新文明城市、新基建、城市大脑等城市发展与治理中的新现象、新概念集中涌现，引发政策领域与学术界关注，如何分析解释这些新现象就成为一项重要研究任务。

解释这些新现象可以从短周期的十年、数十年尺度入手，进而拓展到更长的周期以至追溯到城市这一人类文明现象诞生以来的总体历程来进行观察，寻找其中的规律。从而，基于对深层次规律的认识，进行理论推演，分析城市发展的"进化"前景，提出一些对当前优化城市发展与治理有益的政策建议。根据这一基本思路，本书开展了以下研究。

首先，进行研究回顾。城市的诞生是人类文明的重要标志。从城市诞生之时起，对于"理想城市""理想人居"的不懈追求就指引着人们不断研究城市、完善城市，寻找一定时期技术、认知条件下的最优营造方案和治理模式。在这个历史进程中，地理气候、科技革新、产业变革、规划思想、制度创新、哲学文化理念、治理变迁等成为重要影响因素。在这些因素的综合影响下，城市经历了类似自然界的生命进化历程，从诞生初期的功能简单、规模有限、能量信息密度较低的状态，逐步提升走向功能复杂、规模庞大、产业多元、文化丰富、能量信息密度高的状态，生命体、有机体的属性持续强化。第二章中对"理想城市"这一主题进行回顾，梳理人类历史上一些重要的城市规划、建设、治理方面理论，努力明晰其脉络，掌握其中的演进规律。

在第三章中，对一个世纪以来的"未来城市"研究进行回顾，进而对近年来城市发展领域开始兴起的一些新现象、涌现的一些新概念进行梳理，如国外谷歌、丰田等高科技企业提出建设"未来城市"的方案，国内河北雄安新区等建设"未来之城"的规划实践。近来，学术界对未来城市、未来之城、新文明城市等概念的讨论也越来越密集。这些新现象、新概念标志着城市正在迎来一轮新的进化机遇，其背后原理在于，方兴未艾的新一轮科技产业革命正在突破很多关于城市营造的约束条件，也打开了许多新的城市规划与治理想象空间，人类社会由此也面临"重新发明城市"的机会。这样的机会在历史上曾多次出现过，例如，根据《巴黎：现代城市的发明》一书的主要观点，巴黎在17世纪曾经历了系统性的重要变化，一些新型的城市基础设施、城市功能、市政设施与服务被发明并整合起来，使得巴黎率先成为"现代城市"，成为当时的"世界之都"并且对后来影响深远。从这个角度看，人类历史上曾出现多次基于先前经济文化发展基础但又是"重新发明城市"的机遇和实践。

进而，基于上述观察，在第四章中提出"城市进化"的理论视角。从大历史观视角回溯和分析人类城市起源发展的进程，将城市视作生命体，探索其起源、进化的主要影响因素以及内在基因。总体来看，科技变革与营造思想是最为重要的两大变量，可以视作城市生命体进化中的"技术基因"与"文化基因"。因此，分析这两大基因的变迁就成为更好理解城市、规划城市、治理城市的重要视角，为此，提出"三层次"整体演进观这一分析框架。

第五章运用第四章中的分析框架，对城市进化的历程进行回溯与分析，将城市这一人类文明空间物种的进化划分为六个时期，总结梳理每个时期的三层次特征，探寻其中的变革图景，进一步深化思考城市进化的规律。

第六章简要回顾中国近现代城市发展历程。开展这样的大历史尺度梳理，对于今天的中国城市发展是恰逢其时的。近代以来，中国被动打开国门，从"西方复制品"的租界，到洋务运动推动工业化，再到张謇经营南通，近现代城市的建设可谓是艰难起步。但是，清末以降的战争、动荡不断，使得近现代城市的发展曲折断续。直到中华人民共和国成立，才迎来了翻天覆地的变革。七十多年沧桑巨变，中国从一个落后的农业国转变为世界上举足轻重的工业化和城市化国家。特别是改革开放以来的四十多年，经历了波澜壮阔的工业化、城市化进程，并且实现了工业化、信息化的接续和叠加，走过了西方发达国家上百年的现代化历程，大踏步迈向世界发展前沿。

工业化和城市化是迈向现代化的两大主旋律。工业化方面，通过构建完整的国民经济体系并使之逐步具备国际竞争力，中国开始在越来越多的产业领域具备并跑和领跑地位。在城市化方面，越来越多中国城市开始进入全球城市体系中的高等级层次。根据全球化与世界城市研究网络（GaWC）等机构发布的各类世界城市、全球城市排行榜，中国的城市都占据重要地位。近年来，中国头部区域发展纷纷进入"双期叠加"阶段，即疏解与再集聚并行的"区域功能重构期"和面向未来的"迭代进化期"。在这一大的区域发展变革背景下，头部区域中的若干前沿城市有条件通过整合"科技、产业、空间、治理"等要素，系统试验全新的城市发展场景，谋求实现"城市进化"，在人类城市文明发展进程中作出重要贡献。

如上所述，与产业、科技越来越多领域走进"无人区"一样，中国在城市规划、建设与发展的诸多领域也逐渐步入了"无人区"。2005年，著名城市学家乔尔·科特金在《全球城市史》一书中提出："近二十年来，在中国现代化政策的带动下，新的中国的城市主义在其母体上再次出现，其中包括北京这座历史悠久的都城和正在崛起的世界城市上海。随着工业和科技实力的扩展，中国正在从事着世界历史上最雄心勃勃的城市建设活动。结果，尽管尚未居领先地位，但五个世纪以来中国再次成为现代世界城市规划和建设的中心。"同时，他也指出这一进程面对着生态环境、人类健康、社会稳定等一系列问题，并认为"中国如何面对这些问题将在很大程度上不仅决定未来几十年内国家繁荣的问题，也将在全球范围内决定未来的城市生活"。无独有偶，2014年丹尼尔·布鲁克在《未来城市的历史》一书中提出，中国的上海、俄罗斯的圣彼得堡、印度的孟买等城市，尽管也实现了一定的创新，但其兴起与建设更多的是一种西方城市的"复制品"。但同时他也提出，随着新兴市场国家经济实力的增强，这些城市有条件实现新的发展，在解决人类城市面临的共性问题的基础上，建设成为对人类进步产生贡献的"未来城市"。近年来，国内以河北雄安新区为代表的未来之城规划实践，与国外前沿的未来城市探索，共同代表着人类探索新的理想城市模型的努力。面向未来，需要整合好科技产业变革与新的营城理念，积极开展"城市研发"，探索创造人类城市文明的"原创品"。

回顾历史，探寻规律，方能更好地展望未来。基于对城市进化基本规律、基本原理的认识，站在中国城市发展已经开始探索人类城市文明前沿进展的新历史节点，本书第七章和第八章分别侧重从技术基因、文化基因两个层面分析推演未来城市各领域可能的演变趋势，展望未来的新城市及其治理变革。

第七章侧重从技术基因方面展望未来城市演变趋势。特别关注工业革命发生后的两百多年间出现的数轮科技产业变革，以及由此带来的城市生命体多次进化。以科学技术特别是近两百多年对城市生命体造成显著影响的技术为主线，重点聚焦于梳理工业革命以来历次科技产业革命对城市形态的潜在和直接影响❶，这些影响主要的参数包括规模、密度、立体度、能量信息流动规模等，重点关注新的城市发展与规划理论对这些未来发展趋势的应对思路。

第八章侧重从文化基因方面展望未来城市治理趋势。由于学识、阅历所限，仅重点关注其中现代化城市治理体系的建构以及信息化、智能化手段对城市治理的赋能，展望新的城市治理趋势。

第九章以具体城市案例展现上述发展趋势的规划与治理实践，并对未来城市的发展提出一些展望与政策建议。案例方面，以河北雄安新区与成都市为主要案例，分析二者面向未来城市的规划建设实践。雄安新区作为"千年

---

❶ 本书梳理的相关科技进展遵循以下两大要点：①以技术为主，兼涉背后的科学原理，以避免研究边界过于拓展；②在技术梳理中，以人的居住场所、工作场所之表皮或表皮之外空间中涉及的技术为主，例如，道路、市政设施、交通等，即取"狭义"的城市空间技术视角，从而更加聚焦梳理的范围。当然，上述界定之外的相关技术也必然间接地会对狭义的城市空间及技术产生影响，行文中也会兼涉这些内容。

大计、国家大事",已经从规划阶段进入大规模建设阶段,在多个维度体现出未来属性。同时,通过跟踪调研发现,西部大开发战略实施以来,成都抓住历史机遇实现了快速发展。当前,正在吸收借鉴国内外前沿理论,推动场景营城、建设公园城市、构建面向未来的城市空间结构、产业体系、治理架构,在全国乃至国际产生越来越大的影响。成都的发展历程与面向未来的一系列举措体现出建设未来之城的深入探索。进而,展望未来城市进化及其治理的方向,提出需要深入思考的问题,提出一些观点和建议。

回到历史的视角,凯文·凯利在《必然》一书中提出"持续不断的升级对科技系统来说至关重要……未来的科技生命将会是一系列无尽的升级,而迭代的速率正在加速"❶。城市亦是如此,需要不断进化升级。面对这样的前景,我们更加需要回到城市思想家芒福德的论断中汲取智慧:"人类站在一个繁忙的十字路口,在那里指挥着穿梭于过去和未来的交通洪流,如果正确地看待他的现在,那就是两股力量的结合,一股是来自过去的可见的和不可见的力量,另一股是从理想的未来回到现在的可预见的或潜在的力量"。

---

❶ (美)凯利. 必然[M]. 周峰,董理,金阳,译. 北京:电子工业出版社,2016: 4-5.

第二章

理想城市：
历史脉络与理论观察

──── ▲ ────

　　城市是人类文明诞生的主要标志之一，同时承载并推动着人类文明的进步。在人类历史上，城市的总体形态、权力体系、核心功能、集聚规模、标志性空间等持续演变。伴随着城市发展的演进过程，人类的理性和主观主动性也在不断演进，经由各类技术和规划、治理思想对城市发展进行干预和指引。在本质和终极意义上，成为大多数人安居乐业、精神升华的家园是城市的根本功能。正如亚里士多德所言，"人们来到城市是为了生活，人们生活在城市是为了生活得更好"。因而，建设"理想城市"，一直是从追求理性的古希腊先哲、追求天人合一的东方智慧到为人的自由全面发展而奋斗的马克思主义者所持续求索的方向。

──── ▼ ────

一
▲

城市发展与营城思想的互动演进脉络

芒福德在《城市发展史》一书中提出:"城市从其起源时代开始便是一种特殊的构造,它专门用来贮存并流传人类文明成果;这种构造致密而紧凑,足以用最小空间容纳最多设施;同时又能扩大自身结构,以适应不断变化的需求和社会发展更加繁复的形式,从而保存不断积累起来的社会遗产。"❶ 阿博特教授提出:"什么是城市?虽有很多细微的分歧,但历史学家和考古学家一致认为城市是范围较广、长期存在、高度成熟、充满差异(有不同类型的人、职业、地段和经济活动)的地方。它们还是相互交流的地点,影响着边界以外的人。人们来到城市交换商品、服务、思想及劳动。最重要的是,城市是建立联系的手段。它是带来创新和改变的系统,因为对任何人而言,产生新思想的最好方法就是让我们与陌生人和他们的不同观点进行接触。"❷ 梁鹤年先生在《再谈"城市人"》一文中提出:"城市,在城市规划的字典里,都是引用英语的'urban'(urban planning)

---

❶ (美)芒福德. 城市发展史:起源、演变和前景[M]. 宋俊岭,等,译. 北京:中国建筑工业出版社,2018:29.

❷ (美)阿博特. 未来之城:科幻小说中的城市[M]. 上海社会科学院全球城市发展战略研究创新团队,译. 屠启宇,校. 上海:上海社会科学院出版社,2018.

或'city'（city planning）。'urban'与'city'来自不同字根，带有不同意识。'urban'出自拉丁文'urbs'，指一个有城墙的城市，以帝都罗马城为首；更常用作形容词，指一种带有城市气质（时髦、人工化、吹毛求疵）的生活方式。'city'出自拉丁文'civitas'，指人类聚居之所，规模无分大小；也指'公民'（citizen），特别是公民的权利和公民的结社（城邦）。我喜欢'city'的字根，因为它跳出以人口和空间规模去定义城市的桎梏，并突出'以人（居民、公民）为本'的价值取向。中文'城市'一词以'城墙'和'市集'去定义城市，聚焦于建筑形式和经济活动；又以'农村'去对应'城市'，也就是以产业类型（'非农'）去定义城市。我关注的城市（city, civitas）是人类聚居之所（人居），不管是什么人口规模、建筑形式、经济模式或生活方式。这是典型的亚里士多德思路：'城市，让人生活得更美好'。"❶

毫无疑问，上述这些目标与特点是具有广泛共识的。但同时正如梁鹤年先生所指出的那样，人类永远在寻找"美好"的城市，但"美好"是见仁见智的想法❷，而这一难题也正是历史上追寻理想城市的重要张力。"从词源来看，理想城市（ideal city）在英文中有两种写法，Utopia（乌托邦）和Eutopia（理想城）。它们来源于两个不同的词根：Utopia 源于 ou+topos（乌有+地方）；Eutopia 源于 eu+topos（美好+地方）。可以说，西方理想城市构想的出现……自古以来就从未间断过，从最初的乌托邦、空想社会主义到霍华德的田园城市，再到战后的新城运动、紧凑城市、精明增长等，都是这一城市理想的反映。"❸

---

❶ 梁鹤年. 再谈"城市人"[J]. 城市规划, 2015（9）: 64-75.
❷ 梁鹤年. 城市理想与理想城市[J]. 城市规划, 1999（7）: 3-5.
❸ 刘琰. 中国现代理想城市的构建与探索[J]. 城市发展研究, 2013, 20（11）: 41-48.

回顾人类的城市发展史，约 6000 年前，人类早期城市在两河流域诞生，这是目前考古学界较为普遍的认识。然而，人类产生较为系统的城市理论和理想城市设想要到雅思贝尔斯所称的人类文明发展的"轴心年代"。2000 多年前，中国古代先哲在《周礼·考工记》《管子》等著作中提出了较为系统的营城思路，将良渚、陶寺、石峁及二里头（"最早的中国"）等早期城市营造的经验固化下来，进一步奠定了中华文明城市发展的重要文化基因。在西方，古希腊哲学家柏拉图基于自身城邦生活经验与理想的思考，提出了"理想国"这一设想，城市思想家芒福德认为这是思考了"如何将理想城市凝聚在一起"的重要尝试。在这些思想引导下，东西方出现了第一轮城市繁荣，代表性城市如西方的古希腊、古罗马时期的雅典、罗马，东方的汉长安、洛阳等。

从千年尺度看，人类城市发展以亚洲城市特别是中华王朝都城为代表，如隋唐长安、洛阳，宋汴梁（开封）及其后的元大都、明南京及明清北京等。西方中世纪时期也出现了一些代表性城市，但对比东方大城市而言相对逊色。阿拉伯世界的城市在这一时期影响很大，其所保存的西方古代文献传回西方，这对此后西方世界的文艺复兴和启蒙运动产生了重要作用。

从五百年尺度看，伴随着大航海及后续的资产阶级革命、思想领域的文艺复兴运动、宗教改革运动、启蒙运动等，西方城市思想出现跃迁。托马斯·莫尔接续"理想国"的脉络，基于对现实的批判发表了《乌托邦》（1516 年）一书，描绘了一个人人平等的理想王国，这也成为空想社会主义诞生的标志。1623 年，意大利早期空想社会主义者康帕内拉发表对话体游记《太阳城》，以城市为尺度描绘了一个没有剥削压迫、人的聪明智慧得到发展、社会与文化繁荣的理想社会。19 世纪上半叶，空想社会主义思想达到高峰并开展了实践，而这些实践同样也是以理想城市或社区为承载形态的，典型案例如欧文的"新协和村"（New Harmony）、傅立叶的"法郎吉"（Phalange）等，这些实践虽然都以失败告终，但由此启发了以霍华德"田园城市"理论为代表的早期现代城市规划思想的诞生，促进人类对于城市的认知与主动干预进入新的阶段。

从三百年尺度看，18世纪的工业革命是人类发展历史的关键一跃。自此，城市化进程大大加速，并且进入了不可逆的轨道。城市体系快速发育，不同类型的城市"物种"（工业、矿业、港口等新类型以及城市中诸多新的功能区、建筑）持续涌现，与此同时也导致经济、社会、健康卫生等方面的诸多问题，逐步积累了现代城市规划出现的各种条件。

到19世纪中叶，资本主义社会化大生产持续在欧洲特别是英国的若干大城市深化发展，马克思、恩格斯深入考察这一人类社会新阶段、新趋势，在吸收德国古典哲学、英国古典政治经济学和空想社会主义等成果的基础上，实现了从空想到科学的伟大飞跃。其中，城市思想、城市理论是马克思主义的重要组成部分。马克思认为，资本主义大工业在工场手工业基础上产生并成为现代城市产生的基础，"建立了现代化大工业城市来代替从前自然成长起来的城市……使商业城市最终战胜了乡村"❶，创造的财富超过了以往几千年的总和，"城市已经表明了人口、生产工具、资本、享乐和需求的集中这个事实；而在乡村则是完全相反的情况：隔绝和分散"❷。而在营城思想方面，马克思、恩格斯也明确提出，城市发展的目标应该是为了人的发展，因而城市的管理应该是为人服务的，城市的治理应该关注人的就业、健康住宅等具体问题。

进入20世纪，随着现代化大生产和各类交通、市政、建筑形态的发展，各种各样的理想城市设想与模型持续涌现，堪称城市营造思想的"大爆炸"。20世纪初田园城市理论发展并实践，到适应工业化时代的雅典宪章、柯布西耶的明日城市，到赖特的广亩城市设想、沙里宁的有机疏散思想，到反思

---

❶ 马克思恩格斯选集（第2卷）[M]. 北京：人民出版社，1972：67.
❷ 马克思，恩格斯. 德意志意识形态（节选本）[M]. 北京：人民出版社，2018：50.

工业化、现代化的《马丘比丘宪章》，再到生态可持续导向的精明增长、新城市主义、生态城市、海绵城市等，同时还有全球化深度发展所激发的全球城市、世界城市等，分别从某个角度或整体性构想的思路提出了城市发展与建设理想城市的设想。

从上述简要梳理可以看到，城市在不断发展，而营造城市、规划城市的思想也在不断发展。其基本规律是，城市发展到一定水平、一定阶段，在当时的技术约束和社会条件下，营造城市的思想会在某一时间节点出现跃升，进而指引城市向前发展。城市继续向前发展到一定程度，由于新技术的进步、产业的发展、生活形态的变化，上一轮的思想又不能完全适应城市的发展需求，因此又产生新一轮变革的潜力。纵观历史，城市及其营造思想的变化，正是在这样一种盘旋上升的螺旋式结构中前行。在每一次思想变迁的过程中，既有延续又有创新，所延续的可以看作是城市发展的基因，而创新的就是某种突变，其能否长久延续下去进入到城市发展的基因之中，要经过社会综合实践的历史选择。

二

关于理想城市、理想人居的理论视角

如上所述，东西方自古以来都有着对理想城市的丰富思考和探索，这些对"理想城市"的追寻，既具有某种终极意义和目标价值，同时也不可避免地受到特定时代的技术、认知等主客观条件制约。近代以来，中国遭遇三千年未有之大变局，救亡图存成为重要任务，在近现代城市发展的道路上也是艰难起步，虽有过像张謇经营南通这样的早期重要实践以及中华人民共和国成立后大规模的生产型城市建设，但总体而言长期缺乏时空条件进行综合性、前瞻性的理想城市探求。直到改革开放后，伴随着经济发展、社会稳定、国际视野开阔，一些具有世界眼光、人类视野的理想城市思索及研究开始出现。本节选取其中较有代表性的一些成果进行回顾，力求从中梳理学术界对于"理想城市"的某些规律性认识。

目前看到的国内较早探讨"理想城市"这一主题的学术文献是时任中国城市规划研究院院长的邹德慈院士发表于《城市》杂志1989年第1期的文章《"理想城市"探讨》。❶ 文章开篇就提出："什么是理想的城市？这是每一个规划城市、建设城市、管理城市的人必须思考的问题。也是一个涉及城市建设、管理和发展的基本目标的问题。"针对"理想城市"这一主题，该文提出了许多规律性认识。主要包括：第一，古今中外诸多先驱者对理想城市有过表述，但人们的认识仍是见仁见智；第二，对理想城市的认知随经济社会发展、科技进步的变化而变化；第三，工业革命是一次重要变革，给城市带来很大的冲击挑战，使得人们对城市的认识发生了大的变化，孕育产生了田园城市理论等更为综合性的模式设想；第四，20世纪是各种新技术、新实践涌现的一个世纪；第五，多数人把关于"理想城市"的关注集中于"物质形体"即"城市的面貌、形象、景观、风格"方面，既有合理性，也有很大的片面性，物质形体环境是城市生活的物质基础，十分重要，是城市的"静态"，而通信、交通、经济、环境等则是城市的"动脉"和"动态"。

进而，该文引用了一位学者提出的"理想城市""九点观念"❷：①一个

---

❶ 邹德慈."理想城市"探讨[J]. 城市，1989（1）：5-7.
❷ 作者在引用时提示这"九点观念"是在1988年国际住房及规划联盟学术年会上由一位荷兰学者归纳和提出的，但并未点出这位荷兰学者的名字。

干净、安全、高质量的物质形体环境（包括住宅质量）；②一个现在稳固而又能长期支撑城市的生态环境；③一个坚强的、相互帮助而和谐的社区；④一个高层次的，既有各方面参与（广泛性），又能控制和决定那些影响人民生活、健康和福利问题（权威性）的机构；⑤所有城市居民的基本需要（食品、水、住房、工作、安全、收入）能够得到满足；⑥多层次的接触、联系和交往（通信和交通）；⑦一个多样化的、有活力、有创新的经济结构；⑧人民具有在继承历史、文化、自然等方面保持连续性的观念；⑨一个适合上述各项要求的城市形态。

在对这些观点进行分析探讨之后，邹德慈先生得出如下判断："一个具有高度物质文明和精神文明、环境质量优良、政府管理有方、干净、安全、舒适、美观的现代化城市，就是今天我们可以认识和追求的'理想城市'。这样的城市会推动社会生产力的发展和提高人们生活环境的质量。这样的'理想'是能够达到的。我们应该为此而努力。"这个判断强调了"理想城市"的时代性，同时更突出了其"实践性"，也就是经由努力，可以达到时代技术与认知界限内的理想状态，这也意味着理想城市在价值方向上可以具有终极性，但在实践维度上始终具有相对性。

2004年，吴良镛院士在《科技、人文与建筑——致力于人居环境科学的个人体会》一文中系统回顾了他从建筑到人居环境科学的思考历程。因为吴先生独特的学术经历与视野，其科研与心路历程可以视作中国现代建筑与规划思想演进的重要脉络。这一思想脉络从学术史的视角极为重要，这里作一较为详尽的引述："建筑与城市规划学本身就蕴含科技、人文、艺术特有的综合的内涵，较为自觉地对待这一特点，使我从科研上得益。这集中体现在'广义建筑学'的初步建立和'人居环境科学'的探索上。……改革开放后重整专业，我回到专业上来，逐渐获得新的认识：第一，必须从科学的角度认识建筑，建立在较为完整的科学体系上。第二，必须整体地认识建筑。建筑不仅仅是房子，有关居住的社会现象都应该是建筑所覆盖的范围。

建筑的基本单位不应该是房子，而是'聚落'（settlement）。从三家村到小镇到城市，都是聚落，对于一个聚落来说，房子只不过是个零件。……从房屋到聚落，应该是我对建筑学认识的一个飞跃。有了聚落问题，就有地区问题、社会文化问题、环境问题、可持续发展等等。1989年我在《广义建筑学》一书中，首先讲'聚居论'，不是就房子论房子，而是把房子看成聚居社区，有社会内容、政治内容、工程技术等各个方面。……在此基础上，1993年进一步发展到'人居环境'（human settlement）领域，人居环境的核心就是要以人为本，科技与人文相结合。"❶

在回顾研究历程的基础上，吴良镛先生进一步从理论层面阐述了背后的规律："无论是认识建筑还是其他，都从比较广泛地、模糊地认识事物，发展为各个学科，如建筑学、城市规划学、道路工程学、市政工程学都分离出来。这是社会的进步、认识的进步、科学的进步，当然是对的。但是……专业要发展，要有些创造性，仅仅局限于专业基础是不够的（借以谋生可以），不能浅尝辄止，而要继续深入地探索。社会实践和社会问题是错综复杂的，解决实际问题必然是多学科的，这就需要自然科学和人文科学两方面的基础。在进行有创造性的工作，特别是原创性工作的时候，这个基础特别有用。……目前的城市科学普遍跟不上时代的需要。对于国外的经验、理论，如果不能了解它产生的政治、经济、社会背景，也难以直接搬用。错综复杂的城市问题需要科技与人文相结合，多学科融贯，创造性地加以研究，找出独特的道路。果真如此，我们的城市规划建设理论与方法就有可能处于科学的前沿，其成果也将成为世界城市史的光辉一页。"❶

在这样的思想脉络下，吴良镛先生此后在2013年发表的《人生理想于诗意栖居——吴良镛谈理想人居环境》一文中进一步提出："'人居环境科

---

❶ 吴良镛. 科技、人文与建筑——致力于人居环境科学的个人体会 [J]. 中国大学教学，2004（1）：53-55.

学'是围绕地区开发、城乡发展及其诸多问题进行研究的学科群，它与人类居住环境的形成与发展有关，包括自然科学、技术科学与人文科学的学科体系。当前，有些城市呈现出大量不健康现象，比如重经济发展、轻人文建设；重建筑规模、轻整体和谐；重攀比高新、轻地方特色等。汽车热、高楼热，导致环境污染接踵而来，自然与人文的破坏不期而至，众多'城市弊病'加速向我们袭来。于是我们的城市失去了自己的灵魂，穿梭在充斥混凝土、钢筋味道的世界里。希冀未来每一个人都能够'诗意般地栖息在大地上'，住进更多蕴含中国文化的经典建筑，舒适生活之余，一起欣赏大自然的美景。" ❶

2006年发表的《理想城市的建构与城市的人文关怀》❷ 一文从实现理想城市的方法与路径角度，对工业化时代过度工具理性的现代城市营造思路进行了批判，并从后现代视角给出了建议和展望。文章提出，城市是人类理性的产物。远古城市是基于宗教、军事或贸易中心的存在而延展的，对周围农村形成统治。工业催生的现代城市是工具理性的形象表征。理性原则主导下的城市不仅缺少一般意义上的人文关怀——现代城市规划普遍追求功能效益原则，人性空间严重缺失，而且缺少对城市真正的居住主体——市民的具体关怀。花园城市及其他"雅典宪章"式的理论虽然都从物质空间上对现代工业城市作了"科学而合理"的布局和安排，甚至提出了一系列理想城市的建设理论，但在实践中一直没能达到"理想"的目标，原因在于它们的规划和理论仍然基于普遍理性原则。后工业时代的今天，新的文明对理性主义提出了挑战，"新城市主义""后现代都市"等提出建设市民"自己的城市"的主张，"邻里社区"和"契约城市"的具体呈现不仅是城市实现人

---

❶ 吴良镛. 人生理想于诗意栖居——吴良镛谈理想人居环境[J]. 居业，2013（9）：66-70.
❷ 张晓霞，杨开忠. 理想城市的建构与城市的人文关怀[J]. 山东师范大学学报（人文社会科学版），2006（3）：96-101.

文关怀的有效方式，也是城市得以焕发生命活力、实现可持续发展的具体探索。

2010年，吴缚龙、周岚发表的《乌托邦的消亡与重构：理想城市的探索与启示》❶一文对西方资本主义发展中城市规划的角色变迁进行了深刻的观察。作者认为城市规划渊源于对理想城市的构想，而在西方资本主义商品经济中，规划的角色逐渐转向控制开发、协调产权关系，从而淡化了对理想范式的追求。社会两极分化的现实，使得中产阶级放弃了对未来大同社会和乌托邦的追求，转而退守到眼前的防卫型居住区里。而近来在追求生活质量旗帜的引导下，在生态环境的压力下，又出现了对理想城市的探索。这些实践对中国的启示在于，现阶段重提理想城市建设具有现实意义，当下中国理想城市理念应当包括三个方面：繁荣、和谐、永续（prosperous，harmonious，sustainable）。两位作者2011年发表的《可能的乌托邦——中国理想城市的探索与启示》❷一文进一步分析了追求理想城市的进步意义。文章提出，每一个时代都有其对理想社会和城市的想象，从柏拉图的理想国到霍华德的花园城市，从老子的寡国小民到陶渊明的世外桃花源，理想城市或乌托邦的存在，其意义或正是给城市以想象力，促进社会的整体进步。近来西方城市规划出现的某些"原型"，虽与花园城市的乌托邦不同，但都呈现了某种理想的色彩，针对现实城市的时弊提出应对方案，比如新城市主义（New Urbanism）旨在郊区重塑美国小镇的氛围，以步行为尺度，建设邻里社区。生态城镇则是针对环境问题而打造的实现零排放的节能社区。这些实践体现了对理想城市的追求，试图解决后现代城市的弊病。特别是在可持续发展的旗帜下，这些实践纷纷通过提出原型（exemplar）来指导其他城市的

---

❶ 吴缚龙，周岚. 乌托邦的消亡与重构：理想城市的探索与启示[J]. 城市规划，2010，34（3）：38-43.

❷ 吴缚龙，周岚. 可能的乌托邦——中国理想城市的探索与启示[J]. 广西城镇建设，2011（10）：10-13.

建设。但同时也要注意到，理想城市的模式是针对不同国家所面临的社会经济问题而提出的，因而发达和发展中国家各有重点。西方发达国家强调生活质量，发展中国家则注重基本生活保障。

2011年发表的《基于原型特征的中国理想城市环境初探》❶一文提出，人类建设城市时力求把美好设想与自然规律相结合，使之成为一种带有理想化的合理秩序，而不同民族的理想城市与其文化、民族的信仰密切相关。为此，文章强调了"原型"的概念，认为中国古人满意的生态环境和千百年中国文化传承下来的集体无意识（世界观、宇宙观和审美理想）是理想环境模式的"原型"，在选址、布局等方面注重自然环境条件，讲究城市位置选在依山傍水、气候宜人、肥田沃野、森林茂密之处，讲究风水，体现了朴素的理想向往。中国古代城市规划体系最核心的内容就是"辨方正位""体国经野"和"天人合一"。该文专门强调了山水园林在中国城市营造中的特殊地位。"自然山水派"园林，正是全世界进入高度城市化的现代大都会的城市居民所渴望而梦寐以求的。该文认为，现代和未来理想人居所追求的目标是"以人民利益为本"，人与自然和谐相处。在城市化高速发展的中国，城市需要基于理想环境特征原型，从自身的自然山水和城市文化、城市规划、城市生态系统、城市人的幸福感提升等方面去实现城市快速转型和理想城市构建，回归城市让生活更美好的根本职能。

2013年发表的《中国现代理想城市的构建与探索》❷一文归纳总结了中西方理想城市探索的历程，对中国现代城市建设提出了建议。文章提出，理想城市的设想在西方古代城市建设史上具有重要的地位，对城市发展有着重要的意义和影响。不同时期理想城市的探索是针对当时的城市发展问题所提

---

❶ 何昉，锁秀，高阳，李辉，魏伟. 基于原型特征的中国理想城市环境初探[J]. 风景园林，2011（6）：45-49.

❷ 刘琰. 中国现代理想城市的构建与探索[J]. 城市发展研究，2013，20（11）：41-48.

出的解决方案，从而带有鲜明的时代烙印和特征。对于解决当前我国城市发展所面临的问题具有重要的借鉴作用，但我们也应意识到，由于国情和发展阶段的不同，对于西方理想城市的探索经验，我们应加以借鉴而不能照搬。

2016年发表的《论柏拉图〈理想国〉中的理想城市》❶一文认为，柏拉图在《理想国》中构建了西方文化中最早的理想城市形象，柏拉图的理想国是西方理想城市想象的源头，是城市乌托邦规划的思想之源。但由于历史的局限性，他笔下的城邦既是一个正义的理想之邦，也可能是一个"不正义"的极权之城。

从以上成果中可以梳理出如下几个理论视角，涉及城市发展与治理的不同维度。

（1）历史与未来。由于城市在人类文明进程中的先进性，理想城市通常成为理想人居的主要代表（虽然也有像东方的桃花源、西方的反城市乌托邦等思潮）。对于"理想城市"，历史上的有识之士与国家、政府力量都一直在探索，不同阶段有不同的理论和模型。在每一次跃迁的节点上，都是继承历史、推动创新，开展"城市研发"，推进当时的"未来之城"设想，进而在实践中落实和得到检验。

（2）可能性与现实性。城市建设的可能性主要包括两大方向：物质技术上的可能性、经济社会的可能性。物质技术上的可能性背后是科技的支撑，而物质技术能够实现的，还需要考虑经济成本和社会秩序的约束，而现实的城市实践是这两方面因素的综合。在实践"综合"的过程中，科技与人文，生产、生活与生态，规划、建设与治理，是几个重要的考量。

（3）磁体与容器。城市，作为各种功能空间以及作为人类价值追求的体

---

❶ 黄美红，张广勋. 论柏拉图《理想国》中的理想城市 [J]. 哈尔滨建筑工程学院学报，2016，37（10）：33-36.

现，是两种最基本的作用。芒福德提出，城市最基本的功能是磁体与容器。磁体产生引力，将以人为核心的各类要素、信息集聚到城市，而各类要素的集聚需要承载空间，城市就构成各类生产生活活动的容器。城市的"磁体"功能既有终极性，也有历时性。终极功能即"生活更美好"，而每个历史时期都有不同的产业、商业设施、公共服务、文化艺术空间的吸引力，伴随着生产力的提升，磁体功能趋向于回归人本和美好生活。同时，伴随磁体功能的变迁，城市的容器也在持续"变形"，发展到后期，"容器"本身很大程度上成为一种"磁体"，城市的功能与价值之间的张力趋于融合。当然，达到这一境界有赖正确的个体和集体抉择。

（4）共性与个性。城市逐步发育为独特的生命体、有机体，城市体系构成一类生态体系。在这个体系中，不同的城市物种涌现、演进，具有自身不同的"生态位"。对理想城市的追寻不是要造就整齐划一，而是要在理想模型的思索中发现、认识规律，为不同环境条件下的城市营造提供更多工具。正如自然界一样，高度比例相同的基因，同样可以造就纷繁精彩的物种体系。从这个角度而言，东方和西方、中国与世界，在理想城市的追寻中，需要求同存异，需要文明互鉴，以共同推动塑造人类在城市的美好生活及其承载环境。

（5）思想与实践。实践与思想是对立统一的矛盾体。起初，作为客观实践的反映，思想总是相对滞后于实践的。但是，思想亦具有自身的内在脉络和超越性，从总结实践、理性思考到超越实践、引领实践，这是人类的理性光辉，也是人类文明的演进之路。同样，人类的城市实践与理想城市设想也是对立统一的矛盾体。起初，为了建构秩序、发展生产、服务生活，人类开始营造城市，这些实践带有自然生发的特性。积累到一定阶段，城市思想、对于理想城市的设想开始涌现，进而反过来指引人们更好地营造城市，这成为人类城市文明演进的一条重要思想线索，在古今中外的历史上反复呈现。

城市的产生是文明的重要标志。"随着第一次社会大分工，人类从使用石器的劳动工具进化到使用金属工具，……手工业逐渐从农业中分化出来，从而产生了第二次社会大分工，出现了直接以交换为目的的生产，即商品生产，货币也随之流通。……商人出现了，产生了第三次大分工，从而城市就开始形成。这是继人类社会第一次革命——农业革命后的另一次革命——城市革命……第一批城市诞生的时间是在公元前 4000—前 3000 年……生产工具的进步，促使了生产力的飞速发展。商人和手工业者摆脱了对土地的依赖，自然地趋向于有利于加工和交易的交通便利的地点聚居，产生了固定的交换商品的居民点，这就逐渐地形成了最早城市的最初雏形。"❶

《起源：万物大历史》一书作者大卫·克里斯蒂安认为，从乡镇到城市、国家出现，标志着社会动员与人类营养水平进入了新的时期，也意味着有更多的物质、能量、信息可以用于大规模的空间营造。该书这样描述了城市的诞生过程："伴随人口与剩余产品的增长，人类社群的规模也变得愈来愈大，而且社群与社群中的人口也日趋专业化。原有的一些村落大幅扩张，甚至开始承担起新的角色，因为这些村落靠近商路、占据江河交汇的战略地位、拥有吸引附近村落卖家买家的市场或位居重要的宗教场所……杰里科（Jericho）是世界上最古老的持续有人居住的小城之一……至迟在 9000 年前，杰里科可能已发展成拥有 3000 人口的城镇。随着城镇数量的增加，有些城镇便开始提供新的服务、工作机会和专门产品，从而吸引了更多的人，而随着时间的推移，这些城镇就享有了超越其他众多村落和城镇的权力和地位。到 5000 多年前，有些大城镇又进一步发展为城市，规模庞大，社区众多，周边还有许多小城镇和村庄的支持、拱卫，这种城市往往拥有相当多且门类多样的专家。技能、工作、商品和人才的多样化把这类城市打造成了农业文明中充满活力的技术、商业和政治中心，把周边乡村的人才源源不断地

---

❶ 沈玉麟. 外国城市建设史 [M]. 北京：中国建筑工业出版社，1989（2005 重印）：2-3.

吸收到城市中。城市与国家的出现标志着人类社会的构成发生了根本性的改变……国家均有从农耕社群、小城镇和大城市征调财富的权利，后者也因此从国家获得某种程度的保护。"❶

城市与国家相伴出现，城市特别是都城开始具备大大超越此前城镇能级的资源征调与集聚能力。同时，随着文字发明、信息交互、经验积累、文化水平提升，对于城市发展的规划、设计、营造及管理的能力也开始提升。这两方面进展突出表现为各个发展阶段的"理想城市"设想及模型。

约 6000 年前人类早期城市在两河流域诞生。作为文明的重要标志，城市与人类文明的进展高度同构。城市的实践有着 6000 年历史，而较为系统的城市理论和理想城市设想要到雅思贝尔斯所称的人类文明发展的"轴心年代"❷，在东西方才开始出现影响深远的理想城市模型，如中国的《周礼·考工记》《管子》等著作中的营城思想，西方的古希腊城邦"理想国"愿景等。此后，历史上持续出现对于理想城市的探求，形成了许多有影响力的理想城市模型，代表了一定历史时期的综合思考，成为针对当时主要社会问题的空间规划解决方案，接下来的两节分别从中外两大脉络对这些模型进行简要梳理。❸

---

❶（美）克里斯蒂安. 起源：万物大历史[M]. 北京：中信出版社，2019：204-205.

❷ 当然，也可能是由于文字、记录工具等原因，此前的思想进展未能充分保留延续下来，这也有待进一步的考古等方面工作进行补充。

❸ 需要说明的是，国外脉络以欧美相关文献为主，其他区域和文化在历史上也有着丰富的理想城市设想，但限于笔者阅读经历所限，此次梳理未能涵盖，希望在此后的研究中加以补充完善。

三

国外理想城市脉络梳理

《外国城市建设史》❶一书将国外城市发展划分为四个阶段：古代城市、中古城市、近代资本主义社会的城市、现代城市，这一划分对于把握理想城市模型的演进也是比较适用的，因此本书将相关资料按照这样的四阶段进行简要梳理和呈现。

（一）古代阶段

在古代城市阶段，早期较为重要的城市包括古埃及的孟菲斯、卡洪、底比斯、阿玛纳城等，两河流域的乌尔、巴比伦、新巴比伦、尼尼微城等，古印度的摩亨佐达罗、哈拉帕城等。这些城市已经开始运用功能分区的手法。在古埃及城市中，"早期规划的'死者之城'以及新王国时期规划的阿玛纳城均出色地进行了建筑群与城市景观设计。在卡纳克与卢克索神庙的群体设计中，运用了2公里长的中轴线布局……规划中应用了对称、序列、对比、主题、尺度等建筑构图手法"。❷尽管如此，或许是由于并没有系统的思考

---

❶ 沈玉麟. 外国城市建设史[M]. 北京：中国建筑工业出版社，1989（2005重印）.
❷ 同❶：9.

总结，或许是由于文字记录没有保存流传下来，我们很难从这些城市的发展阶段看到比较完整的理想城市理论及模型。

直到古希腊时期，城市营造与理性发展实现了历史性交汇。"从时间上来看，人类对理想城市的探索可以追溯到古希腊时期著名哲学家希波克拉底、柏拉图和亚里士多德的哲学思想和有关城市的论述"❶。古希腊作为西方文明的主要源头，"深深地影响着欧洲2000多年的建筑史与城市史。……希腊人所建立的国家，以一个城市为中心，周围有村镇，所以称为城邦。比较著名的有雅典、斯巴达、亚各斯、科林斯等。"❷这些古希腊城邦不仅建设了辉煌的建筑与城市，更重要的是同步发育了一整套影响深远的哲学、文化与社会体制。"古典时期伟大哲学家亚里士多德所著《政治篇》探讨了城邦的社会、人口、家庭、伦理、贸易、宗教组织、边防等问题。他的名著实际上是西方城市理论研究的开端。柏拉图的名篇《乌托邦》表达了人类对理想城市的设计，给人类留下了丰富的历史遗产，为世界文明宝库增添了光辉。"❸

以此为开端，理想城市相关设想与模型陆续涌现，一些代表性的理想城市模型整理如表2-1所示。

国外古代阶段重要理想城市设想　　　　表2-1

地域	年代	作品、设想	提出者	主要特征
古希腊	公元前5世纪	《理想国》	柏拉图	"建立城邦的目的不在增加某一个阶级的幸福，而在增加整体的幸福"。提出以义（justice）为核心原则，构建一个等级分工明确又和谐统一的理想国

---

❶ 刘琰. 中国现代理想城市的构建与探索[J]. 城市发展研究，2013，20（11）：41-48.
❷ 沈玉麟. 外国城市建设史[M]. 北京：中国建筑工业出版社，1989（2005重印）：21.
❸ 同❷：23.

续表

地域	年代	作品、设想	提出者	主要特征
古希腊	公元前5世纪	希波丹姆范式	希波丹姆	典型手法：棋盘路网，街坊较小，两条垂直大街从城市中心通过，中心布置广场。城市分三部分：圣地、主要公共建筑区、私宅区（工匠住区、农民住区、卫士与公职人员住区）。代表案例：米利都、普南
古罗马	公元前1世纪后期	《建筑十书》	维特鲁威	几何形总平面，主要建筑位于中心，城市中心与城墙碉楼之间存在视线、轴线关系；建筑的基本原则是"实用、坚固、美观"，强调建筑整体、局部的比例关系；强调人体尺度的基础价值，绘制维特鲁威人

资料来源：根据《外国城市建设史》《城市发展史》等著作相关章节整理。

  柏拉图《理想国》中对城邦的表述，在现象领域主要集中于社会分工和政治安排，但背后体现的是其完整的哲学思维体系。"柏拉图的伦理观、政治观与他的宇宙观是紧密相连的，强调的是如何在人世间模仿'大智'，特别是义。……柏拉图的'义'其实就是一种完美秩序与完美平衡的组合。秩序是有关如何去排列灵魂各部分，平衡是有关如何去管治灵魂各部分。因此，'义'就是按个别能力分工，按整体利益管治。这样就能达至和谐：各适其位，各尽其才。我们在'可见的宇宙'看到的和谐其实是反映了'真宇宙'的'义'。"❶

  那么，这些哲学观念与社会政治思考和城市与城市规划又有什么样的联系呢？梁鹤年先生敏锐地指出，"城市不是永恒的东西，只是现象，也就是

---

❶ （加）梁鹤年. 旧概念与新环境：以人为本的城镇化[M]. 北京：生活·读书·新知三联书店，2016：8-9.

柏拉图的'物'。城市规划聚焦于城市空间的部署，而空间部署就是空间的分配和使用，是个政治行为。按柏拉图的《理想国》与《宇宙论》的思路，这个政治行为必须有'义'。'义'就是规划的永恒原则。也就是说，城市空间的功能、区位、使用必须有秩序与平衡。城市空间的'秩序化'是创造出和谐城市的不二法门。"

柏拉图提出了城邦的"秩序化"原则，他自己的表述集中于社会政治领域，但在同时期的希波丹姆范式中得到了充分的空间体现。希波丹姆被誉为"城市规划之父"，他将古希腊哲学、几何、数的和谐运用于城市空间规划，以求得秩序与美。"希波战争前，希腊城市大多为自发形成，道路系统、广场空间、街道形状均不规则，许多城市的外部空间以一系列'L'形空间叠合组成，造型变化多姿。公元前5世纪的规划建筑师希波丹姆于希波战争后从事大规模的建设活动中采用了一种几何形状的，以棋盘式路网为城市骨架的规划结构形式。这种规划结构形式虽在公元前2000多年前古埃及卡洪城、美索不达米亚的许多城市以及印度古城摩亨佐达罗等城市中早已有所应用，但希波丹姆却是最早把这种规划形式在理论上予以阐述，并大规模地在重建希波战争后被毁的城市时予以实践。在此之前，古希腊城市建设，没有统一规划，路网不规则，多为自发形成。自希波丹姆以后，他的规划形式便成为一种主要典范。"❶

古罗马生产力条件进一步提升，维特鲁威在总结希腊和罗马时期建筑与城市发展实践的基础上，整合古希腊毕达哥拉斯学派的理性主义和人文主义思想，重点关注以罗马为代表的建设实践，提出了一整套相对完整的城市和建筑理论，集中体现于其著作《建筑十书》之中，"这是全世界遗留至今的第一部最完备和最有影响的建筑学与城市规划珍贵书籍"❷（图2-1）。

---

❶ 沈玉麟. 外国城市建设史 [M]. 北京：中国建筑工业出版社，1989（2005重印）：28.

❷ 同❶：36.

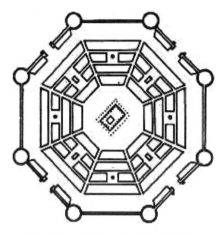

图 2-1　维特鲁威理想城市模型

（资料来源：沈玉麟.外国城市建设史[M].北京：中国建筑工业出版社，1989（2005重印）：46.）

（二）中古阶段

在中古城市阶段，又可以大致分为中世纪中前期、文艺复兴、绝对君权等几个次阶段❶，其中，文艺复兴与绝对君权阶段为近代资本主义阶段奠定了基础。

中世纪通常是指西罗马帝国灭亡（公元 476 年）到 14、15 世纪资本主义萌芽的西欧社会历史时期。在近千年的时间里，经济社会上是封建模式，思想文化上是基督教一统，造成地域割裂、生产力衰退、战争频繁，于是人们也称之为"黑暗的中世纪"。有资料显示，10 世纪前西欧仅发育了 3000 个左右的城镇，并且大多数城堡驻地人口仅 100～1000 人。中世纪西方社会的最大特征是教会的统治，神学家奥古斯丁（Aurelius Augustinus）的著作《上帝之城》（拉丁文：De Civitate Dei）是一部重要作品，在融合基督宗教与古希腊理性精神的基础上，提出了一整套影响深远的神学思想，其构想的宗教、理念意义上的上帝之城与俗世之城的划分，所提出的艺术应反映上帝、为宗教服务的理念，对中世纪的社会生活影响巨大。在这样的文化思想氛围下，形成了相应的理想城市模型，即以教堂为核心的空间特征。其典型特征是：教堂位居城市中心，体量与高度都很突出，教堂之前布局广场，作为公共活动空间，形态上营造一定围合感，城市道

---

❶ 需要说明的是，这几个阶段并非清晰划分的，而是相互有重合与过渡，包括此后的启蒙运动、民族国家、资产阶级革命等阶段，都是在时间、地域上有所交错，在过渡中向前发展。

路体系从教堂、广场向外辐射。一些代表性城市、城堡包括帕多瓦（Padua 或 Padova）、锡耶纳、热那亚、巴黎、威尼斯、佛罗伦萨、圣密启尔山城（Mont S. Michel）等。

随着西欧封建社会中晚期城镇的发育，手工业、商业的繁荣程度提高，以行会等组织形态为代表的社会力量兴起，迎来了新思想的酝酿与新的理想城市思潮。在文艺复兴时期，中世纪的生产力约束及自然主义规划手法下的城市交通、建筑等已经无法适应经济社会发展的需要，于是，伴随着城市改造、强化防御、道路体系重塑等行动，许多理想城市方案涌现出来，这些方案大多提倡复兴古希腊、古罗马的城市营造与建筑风格，许多都延续了古罗马时期维特鲁威的设想，强调秩序感、几何形平面（正方形、圆形、六角形、八角形、星形等）、网格式或放射式路网、明确的中心以及中心与城墙边界节点的轴线关系等。一些理想城市设想及作品如表 2-2 所示。

文艺复兴时期的典型理想城市模型 表 2-2

年代	作者、作品、设想	主要特征	图形
1450 年	阿尔伯蒂，《论建筑》，理想城市设计模式	思想：唯理秩序。 设计原则：便利、美观，"以艺术的手段使自然羞愧"。 要点：中心布局教堂、宫殿或城堡，中心放射式路网，有利于防御的多边形城墙，几何形体空间组合，自然服从人工设计	
1464 年	费拉锐特，《理想的城市》	理想国家+理想人+理想城市。 理想城市：多角形的城堡状城市。 实践：威尼斯王国帕尔曼—诺伐城，1593 年建成	

续表

年代	作者、作品、设想	主要特征	图形
1680年代	斯卡莫奇,理想城市方案	中心:宫殿、公共广场。 中心四周:商业广场、交易场所。 平面:多边形城墙	

资料来源:章明卓.《城市规划的发展及其思想演进》课件[Z].2014.

在文艺复兴的理想城市设想及实践的基础上,西欧中古时期后期取得了新的历史进展,体现为16世纪下半叶形成的两种风格——巴洛克风格、古典主义风格,其各自特点如表2-3所示。在城市发展实践中,古典主义规划思想影响较大,对当时的一些城市建设实践如17世纪的伦敦、巴黎、圣彼得堡等产生了重要影响,并且也是此后19世纪末、20世纪初以美国为代表的城市美化运动的重要思想源头。

西方中古时期末期的理想城市设想 表2-3

代表地域	理想城市模式	主要特征	案例
意大利	巴洛克风格	秩序、轴线,空间序列景观,视线节奏感,重要节点设立高耸纪念碑,建筑装饰繁复	罗马波罗广场(丰塔纳设计)
法国	古典主义风格	突出中心、强调主从、轴线对称、几何构图,强调统一性、恢宏感理性主义、唯理主义思想,为王权服务	17世纪的巴黎、凡尔赛宫

(三)近代阶段

在近代资本主义社会的城市发展阶段,城市作为一种空间物种迎来了体系性的大爆发。17、18世纪是西方社会的大变动时期,在文艺复兴、民族国家、地理大发现、商业革命、宗教革命、资产阶级革命、启蒙运动的基础上，以自由、平等、博爱为代表的人文、民主思想逐步深入人心，崇尚自然科学、工程技术的近代理性精神逐步确立，在这些综合因素作用下，工业革命发生了，推动人类社会、城市发展迈入了全新的阶段。

颇有历史意味的一个事实是，近代资本主义社会的理想城市设想，可以追溯到空想社会主义（Utopian Socialism）这样一场思想实验和实践。空想社会主义是在资本主义发展模式尚未成熟时期的一种社会发展学说，最早可追溯到16世纪英国人托马斯·莫尔（Thomas More）的《乌托邦》一书，是此后科学社会主义的重要思想源头之一，其相关设想及实践如表2-4所示。空想社会主义虽然没有在当时产生大的实际影响，但其将经济社会制度改革与城市建设相结合的探索，却对后来的田园城市等城市规划思想产生了重要影响。同时，对乌托邦的探讨，开启了此后相关的研究类型，许多作品都以一定的空间想象开展对理想社会的研究与反思，如霍布斯的《利维坦》、赫胥黎的《美丽新世界》等。

空想社会主义理想城市模型与实践 表2-4

年代	设想、著作、案例	提出者、实践者	主要特征
16世纪初	《乌托邦》	（英）托马斯·莫尔	期望建立"人人平等，个个幸福"的新社会
1816、1824年	公社、新协和村，美国印第安纳州	（英）罗伯特·欧文（1771—1858年）	集生产、生活、教育等功能为一体，财产共有、民主管理以及生产和分配社会化
1829年	法郎吉	（法）查理·傅立叶（1772—1837年）	1829年发表《工业与社会的新世界》，提出建立1500～2000人的公社，建设可容纳400个家庭的巨大建筑"法兰斯泰尔"（Phalanstere）
1802年	《一个日内瓦居民给当代人的信》	（法）圣西门（1760—1825年）	构想"实业制度"，认为社会唯一的目的是运用科学、艺术和手工业的知识来满足人们的需要
1871年	千家村	（法）戈定	按照傅立叶的理论在盖斯建设

与空想社会主义脉络相并行的是以西欧为代表的实践领域的城市进展。尼德兰革命（16世纪末）、英国光荣革命（1640年）、法国资产阶级革命（1789年）相继发生，此间还发生了美国独立运动（1776年），欧美走上了资本主义发展轨道。其中，"英国革命最主要的成果是17世纪后半叶和18世纪生产力的飞跃发展，最后导致18世纪下半叶的产业革命，开始了机器工业的时代。……资本主义大工业的产生，引起了城市结构的深刻变化，从而对城市建设提出了新的要求，这包括欧洲的旧城改造，亚非拉殖民地城市的产生，美国新城市的建设以及为探索解决资本主义城市的各种矛盾，促使了近代各种规划理论的产生和探索"❶。面对种种新兴的城市矛盾，率先开展工业革命的英国也率先开始探索应对之道，一些新型的工人镇开始建设❷，英国的一系列立法，加上历史思想资源及学者的创造性思考，终于诞生了具有划时代意义的"田园城市"理论，由此开启了现代城市规划理论，相关内容如表2-5所示。

田园城市理论提出前后英国的相关城市事件　　表2-5

时间	实践、立法、著作	提出者、实践者
1851年	萨泰尔工人镇	萨尔特
1855年	《消除污害法》	英国议会
1866年	《环境卫生法》	英国议会
1875年	《公共卫生法》	英国议会
1887年	日光港工人镇	利威尔
1890年	《工人阶级住宅法》明确住宅卫生标准	英国议会

---

❶ 沈玉麟. 外国城市建设史[M]. 北京：中国建筑工业出版社，1989（2005重印）：96.
❷ 吴良镛先生称建设工人镇的这些企业家是应对工业革命后西方大城市工人居住环境日益低劣而实行的"工业慈善家"。

续表

时间	实践、立法、著作	提出者、实践者
1898 年	《明日的田园城市》 （初版名为《明日：一条通向真正改革的和平道路》）	霍华德
1906 年	《住宅与城市规划法》	英国议会

与英国上述实践同时期，其他一些西方国家也有一些类似的实践与设想开始出现。法国是当时欧洲大陆的主要强国。拿破仑三世时期，1848 年通过了《征地法》，1850 年颁发了《卫生法》。立法与英国基本同时期。1853 年开始，巴黎行政长官奥斯曼（Haussmann，1809—1892 年）主持巴黎改造（1853—1870 年），应对城市的交通拥挤、卫生、住房破旧等问题。此次改造强化了城市干道骨架，运用轴线对称、均衡、韵律等手法对城市空间进行重塑，地下铺设管网系统，地上建设多个大型公园，巴黎实现了又一次的"脱胎换骨"。

当时，美国的发展开始加速并兴起了公园运动，典型案例是纽约中央公园的建设❶。进而，在借鉴欧洲的巴洛克与古典主义理念、维也纳的环城景观带建设及法国的豪斯曼巴黎改造等实践的基础上，开启了以芝加哥世博会（1893 年）为开端的城市美化运动。伯纳姆推出著名的"芝加哥规划"（1909 年），但未得到完全采纳。此后，经由旧金山、布法罗、底特律、芝加哥、波士顿等城市的公园规划与建设，城市美化运动进一步推广并传播到世界各地（表 2-6）。

---

❶ 据百度百科"纽约中央公园"词条：在中央公园酝酿出现的 19 世纪 50 年代，纽约等美国的大城市正经历着前所未有的城市化。大量人口涌入城市、经济优先的发展理念、不断被压缩的公园绿地等公共开敞空间使得 19 世纪初确定的城市格局的弊端暴露无遗。包括传染病流行在内的城市问题凸现使得满足市民对新鲜空气、阳光以及公共活动空间的要求成为地方政府的当务之急。

19世纪后半叶至20世纪初英国以外西方国家重要理想城市设想与实践

表2-6

时间	设想、实践	提出者、实践者	内容
1850年代	公园运动（Parks Movement）	奥姆斯特德及沃克斯（纽约中央公园设计师，1856年设计）	1851年唐宁（A. J. Downing）倡导纽约建设公园，纽约州议会通过《公园法》。1853年纽约中央公园选址确定，1859年开始建设，这是第一个现代意义的城市开敞空间，占地843英亩（约340hm²）
1853—1870年	奥斯曼巴黎改造	拿破仑三世、奥斯曼	道路、住房、市政建设、土地经营整体推进。 用几何图案、林荫大道构建开阔城市空间
1882年	线（带）形城市（Linear City）	玛塔（西班牙工程师）	城市主轴是高运量交通线；生活生产用地沿交通干线布置、结构对称；为拓展留有余地
1889年	《城市建筑艺术》	西谛（奥地利，被誉为现代城市设计之父）	强调人的尺度，反对超大尺度；重视环境、城市空间与人的活动及感受的互动；倡导丰富多彩的城市空间
1901年	工业城市（Industrial City）	加尼耶（法国建筑师）	工业成为主宰城市的力量。 规划要使城市结构适应机器大生产的需要。 功能分区思想
1893年	城市美化运动（City Beautiful Movement）发源	芝加哥世博会（Columbia Exposition，为纪念哥伦布发现美洲四百周年而举办）	通过景观改造、形象设计，恢复市中心环境吸引力。 古典主义+巴洛克风格，空间规整化、秩序化，强调规则、几何、古典和唯美，重视纪念性空间
1909年	芝加哥规划	丹尼尔·伯纳姆	城市美化运动的第一份城市规模总体规划。 缺点：忽视住房、学校和卫生，"都市化妆品"（芒福德）

资料来源：根据《外国城市建设史》《城市规划原理》等资料整理。

如果说城市美化运动是延续了古希腊、古罗马城市营造的理性、古典脉络，那么，同时期出现的一系列理想城市设想则反映了工业时代的新要求，如带形城市、工业城市等❶。同时，在关注城市总体布局、整体风貌等宏观视角之外，关注人的尺度的理论也开始出现，如西谛的城市设计思想。

风起青蘋之末，在著名现代主义建筑大师赖特的自传中记述了一段颇有意味的意见交锋，堪称这一时期城市营造思想转折的一个缩影。这段对话发生在芝加哥世博会的灵魂人物伯纳姆（他被当时的建筑圈子尊称为"丹老爹"）与当时刚刚离开著名建筑师沙利文的事务所而独立开业的青年建筑师赖特之间。伯纳姆提出："芝加哥博览会将对整个美国造成巨大的影响。美国人第一次有机会以如此宏大的规模领略到古典的魅力。……想想艾特伍德为博览会设计的艺术宫、比曼设计的商人大厦，还有麦金姆的作品吧——所有这些杰出的建筑！太美了！我能够预见到，整个美国建筑界将沿着博览会指明的方向发展，洋溢着高贵和尊严的古典风格。当代所有杰出的建筑师们全都认同这一点。"而初生牛犊赖特则不以为然，他回复道："但是，那条路上丝毫没有创新的希望。"伯纳姆又说："没有创新？你所指的创新又是什么呢？难道还有比古希腊建筑的比例和线条更崇高的美吗？那是不可超越的。我们应当聆听它的教诲，遵从它的法则。"赖特再次说："我明白，丹老爹，你所讲的或许都有道理，但是却让我联想到某种可怕的东西——好像监狱。我无法接受它。白白地让准则和时间荒废，又一次坐等某种注定不会降临的机遇。"❷

---

❶ 带形城市模式对以后西方的城市分散主义思想有一定影响，典型的有 1930 年苏联的斯大林格勒、马格尼托格尔斯克规划采用了多条平行功能带来组织城市。二战后的哥本哈根（1948 年）、华盛顿（1961 年）、大巴黎地区（1965 年）等地的规划，以及 1990 年代吉隆坡的规划均在外围建设线形城市。工业城市则对后来勒·柯布西耶的集中主义城市、《雅典宪章》中的城市功能分区的思想等，都有重要的影响。引自：章明卓.《城市规划的发展及其思想演进》课件 [Z]. 2014.

❷ 这段对话摘自："（美）赖特. 一部自传：弗兰克·劳埃德·赖特 [M]. 杨鹏，译. 上海：上海人民出版社，2014：175-176."书中未交代这段对话的具体时间，但推测应该发生在 1894 年，书中记载赖特的建筑事务所于 1893 年年末成立，此后不久发生此次对话。

新的时代机遇的确不属于古典主义和城市美化运动,而是属于霍华德的田园城市理论以及新建筑运动。

(四)现代阶段

将田园城市理论列为西方城市发展阶段中近代与现代的转折点是比较合适的。18世纪开始的工业革命从根本上改变了人类社会的发展形态,对城市、城乡关系、经济社会关系造成了极大的冲击,引发了一系列矛盾。1898年霍华德提出田园城市设想,实际上综合并超越了此前的理想城市模式与实践,吸收了空想社会主义的思想资源,又不局限于城市美化运动等所关注的空间形态和景观形象,而是提出一个综合考虑城乡、空间与经济社会、产权与财务等方面因素的"系统方案",有助于避免类似奥斯曼的巴黎改建、伯纳姆的芝加哥规划所受到的一些批评,可以说是此前的理想城市设想的"集大成者"(图2-2)。

正如田园城市一书的题目《明日:一条通往真正改革的和平道路》,其所寻找的是一条改革的道路。1919年,英国"田园城市和城市规划协会"与霍华德共同提出了田园城市的定义:"田园城市是为安排健康的生活和工业而设计的城镇;其规模要有可能满足各种社会生活,但不能太大;被乡村包围;全部土地归公众所有或者委托他人为社区代管。"❶田园城市理论进一步摆脱

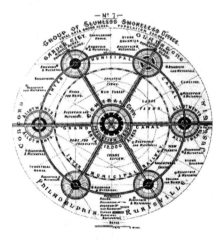

图2-2 田园城市示意图

(资料来源:维基百科)

---

❶ 王克强,等. 城市规划原理[M]. 3版. 上海:上海财经大学出版社,2015:19.

了欧洲绝对君权时期城市主要彰显君权的理念与空间模式,将公众福利置于核心,这是城市发展指导思想的重大转变。同时,将城市规划、建设、运营进行联动考虑,提出了更为系统、完整的营造思想,将物质规划与社会改造紧密融合起来(表2-7)。

田园城市理论的要点　　　　　　　　　表2-7

要点	内容
提出时间	1898年
针对问题与解决思路	工业革命后的"城市病",如环境恶化、交通拥堵、住房问题、公共卫生问题等。 系统问题、系统解决,城乡结合的体系性思考和方案设计,融合政治、经济、社会、规划、文化等多维视角,建设"社会城市"
目标	"把积极的城市生活的一切优点同乡村的美丽和一切福利结合在一起",将城市与乡村组合为一个整合的区域。 三种磁力,城镇、乡村、城乡结合
侧重点	社会改革,实现"无贫民窟无烟尘的城市群""地租的消亡"。 自由、合作(芒福德评价)
空间模式	城乡融合的空间与社会格局,在田野布局中心—外围城市体系,6个单体田园城市围绕中心城市,城市之间通过铁路线等联系
规模	总人口25万人。其中,中心城市人口58000人。外围每座田园城市占地6000英亩(2430hm^2),城市占地1000英亩(405hm^2),四周农业用地5000英亩(2025hm^2)。人口3.2万,其中3万人住在城市,2000人散居在乡间
空间形态与尺度	圆形平面,半径1240码(1码=0.9144m)。 中心布局圆形中心花园,6条放射道路将城市划分为6个区
城市中心区	布局市政厅、剧院、图书馆、医院、博物馆等公共设施,其外绕一圈面积约145英亩(58hm^2)公园,公园四周绕一圈"水晶宫"玻璃拱廊,功能为商业、展览等
圈层结构	5条环形道路,其间为居住区。中间是一条宽130m的林荫大道,学校、教堂布局其中。外圈地区为工厂、仓库、牧场等

续表

要点	内容
开发与管理	霍华德对资金来源、土地规划、城市财税、运营管理等方面作了细致思考。土地归全体居民集体所有，城市的收入来自使用土地的租金，城市集聚带来的增值归集体所有。 1899年组织田园城市协会，1903年设立"田园城市有限公司"
实践案例	1904年，莱切沃斯（Letchworth，距伦敦34英里），规划师雷蒙德·欧文和巴里·帕克。 1919年，韦林（Welwyn），规划师路易·德索瓦松。 1930年，威顿肖维，规划师帕克

资料来源：根据沈玉麟编《外国城市建设史》2005年重印版第117~120页内容整理。

　　田园城市理论提出后，西方城市发展进入了精彩纷呈而又渐入迷茫的现代阶段。"进入20世纪，随着工程技术和交通运输的进步，各种见解和方案接连出现。人们既追求城市的形式美，重视城市物质形体环境的创造，也开始注意城市社会经济的发展、生态环境的保护与城市生活环境改善之间的关系。特别是第二次世界大战后，一方面是人口的增长，生态环境的严重恶化；另一方面是经济和社会结构急剧变化，科学技术在很多领域得到飞速发展，这些实践极大地丰富了人们对理想城市的认识。可以说，今天的'理想城市'已经很难用一个统一而简单的模式来表现了。"❶ 这一时期又可以大致分为两个阶段：①从田园城市提出到二战时期；②二战以后。

　　从田园城市提出到二战时期，主要的理想城市设想梳理如表2-8所示。其发展演变大体具有以下几个特点：第一，全面进入"现代"，不再简单关注古典主义、城市美化运动等所注重的宏大构图与建筑风格。第二，形成侧重实践与侧重思想两大相互交错的思考脉络。霍华德、格迪斯、芒福德成为西方近现代三位集大成式的城市思想家，他们坚持人本主义，将城市的规

---

❶ 邹德慈."理想城市"探讨[J]. 城市，1989（1）：5-7.

划建设与经济、社会、文化乃至人类文明结合起来。格迪斯在《进化中的城市》一书中提出："如同'石器时代'被划分为'旧石器时代'和'新石器时代'两个阶段一样，'工业时代'也需要划分为两个阶段，即'旧技术时代'和'新技术时代'……从旧技术时代走向新技术时代，即从坎坷邦（Kakotopia）走向乌托邦——首先，将能源的使用朝向个人的财富收益；其次，保存能量和改善环境，用于生活的维持和发展"。❶ 而新建筑运动及其带动的现代主义运动更加关注城市空间模式与功能，在《走向新建筑》（Vers une Architecture）一书中，柯布西耶提出著名的口号"建筑是居住的机器"，在《城市规划》（Urbanisme）一书中进一步将功能主义和机械主义推广到城市层面，提出应该运用技术理性来规划和建造城市，集中体现这种思想的是"光辉城市"理想城市模型。这些设想最终在《雅典宪章》中得到完整表述和推广。第三，集中与分散的观点之争始终贯穿。从深层次的文化基因层面看，"现代城市功能分区的假设是人人自私（传统的'性恶'现代的'性本'），每个空间（土地）使用者都在追求最高享受、最高效率，不会自觉地考虑别人、自动地容忍别人。因此，真正的混合用途是不可能的。在个人与自由的社会里，公说公理，婆说婆理，既没有公认的准绳，更没有自发的忍让。所以最后还是把功能进行分区，形成楚河汉界，以免麻烦。功能分区还是种法律约束……由人产生的问题不再由产生问题的人去解决，改由专家们（包括规划师、律师、工程师、建筑师，等等）用专业术语，以专业逻辑去分析、辩证、判决。西方规划法是出名的修改最繁、舞弊最多的法。欧洲的古城风貌反映了当年西方人的'大我意识'。住所与工场、商店与学堂、衙门与妓坊虽是混在一起，但谁可以干什么、应该干什么，大家都心知肚明，不会越轨……这些中古城市活力十足，看上去杂乱无章，但给人一种有机、和谐的

---

❶（英）格迪斯. 进化中的城市——城市规划与城市研究导论[M]. 李浩，等，译. 北京：中国建筑工业出版社，2012：33.

感受。现代城市规划是工业革命之后,随着资本的需要和条件(包括维持和延续资本社会)而出现的。现代资本把'性恶'看成'性本',当然没有大我,甚至不能接受大我。我行我素、自我膨胀是资本社会的活力所在,功能分区更能增加资本效率(起码初期是如此)。功能分区遂成为现代城市规划的金科玉律。"❶

现代阶段国外重要理想城市模型(1945年前)　　表 2-8

时间	设想	提出者、代表人物	著作、观点
1915年	城市是生命体	(英)格迪斯	《进化中的城市》 融合生物学、社会学、教育学和城市规划等视角,创造"城市学"(Urbanlogy)、"城镇集聚区"(Conurbation)概念,提出区域规划思想
1919年	新建筑运动,包豪斯	(德)格罗皮乌斯、密斯·凡·德·罗,(法)柯布西耶,(美)赖特	城市规划三大经济原则
1922年	明日城市、光辉城市	柯布西耶	《明日的城市》《阳光城》 大疏大密,机械功能分区,集中建设塔楼,高架快速路连接,大面积开敞空间
1922年	卫星城	(英)雷蒙·翁温	《卫星城市的建设》 提出卫星城的概念
1925年	同心圆理论(标准模型)	(美)帕克与伯吉斯,芝加哥学派	城市功能同心圆式向外扩展; 功能区:中心商业区、过渡带、产业工人居住带、高级住宅区、通勤居民区;土地租金中心高,向外降低
1929年	邻里单元	(美)C.佩里	关注社区尺度

---

❶ (加)梁鹤年. 旧概念与新环境:以人为本的城镇化[M]. 北京:生活·读书·新知三联书店,2016:40-41.

续表

时间	设想	提出者、代表人物	著作、观点
1932年	广亩城市	赖特	《正在消灭中的城市》 城市分散主义，重视交通的作用
1933年	雷德伯恩体系	（美）C.斯泰恩	考虑大量汽车进入生活
1933年	中心地理论	（德）克利斯泰勒	《南部德国的中心地》 城市区位理论，六边形城市体系模型
1933年	雅典宪章	国际现代建筑协会（CIAM）	强调理性、城市四项功能（居住、工作、游憩、交通）、明确的功能分区、科学制定城市总体规划。 实践：（巴西）巴西利亚、（印度）昌迪加尔
1938年	城市与文明	（美）刘易斯·芒福德	《城市文化》 城市凝聚了文明的力量与文化；城市规划问题首先是价值问题。这为后来的《城市发展史》奠定了基础
1939年	扇形理论	（美）霍默·霍伊特	五个区域：市中心、批发轻工业区、低级住宅区、中级住宅区和高级住宅区。 对同心圆理论进行修正，认为决定城市区位分布的是交通线路分布，城市不同的扇面从中心商业区延伸出去，沿着高速公路主干线发展
1940年	中心功能疏散	（英）巴罗委员会	《巴罗报告》 提出疏散伦敦中心功能
1942年	划区理论	（英）H.屈普	《城市规划与交通》 机动交通与步行区分隔
1943年	有机疏散理论	（芬兰）E.沙里宁	《城市：它的发展、衰败与未来》 城市应该有机疏散向外拓展
1945年	多核心理论	美国社会学家哈里斯和乌尔曼	现实的城市结构是由广泛的经济和社会力量决定的，一旦城市的某个空间核形成了，各种力量会强化已有模式。 功能区：中心商务区（CBD）、批发业和轻工业地区、重工业地区、住宅地区、小核心地区、近郊地区及卫星城市

资料来源：作者整理，参考《社会学辞典》（邓伟志编，上海辞书出版社，2009年出版）等书。

二战后，虽有冷战对峙，但和平与发展逐步成为主流。伴随着战后经济恢复，在生产力提升、全球化蓬勃发展、小汽车交通方式普及、高速路网建设、建造技术革新、住房金融创新、发展信心上升、追求生活品质等综合因素作用下，以美国为代表的西方国家出现了城市的快速扩张，郊区化、城市蔓延现象加剧，一度造成城市中心衰败。这些现象引发了城市研究从单体城市转向区域研究的趋势，并引入了系统理论、数学工具、地理信息等方面理论与工具的支撑。此后，进入信息化时代，面对城市更加复杂的功能，更大范围、更高密度的互动，出现了多学科融合的研究态势。

表2-9中列出了二战后一些有影响力的理想城市设想、理论与实践。从时间线索上看，二战后首先大规模兴起的重要城市现象是美国的郊区化、以英国伦敦为代表的欧洲新城运动。由此也引发出一些理论上的思考，如簇群城市、增长极理论、大都市连绵区理论等，这也标志着城市问题的关注点从单体城市拓展到"城市—区域"关系的视角，进而伴随着全球化的蓬勃发展，拓展到全球城市网络乃至"星球城市"的视野。

二战后国外重要理想城市模型与实践　　表2-9

时间	设想、著作	提出者、实践者、地域	主要观点
1946年	新城运动	英、法、北欧	—
1950年	郊区化	以美国为代表	—
1955年	簇群城市（Cluster City）、《杜恩宣言》	CIAM、Team10	流动、生长、变化
1955年	增长极理论	（法）F. 佩鲁	国家、区域发展应当首先建立增长极
1957年	《大都市带：美国东北海岸的城市化》	（法）J. 戈特曼	大都市连绵区
1958年	人类聚居学	（希）道萨迪亚斯、雅典技术组织	—

续表

时间	设想、著作	提出者、实践者、地域	主要观点
1959 年	整体设计	荷兰	—
1959 年	《城市意向》	（美）凯文·林奇	城市设计五要素
1961 年	《城市发展史》	（美）刘易斯·芒福德	人文精神、人的尺度
1961 年	《美国大城市的死与生》	（美）简·雅各布斯	规划批判
1960 年代	《城市并非树形》《图式语言》	（美）C. 亚历山大	关注人的活动与空间场所关系
1964 年	城市数学模型	（美）福雷斯特	—
1971 年	《设计结合自然》	（美）I. L. 麦克哈格	关注环境
1975 年	《城市和区域规划》	（英）彼得·霍尔	—
1977 年	《马丘比丘宪章》	国际建筑协会（VLA）	关注人的尺度、市民参与、文化遗产保护
1978 年	《系统方法在城市和区域规划中的运用》	（英）J. 麦克劳林	—
1978 年	《作为公共政策的城市设计》《城市设计导论》	（美）J. 巴奈特	—
1985 年	《资本的城市化》	（美）大卫·哈维	新马克思主义视角的城市解读
1995 年	《以知识为基础的发展：城市政策与规划之含义》	（奥地利）R. 奈特	城市整体观、面向知识经济的城市发展路径
1996、2000 年	《第三空间：去往洛杉矶和其他真实和想象地方的旅程》《后大都市：城市和区域的批判性研究》	（美）索杰	分散、离心化、复杂性、当地化、分裂论，后福特主义的碎片论，为这个大都市提供了发展动力
1998 年	《社会城市》	（英）彼得·霍尔等	—
2000 年	《后现代都市状况》	（美）迈克尔·迪尔	认为洛杉矶没有标志，只是一些稀奇古怪的东西穿插其中

续表

时间	设想、著作	提出者、实践者、地域	主要观点
2013、2018年	《新城市科学》《创造未来城市》	（英）迈克尔·巴蒂	将城市理解为网络（network）和流（flow）组成的系统
2016年	《新城市议程》	联合国人居会议Ⅲ，《基多宣言》	城市的活动是多元、高密度的，需要社会整合，创造高质量公共空间

资料来源：根据《理想城市的建构与城市的人文关怀》[1]及《中国现代理想城市的构建与探索》[2]等文章整理。

二战后，经济学在社会科学领域中地位不断提升，经济学视角的城市研究也从20世纪50年代开始兴起。"微观城市经济基于个人如何在空间中定位，特别是消费者在特定市场中的定位，如住房。而宏观城市经济侧重于人口聚集体之间的相互作用，可类比物理学中势能的定义。事实上，20世纪60年代在这一领域取得的巨大成就之一就是明确表明，能使个体效用最大的空间中的个体资源分配模型与基于引力和势能的宏观物理模型是一致的，并在此基础上建立了空间尺度之间的一致性……然而，这一成就多少显得有些空洞，因为它对于真正的问题——零部件如何构成整体避而不谈。尽管证明不同层次的理论之间的一致性对于调和理论间的差异而言已经算得上一项成就，但实际系统如何从它们各个部分的基础上发展而来，这一基本机制我们还无法理解"。[3]

关于理想城市营造的思想与理论也一直在深入，如1958年道萨迪亚斯提出人类聚居学，1959年荷兰建筑规划界提出"整体设计"理念，同年凯文·林奇发表《城市意象》，这些都代表着"整体主义、人本主义"城市营

---

[1] 张晓霞，杨开忠. 理想城市的建构与城市的人文关怀[J]. 山东师范大学学报（人文社会科学版），2006（3）：96-101.

[2] 刘琰. 中国现代理想城市的构建与探索[J]. 城市发展研究，2013，20（11）：41-48.

[3] （英）巴蒂. 创造未来城市[M]. 徐蜀辰，陈翊怡，译. 北京：中信出版社，2020：11-12.

造观的发展。进而，在 20 世纪 60 年代初，两部影响深远的著作出版，分别是芒福德的《城市发展史》以及雅各布斯的《美国大城市的死与生》。芒福德从历史与文明的视角研究城市发展历程，认为城市的基本功能是"磁体"和"容器"，城市的重要内核是文化，当文化变得僵化、老化，城市的物质空间也会衰败、破坏，而这种衰退又为新的发展创造了空间与机遇。雅各布斯则从城市生活的鲜活视角强调城市功能的混合、多元与生机。同时，芒福德与雅各布斯之间"亦敌亦友"的思想交锋也成为城市研究中有趣的"公案"。或许正因为芒福德和雅各布斯都非建筑或城市规划专业科班出身，他们反而可以跳出当时具有一定统治性的现代主义的经典理论框架，从而对城市保持更加纯粹、朴素的使用者视角，在学科上也采取了更具综合性的观察分析路径。他们共同的现实敌人是被称为"纽约的奥斯曼"的罗伯特·摩西，共同的理论敌人则是柯布西耶，这使得他们成为同道，可以说他们共同的敌人是狂飙、片面的现代主义思想与实践，而在更深一层的理想城市模型及其营造路径上却出现了分歧。雅各布斯是渐进主义规划观念的代表，芒福德是区域主义规划观念的代表。❶ 可见，两人（及其代表的两类城市思潮）真正的分歧在于"底层思维"的差异，也就是渐进主义和理性主义思想路线的区别，这就已经超越了城市规划和空间、城市思想层面。由此，笔者联想到梁鹤年先生提出的 SCAD 公共政策评估方法同样将西方公共政策研究的基本思想流派分为"渐进派""理性派"两大方向，并且提出了"先优化、再平衡"的融合心法。近年来，倡导城市规划向公共政策转型，透过历史可见，这个基本判断在底层思想层面始终是相通的。

  1977 年，《马丘比丘宪章》签署，这是"继 1933 年《雅典宪章》以后对世界城市规划与设计有深远影响的又一个文件……《雅典宪章》所阐明的

---

❶ 于洋. 亦敌亦友——雅各布斯与芒福德之间的私人交往与思想交锋 [J]. 国际城市规划，2016（6）：52-61.

某些指导思想已不适应当前时代的发展变化。修改过的《马丘比丘宪章》是为了指出城市规划与设计在新的形势下应该由什么指导思想来适应时代的变化"❶。《马丘比丘宪章》强调，城市应该追求建成环境的整体性、统一性、有机性，每一座建筑物不是孤立的，而是城市连续统一体中的一个单元，彼此之间有着相互依赖性和联系性。

从大的历史尺度看，二战后西方关于理想城市的思考似乎展开成了数条线索。首先是沿着霍华德—格迪斯—道萨迪亚斯—芒福德等思想家的脉络，关注城市的整体、系统以及人文精神、生态问题。其次是高科技兴起带来的应对和思考，以美国硅谷所带来的高科技开发区、各国开展的科学城等建设为代表。近年来兴起的创新城市、智慧城市、佛罗里达提出的创意城市发展的"3T"理论、巴蒂提出的新城市科学等是这个方向上的一些新发展。第三条线索是伴随后现代思潮兴起出现的具有后现代特征的城市思想。从思想脉络上看，其源头可以追溯至雅各布斯，而芝加哥与洛杉矶两座城市颇具范式比较意义。如果说芝加哥是现代主义的代表，那么洛杉矶就可以作为后现代主义的代表。这一方向兴起了以索杰（Edward W. Soja）、蒂尔（Michael J. Dear）等为代表的"洛杉矶学派"，强调生成性空间思想，尊重多样性。某种意义上说，以哈维为代表的新马克思主义城市研究也可以归入这一方向。"后现代规划是对现代规划的批判，但没有改变，也无法改变'性恶'文化。后现代规划的'新城市主义'也许会美化一下功能分区的呆滞，点缀一下功利社会的冷漠，但只会是精英（包括规划师）的一种自我满足、自我陶醉，不会成为主流"。❷ 第四条线索是侧重城市发展中的公共决策和治理问题，采取过程、动态视角，发展出参与式规划、倡导式规划等理论。第五条线索

---

❶ 沈玉麟. 外国城市建设史[M]. 北京：中国建筑工业出版社，1989（2005重印）：267.
❷ （加）梁鹤年. 旧概念与新环境：以人为本的城镇化[M]. 北京：生活·读书·新知三联书店，2016：41.

侧重微观视角，关注空间中的人性尺度、使用体验、场所精神等，如近期兴起的芝加哥学派提出的场景理论等。需要说明的是，上述这些线索并非截然分明，彼此之间在许多细节上相互交错、融合。笔者认为，在思想资源上，霍华德—格迪斯—道萨迪亚斯—芒福德等思想家的脉络是最可以作为当前依凭的。

如上所述，二战后在城市实践领域产生较大影响的理想城市模型来自对城市蔓延以及大规模生产的反思。"从20世纪70年代开始，自欧洲兴起的紧凑城市模式，与美国规划学者提出的新城市主义（New Urbanism）和精明增长（Smart Growth）等相互呼应，构成西方现代理想城市模式的三大主流方向，共同推动着城市化时代下全球应对气候变化、建设低碳城市的浪潮。"❶精明增长是一批人的实践，由相关著作进行了总结，如《精明增长指南》。❷"紧凑城市"是西方国家进入后现代社会以来，为数不多的受到各国广泛关注，并在理论和实践方面都已经产生极为深远影响的城市发展理念之一。欧共体委员会（CEC）1990年发布《城市环境绿皮书》，再次提出"紧凑城市"这一概念，并将其作为"一种解决居住和环境问题的途径"，认为它是符合可持续发展要求的。随后，"紧凑城市"的理念受到越来越多学者的关注。总体上看，这是人类历史上第一次对城市的规模过大、低密度蔓延问题进行反思，也反映了人类活动对自然环境造成的冲击已经上升到需要全球反思和干预的阶段（表2-10）。

梁鹤年先生总结认为："粗略地去看，规划传统可以说是由美丽城市、舒适城市、效率城市、生态城市四组理念和它们的交错面组成的。美丽城市的焦点是外观：从早期的美丽城市运动，到《雅典宣言》（部分），到近期

---

❶ 刘琰. 中国现代理想城市的构建与探索[J]. 城市发展研究，2013，20（11）：41-48.

❷（美）杜安伊，斯佩克，莱顿，等. 精明增长指南[M]. 王佳文，译. 北京：中国建筑工业出版社，2014.

西方现代理想城市模式三大重要方向　　　　表 2-10

年代	理论	提出者	主要特征
1970 年代	紧凑城市	乔治·丹齐克和托马斯·萨蒂	《紧缩城市——适于居住的城市环境计划》；密集和邻近的开发模式；由公交系统连接的城市地区；本地服务与就业机会的可达性
1980 年代	新城市主义	安德雷斯·杜安尼、普拉特·齐伯克、彼得·卡尔索等	反思二战后以美国为代表的小汽车、郊区化、低密度独立住宅模式带来的土地浪费、交通拥堵、空气污染、场所感丧失等问题；追求紧凑、宜人、充满活力和人情味的邻里社区和城市空间，以宪章的形式提出27条原则，注重市场力量。传统邻里区开发（TND）、公交导向开发（TOD）
1990 年代	精明增长	—	主张控制城市扩张、提高土地利用效率，提高生活质量。目标：保护农地、保护环境（自然生态环境和社会人文环境）、繁荣城市经济、提高城乡居民生活质量。实现途径：利用价格手段的引导作用；发挥政府财政税收政策的指向作用和综合利用土地法规的管制作用

资料来源：根据《中国现代理想城市的构建与探索》一文整理。

的新城市主义。舒适城市的焦点是生活素质：从早期的花园城市，到小区规划，到公共住房运动，到社会规划。效率城市的焦点是经济和财政：从早期的公共建设到交通规划，到基础设施规划。生态城市的焦点是环境素质：从早期的公园运动，到环境保护，到生态规划。当然，这些理念和运动也互相交错，创出新思路和局面。例如，美丽城市和舒适城市的交错打开了花园郊区、绿带小镇、市中心重建和小区改良的局面。舒适城市、效率城市和生态城市的交错诞生了可持续发展和精明增长的理念。这一粗略的描述显示出规划是个范围广和层面多的工作。其实，规划思路的传统比上述还丰富和复杂得多。城市规划的传统和灵感有它独特而丰富的思想和学术源头，可分为经济学、公共管理学、社会学和政治学去探索。"❶

四

中华文明理想城市脉络梳理

《中国城市规划的历史与未来》❷一文梳理了中华文明进程中的城市规划演进脉络，将中国城市规划的发展划分为六个时期：古国、王国、帝国前期、帝国中期、帝国后期、近现代（表2-11）。该文提出，中国古代城市规划形成了从国土规划到城邑规划的技术保障体系和知识体系。城市规划是统治者建立空间秩序进而借以实现国家统治的技术工具，……都城是国家政治文化的象征，在中国多民族统一国家形成与发展的历史进程中，首都作为全国政治中心和文化礼仪中心，一直发挥着文化认同、民族凝聚、国家象征的重要作用。秦咸阳—汉长安、隋大兴—唐长安、元大都—明清北京等，都成为每一个时代文明水平最为综合的体现，也是最高的表现形式。

---

❶ 梁鹤年. 西方规划思路与体制对修改中国规划法的参考[J]. 城市规划, 2004（7）: 37-42（63）.

❷ 武廷海. 中国城市规划的历史与未来[J]. 人民论坛·学术前沿, 2020（4）: 65-72.

中国城市规划发展历史分期　　　　表 2-11

分期	年代	城市规划发展特征	时间跨度	社会历史特征
古国时期	约公元前 8000—前 2500 年（远古至仰韶时代晚期）	城市规划起源	约 5500 年	文明起源与发展阶段。定居与聚居。从混沌到秩序
王国时期	约公元前 2500—前 771 年（龙山时代至西周）	城市规划体系滥觞——政治主导下的城市	约 1700 年	国家起源与发展阶段。封土建邦，体国经野，礼制社会。两都制或多都制滥觞。青铜—文字垄断，祭祀分封，控制社会与空间秩序。城邑——据点
帝国前期	公元前 771—公元 220 年（春秋战国秦汉）	"象天法地"实践与"天人合一"之城	990 年	帝国形成与早期发展。郡县制。城市保障系统构建——运河与驰道。铁器牛耕，竹简应用——文字/文字体系成为支撑官僚制度的工具。百家争鸣"务为治"，官僚治国依凭"法"
帝国中期	公元 220—907 年（三国至晚唐）	都市区规划与实践	587 年	帝国巅峰时期。佛教本土化，民族融合，豪族社会。城市经济繁荣。印刷术应用。城邑——生活
帝国后期	公元 907—1840 年（五代十国至清）	统一多民族国家与规划变革	933 年	唐宋之变。古代平民社会。城市经济功能
近现代	1840 年至今（晚清以来）	现代城市规划之形成	180 年	卷入全球化。西方现代经济与知识进入。现代平民社会。中华民族伟大复兴

资料来源：武廷海.中国城市规划的历史与未来[J].人民论坛·学术前沿，2020（4）：65-72.

本节按照表 2-11 中的大体时代划分，简要梳理中华文明发展进程中的理想城市演变。

（一）古国时期

在古国时期，即考古学断代上的新石器时期及邦国时期，是中华文明的孕育时期。根据现有考古发现，在此时期的末段（仰韶文化时期），若干聚居部落的选址已经呈现出环境选择意识。以良渚古城为代表，城市开始出现在中华大地之上。在王国时期，即考古学断代上的广域国家形成及发展阶段，是中华文明营城实践的一个跃升期。现有考古进展显示，约 3700 年前"最早的中国"出现在黄河文明核心区域，二里头遗址的若干重要发现包括"最早的城市干道网、最早的宫城（后世宫城直至紫禁城的源头）、最早的中轴线布局的宫殿建筑群（都邑与建筑的王权表征）、最早的青铜礼乐（华夏青铜文明之肇始）、最早的青铜近战兵器、最早的青铜器铸造作坊、最早的使用双轮车的证据，这里是公元前两千纪前半叶最大的中心性城市（现存面积约 300 万 m^2），最早的具有明确城市规划的大型都邑"❶，可见，其营造初步奠定了山水与城、宫与城、轴线及分区等中华文明的理想城市模式。此时期代表性的城市发展案例正是这些夏、商、周都邑。殷墟是商代盘庚至纣期间（公元前 1395—前 1123 年）的王都所在地，遗址考古发现包括宫殿区、王陵区、一般墓葬区、手工业作坊区、平民居住区和奴隶居住区等功能。然而，正如古埃及、两河流域文明的城市实践一样，或许由于尚无系统总结，或许由于记录消失，这一时期未有传世的理想城市模型表述。

（二）帝国时期

在帝国前期阶段，大体可对应于西方的古希腊、古罗马时期，如前所述，伴随着东西方基本同时期的"轴心时代"的到来，人类的理性思辨能力大大提升，西方的古希腊先贤与东方的百家争鸣都奠定了各自长远流传的重要文化基因。这种思辨能力体现到城市领域，就是开始形成相对比较系统的理想城市模型，以《周礼·考工记》及《管子》中的相关表述为代表。

《管子》中对城市选址原则作了如下表述："凡立国都，非于大山之下，必于广川之上。高毋近旱而水用足，下毋近水而沟防省。"这实际上是探讨

---

❶ 许宏. 最早的中国 [M]. 北京：科学出版社，2009：16.

了城市与自然山水间的关系。在中国历代名城的建设中，我们都看到了这种将山川形胜纳入城市营造总体图景的实践。可以说，自轴心时代开始的中华文明城市营造就体现了大环境意识，追求天人合一，认为人与城都是在更大的自然背景下的产物。对于城市的营造，《管子·乘马》提出"因天才，就地利，故城郭不必中规矩，道路不必中准绳"，这一"因势利导"的模式虽在此后的都城、府城等高等级城市中未成主流，但一直在苑囿园林、山林名胜、商业市镇等的营造中持续发挥影响。

《周礼·考工记》则提出了"营国（王都）"之略："匠人营国，方九里，旁三门。国中九经九纬，经涂九轨，左祖右社，面朝后市，市朝一夫。夏后氏世室，堂修二七，广四修一，五室，三四步，四三尺，九阶，四旁两夹，窗，白盛，门堂三之二，室三之一。殷人重屋，堂修七寻，堂崇三尺，四阿重屋。周人明堂，度九尺之筵，东西九筵，南北七筵，堂崇一筵，五室，凡室二筵。室中度以几，堂上度以筵，宫中度以寻，野度以步，涂度以轨，庙门容大扃七个，闱门容小扃三个，路门不容乘车之五个，应门二彻三个。内有九室，九嫔居之。外有九室，九卿朝焉。九分其国，以为九分，九卿治之。王宫门阿之制五雉，宫隅之制七雉，城隅之制九雉，经涂九轨，环涂七轨，野涂五轨。门阿之制，以为都城之制。宫隅之制，以为诸侯之城制。环涂以为诸侯经涂，野涂以为都经涂。"（图2-3）

可见，从系统的营城理念萌发之时，中华文明的城市建设就纳入了"礼"的规范范畴，而"礼"即是一种秩序化追求，和柏拉图"理

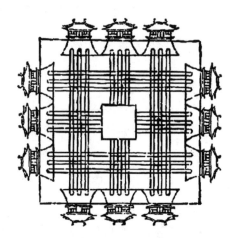

图 2-3 《三礼图》中的周王城图

（资料来源：董鉴泓.中国城市建设史[M]. 3版.
北京：中国建筑工业出版社，2007：13.）

想国"模型中所寻求的"义"颇有对照之妙。"普天之下，莫非王土，率土之滨，莫非王臣"（《诗经·小雅·北山之什·北山》）、"国之大事，在祀与戎"（《左传·成公·成公十三年》）等理念，均可以在空间（体系）上找到映射。《周礼·考工记》以"国（都）"为示范和准绳，将城市空间与国家治理结合起来，并为都以下的营造规范定下了基本的"模数"。这一规范是如此清晰简明，一直延续到明王朝营建北京城的实践，可见空间文化基因的强大。这一时期代表性的城市发展成就是战国各国国都以及后期的汉长安城，汉长安与西方的罗马堪称当时世界城市体系中并峙的双峰。

在帝国中期阶段，中华文明迎来了辉煌的城市实践，以唐长安为典型代表。在营城思想方面，许多典型特征得以系统化并基本固化下来。有研究提出这些特征包括风水学说、天人合一、面南而居、山环水抱等理念，认为我国古代城市建设既要"顺应山水形势"，又要"遵从典礼制度"，中国古代理想城市的特征可归纳为五个方面：①与自然的结合；②追求社会和谐；③城乡统筹与建设秩序的治理；④人居环境营造的追求；⑤审美文化的综合集成。❶

在帝国后期阶段，即宋及宋以后的城市营造基本上与帝国中期阶段相仿，在能量动员、建设规模、城市功能等方面并未出现革命性的跃升。可能是由于城市建设属于"工匠"范畴，而古代匠人地位不高，因此在两千多年的史料中，对城市及城市生活的记叙性资料不少，如正史、各地府志等官方资料中对帝王命令城市选址建设、城市规模、布局、设施、生活的记述，再如《水经注》《三辅黄图》等地理、游记类著作，《洛阳伽蓝记》《长安志》等专题著作以及《西都赋》《西京赋》等文学作品中对城市的描述。

然而，关于城市营造专家与著作的资料寥寥可数，这与西方较为丰富的思想传承脉络相比，不能不说是一种遗憾。有明确记载的营城专家（家族）

---

❶ 刘琰. 中国现代理想城市的构建与探索[J]. 城市发展研究，2013，20（11）：41-48.

包括：主持汉长安城兴建的杨城延、隋代主持长安城重建的宇文恺、元代主持元大都兴建的刘秉忠、清代的样式雷家族等。隋代的"宇文恺可以说是一位规划专家和建筑工程师，根据《隋书·宇文恺传》记载，他不仅组织规划了长安和洛阳二城，还从事过水利、长城、桥梁等方面的工程，也亲自设计过一些房屋"❶。元代的刘秉忠则主持了元大都的规划建设，"一开始忽必烈就把这工作交由规划过上都的刘秉忠负责，他主持了全部的规划建设工作，阿拉伯人也黑迭儿和一些外国的建筑工匠也参加了规划和修建工作。城市建设工程有统一领导与指挥，规划设计意图得到执行与贯彻。从选点、地形勘测到先铺筑地下水道，再营建宫殿等，可以看出工作的周密。这就保证了元大都一气呵成建成为当时世界上规模最大、最宏丽壮观的城市之一。"❷在营城思想的著作方面，在《周礼·考工记》之后未见系统性的设想及著作，仅北宋时期官修的《营造法式》一书勉强可以算作一部偏微观视角的重要著作。据故宫博物院资料，《营造法式》是"一部记录中国古代建筑营造规范的书。始编于北宋熙宁年间（1068—1077 年），元祐六年（1091 年）成书。绍圣四年（1097 年）由将作监李诫奉敕重修，元符三年（1100 年）修订完毕，于崇宁二年（1103 年）付梓刊行。全书分为总释总例、各作制度、功限、料例、图样五大部分，共 357 篇，3355 条。此书系统地总结了北宋前建筑学方面的可用之法，大部分章节根据当时工匠的经验总结而成，反映宋代建筑建造中模数的制定和运用，设计的灵活性、装饰与结构的统一以及生产管理中的严密性，是建筑技术向标准化和定型方向发展的标志，是当时世界上屈指可数的建筑学专著之一"❸。此后，明代计成所著的《园冶》一书或许可以视作具有中国特色的理想人居、理想城市（所谓城市山林）性质的著

---

❶ 董鉴泓. 中国城市建设史 [M]. 第三版. 北京：中国建筑工业出版社，2007：47.

❷ 同 ❶：115.

❸ 故宫博物院网站 https://www.dpm.org.cn/ancient/mingqing/149329.html.

作。自古以来，无论是帝王苑囿还是私家庭园，园林作为中华文明语境下的"诗意栖居"追求，体现了独特的人居美学。《园冶》一书即是第一部系统阐述园林艺术理论与造园工艺的著作。该书于崇祯四年（1631年）成稿，崇祯七年（1634年）刊行，内容涵盖园林的选址、规划、屋宇、叠山理水、借景、地面铺装、门窗等各个方面。书中提出的"虽由人作，宛自天开"，"巧于因借，精在体宜"，"天然之趣"等观点影响深远，对今天的公园城市建设仍有很强的启发意义。

（三）近现代时期

到了近现代时期，"从 19 世纪中叶开始，中国进入了大变革时代，时人称之为'三千年未有之大变局'。随着中国从封闭走向开放，中国历史越来越融入世界历史进程，近现代社会发展明显受到世界影响，城市规划呈现出新的特征，现代城市规划学科形成。"❶

这一时期的典型特征是"压缩时空"，在城市发展与营城理念两方面的变革"浓度"都很高，应该进行更为细化的阶段分析。笔者认为至少可以划分为如下几个阶段：

鸦片战争至中华人民共和国成立，这是中国城市近现代化的艰难起步时期，在营城理念与模式上以向西方学习为主，兼有局部的基于中华文化与民族工业化的营城探索，以张謇经营南通为代表；中华人民共和国成立至改革开放，这是社会主义现代化城市建设探索时期，在理想城市的潜在假设、建设模式、路径选择方面，以向苏联模式学习为主；改革开放以来，这是城市高速发展阶段，城市发展采取了兼容并包的开放姿态，对世界上的先进营城理念及理想城市模型进行了广泛的学习、借鉴、吸收，近年来先后关注探讨了"山水城市、可持续发展城市、绿色城市、健康城市、宜居城市、生态城

---

❶ 武廷海. 中国城市规划的历史与未来 [J]. 人民论坛·学术前沿，2020（4）：65-72.

市、低碳城市和智慧城市等不同名称的理想城市模式。这些理想城市模式均是对城市发展过程中所出现问题的反思，但多数是从某一角度出发提出的解决对策"（表2-12）。❶

中国现代理想城市模式对比分析 表2-12

名称	关注点	局限性
山水城市	钱学森先生倡导的"山水城市"注重人与自然协调发展，目的是建立人工环境（以城市为代表）与自然环境融合的人类聚居环境，是有中国特色的生态城市	强调城市建设的"形"，对城市的社会和经济属性论述较少，内涵相对狭窄，缺乏解决现代城市问题的一套完整思路和可行方案
可持续发展城市	既要满足当代人的需求，又不损害后代人的利益	自然环境外化于城市，作为城市的支持服务系统存在，缺乏对城市系统内部有机联系的关注
绿色城市	健全的绿地景观系统，需要同时满足合理的规划布局、完善的基础设施体系和良好的环境质量	自然保护主义学者强调通过简单地增加绿色空间，单纯追求优美的自然环境
健康城市	把城市视为一个有机生命体，由健康的人群、健康的环境和健康的社会有机结合发展的整体	从现代医学角度提出的"健康城市"从生命个体与环境的关系来看待城市；尤其强调城市居民生理上的健康
宜居城市	人居环境良好，满足居民物质和精神需求，适合人类工作、学习和生活	更多地从人的角度出发来规划建设城市，缺乏系统观、整体观
生态城市	从系统生态学的角度出发，强调资源、环境、经济、社会的协调发展和人与自然的和谐共生	从生态城市广泛的含义来讲，是目前最为契合中国国情的一种理想城市模式
低碳城市	以低碳经济为发展方向，市民以低碳生活为理念和行为特征，政府以低碳社会为建设标本和蓝图	在气候变化广受关注的背景下提出，更多地强调节能减排、循环利用，降低二氧化碳的排放

---

❶ 刘琰. 中国现代理想城市的构建与探索[J]. 城市发展研究，2013，20（11）：41-48.

续表

名称	关注点	局限性
智慧城市	基于物联网、云计算等新一代信息技术、工具和方法的新型城市形态	是从信息技术智能化应用的角度对未来城市的一种探索

资料来源：刘琰.中国现代理想城市的构建与探索[J].城市发展研究，2013，20（11）：41-48.（原文注：部分内容根据"赵清，等.生态城市理论研究述评[J].生态经济，2007（5）：156"整理。）

在上述理想城市模式中，属于中国学者原创的是钱学森先生提出的山水城市。关于这一概念的由来，《山水城市：中国特色的生态城市》一文有清晰梳理："'山水城市'这个概念，最早可回溯到1958年3月1日，当时钱学森在《人民日报》上发表了《不到园林，怎知春色如许——谈园林学》一文。钱老晚年时刻关注着中国城市的建设，他提出了建设山水城市的思想，把中国未来的城市描绘为'有山有水、依山傍水、显山露水；要让城市有足够的森林绿地、足够的江河湖面、足够的自然生态；要让城市富有良好的自然环境、生活环境、宜居环境'。1984年11月21日，钱学森先生写信给《新建筑》编辑部，提出构建'园林城市'的问题。1990年7月31日钱学森在给吴良镛的信中，明确提出：能不能把中国的山水诗词、中国的古典园林和中国的山水画融合在一起，创立'山水城市'的概念？"❶此后，吴良镛先生于2001年发表的《关于山水城市》一文对这一概念进行了深入探讨，提出"山水城市是指城市要结合自然，强调城市的山水，有生态学、城市气候学、美学、环境科学的意义，同时还有特殊的文化意义，即中国山水文化、山水美学的意义。山水的特色构成城市环境的特征，已经成为一种特有的环境意境"。❷

---

❶ 马振兴.山水城市：中国特色的生态城市[N/OL].光明日报，（2010-06-07）．https://www.gmw.cn/01gmrb/2010-06/07/content_1143987.htm．

❷ 吴良镛.关于山水城市[J].城市发展研究，2001，8（2）：17-18.

在城市思想层面，吴良镛先生提出的广义建筑学以及人居环境科学理论，代表了城市营造思想的创新。诚如吴先生在《广义建筑学》中的哲学思考所说："我在治学过程中一直注意涉猎一些与建筑有关的人文书籍，这对于我认识事物特别是建筑学的方法论大有裨益。举个例子来说，季羡林先生指出，东方哲学思想重'整体概念'和'普遍联系'，这是很紧要的话，城市规划要涉及方方面面的要求，从全局上考虑问题，自然离不开整体思维和相互联系；建筑学讲究'构图'（composition），所谓'巧者，舍异类共成一体也'（《释名》），即将不同的内容组合在一起，其中要从根本上加以解决仍然是整体思维和互相联系，然而，西方某些新兴理论恰恰就忽视了这一点，将视野局限在某一方面，求新、求异，并言之成理，持之有效，也难免抓住一点，不及其余。可以说，能高瞻远瞩、集大成者，都离不开整体思维。多年来，我的工作从建筑、城市设计、园林设计、城市规划，乃至于区域研究等，都以'整体设计论'（Holistic Design Thinking）为出发点，学习从哲学高度来分析问题、认识问题和解决问题。在自己从事的专业活动中，力求较为自觉地探索专业间的点滴联系的链条，推进我的专业活动。"❶ 正是在这样的思想基础上，吴良镛先生于1987年提出"广义建筑学"，1989年9月出版《广义建筑学》，1993年提出"人居环境学"的设想，1999年起草《北京宪章》，2001年出版《人居环境科学导论》，这些进展代表了当代中国城市营造思想在延续、融合之中的创新。

近年来，基于开放条件下吸收借鉴以及中国道路、文化下的制度创新，在改革开放的伟大探索中，也在进一步积累形成城市发展的中国特点与模式。进而，在工业化补课、信息化追赶、智能化走向前沿的发展脉络下，在对于现实的"未来城市"的探索中，今天的中国开始迈向人类城市发展的前

---

❶ 吴良镛. 科技、人文与建筑——致力于人居环境科学的个人体会[J]. 中国大学教学，2004（1）：53-55.

沿区间，再续城市发展创新能力的千年文脉。鉴于百年尺度的城市发展历史具有上述"时空压缩"的特征，在理论脉络中地位突出，对中国近现代城市发展几个阶段的详细分析将在本书第六章单设一章进行讨论。

总之，从大历史的视角来看，中华文明下的城市发展及其营造理念、模式经历了千年尺度的相对稳定阶段，在被动冲击之下开启了艰难的近现代化进程，经过一百多年的转型探索，开始在新的条件下呼唤对理想城市、未来城市的理论追求。这一新的时代条件首先包括新的技术手段与前景的支撑，同时，"城市的塑造不单单受技术路线的作用，也有无法被直接感知但又与传统文化有着深深关联的文化因子在起作用"。❶

本章回顾了中外理想城市追求的大致脉络，这些都是展望未来城市的重要思想资源。

---

❶ 牛雄，田长丰，孙志涛，黄勤. 中国城市空间文化基因探索[J]. 城市规划，2020（10）：81-92.

第三章

未来城市：
思考图景与前沿实践

"理想化的城市总是自上而下地由空想家们提出，他们试图在其中强调某些原则和理想，但通常是为了实现这些原则和理想。在某种程度上，这些都是对未来城市形态的思想实验。"[1] 从一般意义上讲，历史上那些推进实现理想城市的主动设计与综合设想都可以视作当时条件下的"未来城市"，但是这一定义过于宽泛，本章所回顾的"未来城市"相关研究特指工业革命后随着人类改造世界能力的增强，在现代主义氛围下兴起的、具有科技应用及社会反思等"思想实验"性质的城市发展设想、方案与实践。

---

[1]（英）巴蒂. 创造未来城市[M]. 徐蜀辰，陈玥怡，译. 北京：中信出版社，2020：256.

一

未来城市：独特的"思想实验"

从上述的概念界定出发，本节回顾的"未来城市"相关研究大体可分为三个阶段：起始阶段、发展阶段、实践阶段。

（一）起始阶段

这一阶段的时间跨度是 19 世纪末期到第二次世界大战结束。从 19 世纪末开始，工业革命、机器主义的影响开始全面渗透到城市尺度，一批具有工业乐观主义精神的工程师提出了各种改造城市的主张，如前文中描述过的带形城市、工业城市模式等。这一影响一直延续到新建筑运动，柯布西耶声称"建筑是居住的机器"，提出了光辉城市等模型。如果说这些未来城市设想还是着眼于实施的话，那么当时对于工业进步、人类理性和能力的乐观精神还催生了一些更加天马行空的设想。例如，20 世纪初"美国人凯姆勒斯（E. Chamles）设想在屋面上连续运行的车辆交通系统。1910 年法国发明家赫纳德（Eugene Henard）设想城市的建筑物立在高支柱上，交通系统是环状的，飞机在屋面上降落"[1]。在文化思想层面，马里内蒂（F. T. Marinetti）

---

[1] 沈玉麟. 外国城市建设史[M]. 北京：中国建筑工业出版社. 1989（2005 重印）：277.

于 1909 年发表了《未来主义宣言》，主张包括各类创造活动应当与机器时代相适应，推翻过去的模式，创立"未来主义"、追求"速度之美"。安东尼奥·圣伊利亚（A. Sant Elia）于 1914 年发表《未来主义建筑宣言》，反对"堕落、蠢笨"的古典主义城市与建筑，提倡"水泥和钢铁所带来的新美学"，提出"必须发明和重建未来主义城市，它犹如一座巨大、动荡的造船厂，所有部分都敏捷、可移动以及动态；未来主义住宅必须像一架巨大的机器。未来主义建筑……应该通过天才的智慧，通过科学和技术专业知识来获得。所有的一切必须变革"❶。这些思想影响了后续的现代建筑运动的机械理性世界观、高技派的建筑规划实践等。

（二）发展阶段

这一阶段的跨度从二战结束到 2015 年左右。二战之后，一方面科技还在突飞猛进，既有卫星、航天、计算机的振奋进展，另一方面也有核武器毁灭人类、生态环境危机、社会冲突等方面的担忧与反思。城市成为科幻文学的重要场景，而上述剧烈变化也导致科幻文学兴起了对未来城市更为复杂的展望，乌托邦与反乌托邦并存，20 世纪初期机械主义理性乐观的亮色与对人类前途担忧的晦暗沉沦的灰色皆有，未来城市的设想呈现复杂多元的图景。

在科技解放想象力方面，20 世纪 60 年代以来"在世界新技术革命的冲击下，……各国规划工作者提出了各种未来城市的方案设想。有的设想从土地资源有限考虑，拟上天、入地、进山、下海，以建设海上城市（Floating City）、海底城市（Submarine City）、高空城、吊城、地下城、山洞城。有的设想从不破坏自然生态考虑，以移动式房屋与构筑物建设空间城市

---

❶ 安东尼奥·圣伊利亚. 未来主义建筑宣言（Manifesto of Futurist Architecture）[J]. Lacerba, 1914. 此处引自刘文豹译文，网址：http://www.ikuku.cn/article/liuwenbao-weilaizhuyi-jianzhuxuanyan-yiwen。

（Space City）或插入式城市（Plugin City）。有的从模拟自然生态出发，拟建设以巨型结构（Megastructure）组成的集中式仿生城市（Arcological City）。有的设想从其他角度提出其他方案。它们的共同点是具有丰富想象和大胆利用那些尚在探索中的尖端科学技术"❶。

2008年发表的《畅想百年后的理想城市》❷一文展示了一些建筑师构想的2108年的未来城市（表3-1）。

百年后的理想城市设想（2008年）　　　　表3-1

设想	技术应用	形态特点
旧金山：氢网城市	集雾装置、地热系统、纳米管道	运转在"氢网"系统上的城市。海平面升高淹没陆地，水资源开发区内水藻池、高层建筑林立
华盛顿：FORTway高科技塔	29座高塔成为城市能源、交通枢纽，融合雨水收集、水耕栽培等举措，采用激光防御系统	完全自给自足并有利于可持续发展。综合高塔群简称为"FORTway"，意思是"面向未来的可更新的技术"
亚特兰大：森林城市	森林成为"环境之肺"，将城市建筑对环境的影响降至最低	绿色环保的"森林城市"。现有地下管网系统用作蓄水池。地面城市格局变为笼格状布局，绿色廊道阡陌纵横，将居民区连接成一个有机的整体
纽约：水下城市	建筑材料不但节能，还能产生大楼所需的能量。建筑物之间被隧道连接起来。中央公园被一个巨大的"气泡"保护起来	曼哈顿岛只有现在的一半大，许多建筑物会在水下，旅游者们则乘坐水下出租车观赏城市的水下奇景

在更为复杂的未来城市图景方面，卡尔·阿博特所著的《未来之城：科幻小说中的城市》一书作了很好的梳理和提炼。作者提出"科幻小说是关于火箭飞行器、怪异外星人以及陌生新世界的。它是关于可能和不可能的技

---

❶ 沈玉麟. 外国城市建设史[M]. 北京：中国建筑工业出版社，1989（2005重印）：277.
❷ 马冬. 畅想百年后的理想城市[J]. 发明与创新，2008（12）：25-26.

术——基因工程、克隆技术、机器人、人工智能、纳米技术等,还有曲速引擎和时间旅行等。城市不经常作为一个类别出现在这些常见科幻小说题材之中,但它们无处不在。有些未来城市运行起来像无故障软件一样轻松自如,还有的是反乌托邦的灾难区域。……科幻小说中的城市有成千上万,与21世纪地球上的实际城市数量一样多,甚至更多。……无论具体情节和地点的种类有多少变化,科幻小说一般总是以几种特定的方式构想未来和替代性的城市。……本书的目标之一是探讨科幻小说与世俗城市化思想和实践之间借鉴、影响和相互作用的种类和范围,从而将科学幻想小说嵌入城市理论和城市评论的肌体"❶。正如该书译校者所说,作者"博览现当代英语为主的科幻作品(小说、电影和绘画),依据其中涉及的城市主题、城市功能、城市形态和城市社会,将科幻作品中的未来城市归纳为八种类型"。这八种类型分别是:科技城市、呼吸机器、移动城市、监狱城市、郊区衰落城市、灾难城市、遗弃城市、马赛克城市(表3-2)。

科幻作品中的八种城市类型 表3-2

类型	特点	代表作品
科技城市	城市作为各类新技术的容器	特娅·冯·哈堡《大都会》(1927年),罗伯特·海因莱因《道路滚滚向前》(1940年)
呼吸机器	城市成为巨型机器,依靠精密工程才能运转	艾伦·斯蒂尔《月落》,罗伯特·索耶《红星蓝调》(2013年)
移动城市	空间站城市、迁移城市,抑或某种其他变化形式,以叙事的形式出现,陷入危机与冲突的人物推动故事情节;核心矛盾是城市本身的脆弱性和存活能力	C.J.切瑞《深潜站》(1981年),菲利普·里夫《致命引擎》(2001年)

---

❶ (美)阿博特. 未来之城:科幻小说中的城市[M]. 上海社会科学院全球城市发展战略研究创新团队,译. 上海:上海社会科学出版社,2018: 5-17.

续表

类型	特点	代表作品
监狱城市	有防御土墙和空心墙等物理障碍导致心理监禁的地方，这种心理监禁已成为日常文化的一部分，只待由行为不合常规或持异见的另类人物将其冲破	艾萨克·阿西莫夫《钢穴》(1954年)，阿瑟·克拉克《城市与星星》(1956年)
郊区衰落城市	蛮荒郊区，居民个体具有反叛心理，但是遭到因贫穷带来的经济和社会限制的监禁，主题是关于压力与生存	克利福德·西马克《城市》(1944年)，查尔斯·普拉特《城市暮光》(1974年)
灾难城市	冲击城市的灾难以及因灾难而被抛弃的城市	查尔斯·洛林·布雷斯《纽约的危险阶层》(1872年)，巴拉德《集中城市》(1957年)，迈克·戴维斯《贫民窟星球》(2006年)
遗弃城市	发生在后末世时期地球和遥远世界，危险潜伏	洛夫克拉夫特《疯狂山脉》(1936年)，拉里·尼文《环形世界》(1971年)
马赛克城市	城市让完全不同的个体相互联，有时是通过在市场上的交流，有时是通过社区和邻里的互动	考德维纳·史密斯《古老地球下》(1966年)，威廉·吉布森《约翰尼记忆术》(1981年)，柴纳·米耶维《帕迪多街车站》(2001年)

资料来源：根据《未来之城：科幻小说中的城市》一书整理。

在此基础上，该书作者对背后的科技、社会规律进行了深入思考。

关于城市为什么会成为科幻作品的重要对象及场景，作者提出了一个逻辑三段论：科幻小说是关于未来的；人类未来是属于城市的；因此，科幻小说应当是关于城市未来的。

针对科幻小说"想象"未来城市的底层逻辑，阿博特教授进一步提出了两组更为精彩的三段论。

第一组：科幻小说是关于新技术的意义的；城市是技术产品中最复杂的；因此，科幻小说（经常）是关于形成城市的物理和技术可能性的。

第二组：科幻小说试图探索人类社会的未来；城市是人类社会的核心组

织系统；因此，科幻小说（经常）是关于居住在未来城市的复杂性的。

针对这两组三段论，阿博特教授提出这是"设想城市的两个基本和总括性的方法。第一个方法源于技术/设计想象力及其构想出形式与功能都彰显新技术可能性的城市的能力。第二个方法来自考虑未来社会和文化系统的愿望，这些系统找到了它们在城市中最成熟也最矛盾的形式。空间的与社会的想象两种方法合在一起，创造出了两大类型的城市设想。……《未来之城：科幻小说中的城市》是以一个大圆弧的形式从物理城市转向了社会城市。推演当前的技术、发明新的城市类型，以及将关于城市形式的空想发挥到极致等会很有意思，但是想象的城市依然只是思想实验而已。它们受限于材料科学、能源消费及安全工程的实际约束"❶。

（三）实践阶段

这一阶段大致从 2015 年至今，以各类新型城市、城区的发展实践为代表。例如，近年来兴起的谷歌未来城市方案、中国的雄安新区等案例以综合视野探索推进城市的更新换代。

近年来，新一轮科技产业革命使得城市营造、城市运行的诸多前提性局限条件发生了变化，因此研究城市的理论体系也需要相应的变化，才能更好地和现实对应。新一轮科技产业革命将带来一系列城市创新空间，创新力量将会重塑城市的方方面面，需要进行系统研判和思考。未来城市将体现出一系列"新"的内容，主要体现在两个层面：第一个层面是城市本身的变化，包括形态、功能、布局、结构等维度；第二个层面是治理变革，包括投融资、土地、社会治理等方面。正如城市经济学家格莱泽所说，城市是新技术孕育发展的摇篮，而技术又反过来塑造城市。技术创新能够解决城市面临

---

❶（美）阿博特. 未来之城：科幻小说中的城市 [M]. 上海社会科学院全球城市发展战略研究创新团队，译. 上海：上海社会科学院出版社，2018：8-19.

的各种挑战，但创新绝不局限于技术，更加智慧的制度和政策也能让城市运行更加高效。技术创新与城市优化终究是为了提高以人为本的程度和人类福祉。

　　2019年巴蒂出版的《创造未来城市》(*Inventing Future Cities*)一书提出："自古典时代以来主导城市规划的确定性正在消失。城市正以超出我们理解能力的速度变得越来越复杂，而我们在不到半个世纪前都还在崇尚的理论已不再适用。在这场转变中，可预测性正在迅速消失——这正是本书的主题之一。创造是本书的另一个主题，我将在本书中反复强调，未来是由我们创造的。……未来城市看起来可能与当下的城市非常相似，但其中的一切都可能与我们目前所看到的不同。我认为，这将是今后的常态。本书没有为创造未来城市提出最终方案，因为这需要我们所有人思考城市的方式发生巨大变化才能进行。"❶尽管巴蒂在书中反复强调未来城市具有不可预测性，但他同时也认为这不妨碍我们对此进行讨论与研究："我们永远不会知道未来城市的模样，就像我们永远不会知道我们和其他物种会向什么方向演化一样。但我们可以就这一未来进行有见地的讨论，阐明关键问题，并设想这些问题可能如何演变。"❷巴蒂认为全球人口将在2090年全部实现城市化，到那时每个人都会生活在不同规模的城市里（虽然城市的定义仍存争议）。从人口空间分布的角度，巴蒂认为齐普夫定律仍将是比较可靠的规律，"我们假设的世界（城市）人口在2100年将达到100亿。超过10^3人的城市的总数为2500万；超过10^4人的城市的总数为652000；超过10^5人的城市的总数为71100；超过10^6人的城市的总数为1600。我们还可以计算出，世界上最大的城市人口总数将达到1.4亿，与此同时将有3个城市人口总数超过

---

❶（英）巴蒂. 创造未来城市[M]. 徐蜀辰，陈珊怡，译. 北京：中信出版社，2020：IV-V.
❷ 同❶：VII.

1亿，85个城市人口总数超过1000万"❶。这一图景可与芒福德在《城市发展史：起源、演变和前景》序言中的一段话对应而观："本书开篇叙述了一座城市，这城市，象征地看，就是整个世界；本书结尾则描述了一个世界，这个世界，从许多实际内容来看，已变为一座城市。"❷ 在探讨历史上对城市的定义的基础上，巴蒂认为，随着数字世界的出现，世界从以原子为基础转向以比特为基础，"形式追随功能"（路易斯·沙利文提出的现代主义原则）已经不再成立，城市的区位属性让位于各种"流"的汇聚，未来城市将成为"流体城市"。并且，经由各类技术手段，今天可以极为精确、高频地测量和掌握这些"流"的情况，能够实时感知城市的各类"脉搏"。在此基础上，新城市科学、复杂性科学兴起，而最理想的城市是创造未来城市，我们正处于"创造的时代"。

《未来城市研究进展评述》一文对近年来的相关研究进行了比较系统的梳理，认为"以计算、信息与通信为基础的第四次工业革命正在从根本上改变生产、生活和整个社会，城市演变呈现出前所未有的速度、规模与复杂性"，进而"回顾了未来城市研究与实践中的四个主要路径：数据实证、未来学想象、工程技术与空间设计。……结合文献数据检索，对当前未来城市实践中与技术进步直接相关的交通、能源、通信、环境、健康、城市公共服务等前沿方向的成果进行归纳与总结"❸。文中将未来城市研究与实践的四个主要路径总结于表3-3。

---

❶（英）巴蒂. 创造未来城市[M]. 徐蜀辰，陈珝怡，译. 北京：中信出版社，2020：47-48.
❷（美）芒福德. 城市发展史：起源、演变和前景[M]. 宋俊岭，等，译. 北京：中国建筑工业出版社，2018：原序.
❸ 武廷海，宫鹏，郑伊辰，等. 未来城市研究进展评述[J]. 城市与区域规划研究，2020，12（2）：5-27.

未来城市研究与实践主要路径比较　　　　表 3-3

路径	本体论	认识论	方法论
城市现象的量化表达与数据实证	城市发展是有规律的，规律可以以可证伪形式的语言加以描述	城市现象可以经由数量和关系得到表述与复现；因果性存在并可知	确定观测变量—选定研究单元—空间数据统计—发现相关性和因果性—数据验证—模型建立和推广
未来学想象与战略研究	对世界的认识趋向综合而非分析，对规律有效性保持怀疑态度	面对大数量级"涌现"出的规律，用整体的视角和方法解析与把握系统的变化	与数据实证相比：更大的时空尺度、粗颗粒的数据；对技术细节模糊化的表述、宏大叙事和普遍历史观
设计思维	形式美的一般法则与人类对美好生活的定义和需要，是空间设计的终极追求	用应然眼光看待现状，对现实和愿景、原则和可能实现的范围进行对比，进而提出空间实践优化策略	针对城市问题的空间解析和空间应答，得出面向特定情境与群体的空间优化和效能提升策略
工程技术进入城市空间	自然现象存在规律，规律可以被把握	通过实验方法和定量语言，对自然界的规律进行探析和复述	通过控制变量确认相关性、因果性；通过实验方法确认规律存在；通过运用规律实现技术目标

资料来源：武廷海，宫鹏，郑伊辰，等. 未来城市研究进展评述[J]. 城市与区域规划研究，2020，12（2）：5-27.

技术变革打开了未来城市的新想象空间。与此对应，用新的研究范式分析、预测、设计城市的"新城市科学"也正在兴起，相关机构和项目包括：国外主要是麻省理工学院媒体实验室城市科学工作组、麻省理工学院感知城市实验室、新加坡苏黎世联邦理工学院中心未来城市实验室、新南威尔士大学建成环境学院城市分析实验室、哈佛大学肯尼迪政府学院艾什中心"数据智能城市对策"计划、芝加哥大学城市计算与数据中心、纽约大学城市科学与发展中心、哥伦比亚大学空间研究中心、伦敦大学学院巴特莱特高级空间分析中心、昆士兰科技大学设计实验室城市信息中心等。国内主要包括：成立于1993年的清华同衡数字城市研究所开展的智慧城市规划与研究专项设计；成立于2012年、由中国城市科学规划设计研究院与中国城市科学研究会联合建立的数字城市工程研究中心和智慧城市联合实验室；于2013年成立的北京城市实验室开设的诸多基于新数据、新方法和新技术的城市空间认知和数据增强设计研究；成立于2019年的中国城市科学研究会城市数据安全管理中心等。❶

综合以上三个阶段的未来城市研究与设想，可以有以下鲜明启示：展望未来城市一方面要聚焦新的技术、产业带来的系统影响，另一方面是需要预研预判新的治理与政策应对，而这两方面任务需要更为抽象、一般的理论框架进行融合。

二

国外代表性案例

近年来，国际上正在兴起以谷歌 Sidewalk Toronto、丰田编织城市、"伦敦2062"等为代表的未来城市系统探索。

---

❶ LONG Y. (New) Urban Science: Studying "New" Cities with New Data, Methods, and Technologies[J/OL]. Landscape Architecture Frontiers, 2019, 7(2): 8-21. https://doi.org/10.15302/J-LAF-20190202.

（一）谷歌 Sidewalk Toronto 方案

2017年10月17日，多伦多政府宣布将多伦多城市东南部的12英亩土地（约合 0.05km²）交给谷歌旗下的 Sidewalk 实验室进行重新开发，命名为：Sidewalk Toronto。2020年，由于多方面因素影响，该项目搁浅，但其方案仍然带来系统性的启迪。例如，在交通方面提出，减少私家车，引入自动驾驶的公交车，形成地下机器人部队，即一条运输线，用来运送包裹和收集废物，减少路面上的大货车。交通信号灯可以感知行人的状态，便于骑车的人和行人都能够优先。在环保方面，预留大面积的水域范围，帮助城市降温；推广垃圾回收再利用。居住方面，提供模块化的房屋，大量使用强化木材，降低钢铁、水泥等传统材料耗费。集装箱式的组装，可以任意组合一个社区。城市运行方面，提升感知能力，安装大量传感器，从交通、噪声、空气质量等方面收集数据，并监测电网性能和垃圾收集情况。安全与隐私方面，摄像机拍摄出来的视图都会被压缩成模糊的状态，不采集脸部的信息，所以不用担心隐私的问题。

（二）丰田编织城市

在拉斯韦加斯举办的2020年CES展上，日本丰田公司发布了"编织城市"（Woven City）的设想。该项目是一个木制建筑和自动驾驶汽车的"未来原型城市"，位于日本富士山附近，占地面积175英亩（71万 m²），由丹麦建筑工作室BIG设计。根据方案，未来各种不同的通道交织组成这座城市的居民出行和物品流通网络，并将在真实城市中使用自动驾驶车辆、机器人、智能家居、空中出行如飞行汽车和无人机等技术，"以连通的、清洁的新型共享出行方式，在交通、出行、人与自然之间制造新的平衡，利用太阳能、地热能和氢燃料电池技术努力构建碳中和社会"❶。

以上两个案例是近年来影响较大的未来城市设想。此外,还有一些研究、设想、实践也在不断开拓面向实践的未来城市想象空间。例如,《想象未来城市：2062年的伦敦》(*Imagining the Future City: London 2062*)是伦敦大学学院(UCL)所承担的"伦敦2062"项目研究成果,该项目于2010年启动、2013年出版,对伦敦50年后将面对的复杂状况展开了跨学科和多角度分析,全书分为四个部分：联系(connections)、物质(things)、力量(power)和梦想(dreams)。❷ 再如,新加坡提出建设一座名为Tengah(马来语"中间"之意)的理想城市,这座能够"容纳42000个家庭的生态智慧型城市正在新加坡次生林区里拔地而起。在这里,车道完全隐入地下,将地上留给居民和骑行者；采用太阳能集中制冷技术代替空调；气动垃圾收集系统取代传统走街串巷的收集模式；智能化的设备使居民清楚地了解家庭能耗。生态社区将进一步拉近人与自然的距离,鼓励居民采取生物多样性与低碳友好型的生活方式,助推2030年实现碳达峰"❸。

---

❶ Toyota Woven City by BIG[EB/OL]. https://mooool.com/en/toyota-woven-city-by-big.html.

❷ 相欣奕,殷湖北,张美华. 伦敦2062 | 大都市未来的复杂性[EB/OL]. "一览众山小－可持续城市与交通"公众号. https://mp.weixin.qq.com/s/wMBH0QHD9Maka65csSQRUA.

❸ HOLLAND OSCAR(CNN采访). 如何打造一座完美城市：新加坡启动42000家庭量级的生态智慧型新城[EB/OL]. 丁雨田,译. "一览众山小－可持续城市与交通"公众号. https://mp.weixin.qq.com/s/m85zRqTfE1fGX3Dd-4NRfw.

三

国内代表性案例

以雄安新区为标志,中国的"未来城市"计划呼之欲出,这是天时、地利、人和的综合效应,也表明在城市发展领域我们正在积极探寻面向未来科技和产业革命进行系统集成的城市发展"中国方案"。国内一些城市和新区也提出对标雄安新区,建设面向未来的城市或城市片区。回顾近年中国若干"头部"区域的空间战略可以发现,京津冀、长三角、珠三角等区域纷纷进入"双期叠加"的发展阶段,即功能疏解与再集聚并行的裂变重构期以及推动新型城市、未来之城建设的迭代进化期。"双期叠加"的空间载体就是新城新区,如京津冀的河北雄安新区、北京通州城市副中心,长三角的上海自贸试验区临港新片区,珠三角的深汕特别合作区,中部的武汉长江新城,西部的成都东部新区(城)等,这些新城新区普遍将建设高标准的未来之城作为发展愿景,可以看作是重塑区域经济地理以及推动城市进化的结合点与试验场。

(一)河北雄安新区:千年大计、国家大事、未来之城

2017年4月,雄安新区横空出世,引起举世瞩目。雄安新区是继深圳经济特区和上海浦东新区之后又一个具有全国意义的新区,是千年大计、国

家大事,承担着疏解北京非首都功能、推进京津冀协同发展的历史重任。雄安新区将成为一座"担当着新时代发展使命的未来之城",从而有可能使中国在全球城市发展领域实现"从跟跑到并跑再到领跑世界"。雄安新区既是国家级新区的一员,更是在新世纪诸多国家级新区实践的经验教训基础上的演进升级,具有"新时代"的典型特征。

当前,以雄安新区为题的论文分别从设立雄安新区的重大意义与战略定位、雄安新区在京津冀协同发展中需要处理的多重关系、雄安新区的总体发展模式与路径、发展建设的具体领域思路等方面开展了初步研究,普遍认为设立雄安新区在国家层面具有重大意义,认为雄安新区将成为中国新时代发展的一个综合性示范区、样板田,担负促进区域协同发展的重要任务,是北京非首都功能的集中承载区,也是河北发展的新增长极。这样的"国家—区域"双重任务的叠加决定了雄安新区的发展需要系统性、前瞻性的创新,需要全面体现新发展理念,公共服务先行,构建以创新为动力的新产业格局,形成新的开发模式。

(二)北京通州副中心:最先进理念、最高标准、最好质量

伴随着京津冀协同发展国家战略的实施,河北雄安新区以及通州城市副中心成为北京发展新的两翼,通州副中心的战略定位得到提升。"2016年,这里被赋予新的历史定位——北京城市副中心,通州迎来历史性发展机遇。3年来,通州区上下合力,拆违腾退、留白增绿,提升公共服务水平……一座欣欣向荣的未来之城正在崛起。"❶

《北京城市总体规划(2016年—2035年)》明确:打造以首都为核心的世界级城市群,完善城市体系,在北京市域范围内形成"一核一主一副、两

---

❶ 关桂峰. 生态、文明、宜居——北京城市副中心未来之城正在崛起[EB/OL]. 新华网. http://www.xinhuanet.com/fortune/2018-10/27/c_129980441.htm.

轴多点一区"的城市空间结构，着力改变单中心集聚的发展模式。其中，"一核"是指首都功能核心区，总面积约92.5km^2；"一主"是指中心城区即城六区；"一副"即指北京城市副中心，范围为原通州新城规划建设区，总面积约155km^2；"两轴"是指中轴线及其延长线、长安街及其延长线；"多点"是指五个位于平原地区的新城，包括顺义、大兴、亦庄、昌平、房山新城；"一区"是指生态涵养区，包括门头沟区、平谷区、怀柔区、密云区、延庆区，以及昌平区和房山区的山区。

《规划》提出要"高水平规划建设北京城市副中心，示范带动非首都功能疏解"，明确了发展目标：北京城市副中心为北京新两翼中的一翼。应当坚持世界眼光、国际标准、中国特色、高点定位，以创造历史、追求艺术的精神，以最先进的理念、最高的标准、最好的质量推进北京城市副中心规划建设，着力打造国际一流的和谐宜居之都示范区、新型城镇化示范区和京津冀区域协同发展示范区。北京城市副中心以行政办公、商务服务、文化旅游为主导功能，形成配套完善的城市综合功能。通过有序推动市级党政机关和市属行政事业单位搬迁，带动中心城区其他相关功能和人口疏解，到2035年承接中心城区40万~50万常住人口疏解。

进而，《规划》还明确了通州副中心建设的主要内容：

第一，要构建"一带、一轴、多组团"的城市空间结构。其中，"一带"是以大运河为骨架，构建城市水绿空间格局形成一条蓝绿交织的生态文明带，沿运河布置运河商务区、北京城市副中心交通枢纽地区、城市绿心3个功能节点；"一轴"是沿六环路形成创新发展轴，向外纵向联系北京东部地区和北京首都国际机场、北京新机场，对内串联宋庄文化创意产业集聚区、行政办公区、城市绿心、北京环球主题公园及度假区等4个功能节点；"多组团"是依托水网、绿网和路网形成12个民生共享组团，建设职住平衡、宜居宜业的城市社区。

第二，突出水城共融、蓝绿交织、文化传承的城市特色，建设水城共融的生态城市。顺应现状水系脉络，建立区域外围分洪体系，将北运河、潮白河、温榆河等水系打造成景观带，亲水开敞空间 15 分钟步行可达；建设蓝绿交织的森林城市，构建大尺度绿色空间，形成"两带、一环、一心"的绿色空间结构，规划建设 33 个公园；建设古今同辉的人文城市，深入挖掘、保护与传承以大运河为重点的历史文化资源，对路县故城（西汉）、通州古城（北齐）、张家湾古镇（明嘉靖）进行整体保护和利用，改造和恢复玉带河古河道及古码头等历史遗迹。通过恢复历史文脉肌理，置入新的城市功能，提升北京城市副中心文化创新活力。此后，《北京城市副中心控制性详细规划（街区层面）（2016 年—2035 年）》于 2018 年 12 月 27 日获党中央、国务院批复，进一步细化了建设方案。

（三）上海五大新城：引领高品质生活的未来之城

面向未来，上海提出把嘉定、青浦、松江、奉贤、南汇五个新城打造为在长三角城市群中具有辐射带动作用的"独立的综合性节点城市"，将新城建设成为"引领高品质生活的未来之城"。在上海市人民政府 2021 年 3 月发布的《关于本市"十四五"加快推进新城规划建设工作的实施意见》中提出了明确的建设目标：到 2035 年，5 个新城各集聚 100 万左右常住人口，基本建成长三角地区具有辐射带动作用的综合性节点城市。到 2025 年，5 个新城常住人口总规模达到 360 万左右，新城所在区的 GDP 总量达到 1.1 万亿元，基本形成独立的城市功能，在长三角城市网络中初步具备综合性节点城市的地位。

以受到国内外高度关注的临港新片区及其范围内的南汇新城为例。《中国（上海）自由贸易试验区临港新片区国土空间总体规划（2019—2035 年）》（草案公示稿）（后简称《规划》）中提出：临港新片区是新时代彰显我国坚持全方位开放鲜明态度、主动引领经济全球化健康发展的重要举措。

在战略定位方面，《规划》提出从国家战略高度出发，以"五个重要"

定位要求为统领,对标国际上公认的竞争力最强的自由贸易港(区),推进更深层次、更宽领域、更大力度的全方位高水平开放。从特殊经济功能区和现代化新城两个维度,共塑"开放创新的全球枢纽、智慧生态的未来之城、产城融合的活力新城、宜业宜居的魅力都市",提出"以模块化、立体化的思路构建未来智慧城市的样板,探索自动驾驶、人工智能等科技创新与城市发展的融合,使新片区成为最前沿科技的试验场。"

在发展目标方面,《规划》提出:到 2025 年,新片区经济规模大幅跃升,经济密度明显提升;产业国际竞争力显著增强;人口集聚效应明显,基本实现职住平衡,初步构建世界一流滨海城市的框架形态。到 2035 年,新片区经济总量再上新台阶,经济增长质量和效益显著提高,产业创新能力达到世界一流,产业能级和核心竞争力世界领先;全球高端资源要素配置的核心功能基本形成,建成具有较强国际市场影响力和竞争力的特殊经济功能区,成为我国深度融入经济全球化的重要载体,常住人口规模达 250 万左右,公共服务水平、基础设施水平、生态环境质量达到国际先进水平,建成世界一流滨海城市。到 21 世纪中叶,新片区各项经济社会发展指标达到国际领先水平,形成以服务经济为主的产业结构,建成国际上公认竞争力最强的产城融合型自由贸易港城。

在产业专项规划中,临港新片区到 2025 年的发展目标是构建 "4+2+X" 的前沿产业体系。其中,"4" 是指集成电路、人工智能、生物医药、民用航空,"2" 是指智能新能源产业集群、高端装备制造产业集群,"X" 包括新一代信息技术产业、绿色再制造产业、氢能产业、智能机器人产业。

(四)成都东部新区(城):建设产城融合的未来新城

2017 年,成都市第十三次党代会提出"东进、南拓、西控、北改、中优"的城市空间发展战略。其中,"东进"最为引人注目,力求推动成都实现从"两山夹一城"变为"一山连两翼"的城市格局千年之变。近年来,东进战略取得一系列进展,从规划体系建立到若干重大项目落地,为向更高层次攀升奠定了基础。2020年4月28日四川省政府批复设立成都东部新区,这意味着成都"东进"明确了核心承载区,将努力建设成为践行新发展理念公园城市的先行区、产城融合的未来新城,形成引领四川全省、辐射西部的高质量发展动力源和高能级发展新平台。成都东部新区将对标国内外先进新城新区,特别是北京中关村、上海张江、深圳前海、河北雄安新区等对象,其雄心是在中国的西部热土建设面向未来、面向世界的未来之城。

(五)武汉长江新城:建设全球未来城市的样板区

长江新城选址武汉东北角,面积约500km^2。2017年,武汉市十三次党代会提出启动规划建设长江新城,按照世界眼光、国际标准、中国特色、高点定位的要求,打造代表城市发展最高成就的展示区,全球未来城市的样板区。根据有关资料的表述,长江新城是历史性的城市格局大变化,是五百年未有的大变局,是武汉从"三镇时代"迈向"长江时代",从"历史之城"到"未来之城"的一项重要战略。❶

---

❶ 引自武汉长江新城建设投资集团有限公司官网 http://www.cjxcjt.com/gywm/about_leader/192.aspx。

第四章

城市进化：
一个观察城市生命体的理论视角

如前所述，城市是人类文明的产物，同时又承载并推动着人类文明的演进。从这样的宏观视角来看，需要采用大历史观寻找贯穿城市发展的主线，以此汲取经验教训，为今天的城市人居体系和空间规划的完善提供支撑。此前两章回顾了历史上的"理想城市"追寻脉络，展望了"未来城市"研究所设想的可能前景。

那么，如何将这些研究思考更好地放到统一的理论框架进行观察和分析呢？历史学家何炳棣先生积数十年之研究提出过一个精彩的论断："唯有思想史能够画龙点睛。"梳理城市研究的思想史主线，可以从格迪斯的《城市的进化》一书中找到相应的启发，城市作为生命体，可以视作人类文明发展中的一类独特的物种。回顾历史，可以看到"城市进化树"不断生长，城市的类型不断分化，城市内部的功能、场景也变得越来越复杂。穿透这些现象，基于大历史观的"城市进化"或许是一个好的观察视角。

一
▲

大历史观看城市：集体进化的空间载体

近年来，"大历史"成为历史研究的重要创新方向，理论上看，大历史研究颇有些类似宇宙尺度的"进化论"。著名历史学家、前美国历史学会主席、美国世界史学会主席威廉·麦克尼尔认为大历史研究"将自然史与人类史结合为一种单一、宏大且易懂的叙述。这是一项伟大的成就，可以与牛顿在17世纪以统一的运动规律将天与地结合起来的方式相媲美，它取得了近似达尔文在19世纪以一套进化理论将人类与其他生命形式统一起来的成就。大历史是世界史许多目标的自然延伸"❶。

大卫·克里斯蒂安是这一理论的主要创建者，他于1989年开始在麦考瑞大学讲授相关课程，1991年发表题为《为"大历史"辩护》的文章，首次将课程命名为"大历史"，2010年与比尔·盖茨一起成立"大历史项目"，进一步推广大历史的观点。2018年5月，克里斯蒂安出版《起源：万物大历史》(Origin Story: A Big History of Everything) 一书，系统阐述了大历史分析框架，该书认为宇宙演变及人类社会发展有着内在的统一脉络，那就是：在一定的时空节点上，此前时期所积累的各种条件发生"突变效应"和

---

❶ 引自《大历史》推荐语 https://book.douban.com/subject/26827546/。

"组合效应",新的物种、新的情景"涌现",历史迈入新的阶段(表 4-1)。

大历史年表　　　　　　　　　　　　　表 4-1

事件	近似绝对时间	除以十亿后的时间
节点一:"大爆炸":宇宙开端	138 亿年前	13 年零 8 个月前
节点二:最初恒星开始闪耀	132(?)亿年前	13 年零 2 个月前
节点三:恒星死亡生成新元素	从节点二持续至今	从节点二持续至今
节点四:太阳及太阳系形成	45 亿年前	4 年零 6 个月前
节点五:地球上出现生命	38 亿年前	3 年零 9 个月前
地球上出现大型生物	6 亿年前	7 个月前
小行星撞击致使恐龙灭绝	6500 万年前	24 天前
人类脱离黑猩猩谱系	700 万年前	2.5 天前
直立人问世	200 万年前	17 小时前
节点六:智人问世	20 万年前	100 分钟前
节点七:最后一次冰期结束,开启全新世,出现最早的农业	1 万年前	5 分钟前
出现最早的城市、国家和农业文明	5000 年前	2.5 分钟前
罗马及汉帝国兴盛	2000 年前	1 分钟前
世界多个区域连成一片	500 年前	15 秒前
节点八:化石燃料革命兴起	200 年前	6 秒前
发展大提速:人类登陆月球	50 年前	1.5 秒前
节点九(?):可持续世界秩序?	未来 100 年?	还有 3 秒
太阳死寂	未来 45 亿年后	还有 4 年零 6 个月
宇宙消失于黑暗之中,熵获胜	未来数兆年后	还有几十亿甚至上百亿年

资料来源:(美)克里斯蒂安.起源:万物大历史[M].孙岳,译.北京:中信出版社,2019: 10-11.
注:本年表有近似绝对时间和重新计算的相对时间两种,后者假设宇宙问世于 13.8 年前,而不是 138 亿年前。这样重新计算后的年代能够让读者更好地把握这一宏大故事的历时线索。毕竟,自然选择的设计让我们的心智很难处理动辄数百万年,甚至数十亿年的时间链条,所以缩略的示意要更容易把握。

该理论认为，自从生命诞生后，生命活动的主线是对抗"熵增"的历程。在现代人类诞生后，特别是文明诞生后，这种对抗熵增的历程大大加速。未来学家库兹韦尔也认为"进化是一个创造持续增长秩序模式的过程……模式的发展构成了我们世界的最终形态。在间接的进化中，每个阶段或纪元都是使用上个纪元使用的信息处理方法来创造下一个纪元"❶。作为文明的同构体，城市的出现可以看作这一历程的空间投影，城市作为对抗熵的一种集体建构，也成为人类文明演变的重要载体。正如芒福德所说："城市的最高使命，是促进人类自觉参与宇宙进化和文明史的伟大进程。城市，凭借它复杂紧密且永不衰竭的构造，不断增大人类才干和能力去诠释这些过程，同时积极参与其中，并担任其中一个重要角色。这样，城市上演的戏剧，若真演绎得淋漓尽致，则每个情节、每个角色都会闪现觉醒的光华、理想的徽志以及博爱的色彩。须知，生命世界各层面华彩的总汇和展现——通过情感交融、理性沟通、技术把握，尤其通过戏剧性展示——这才是历史上人类城市最高的职能和目标！当然也是城市继续存在下去的主要理由。"❷

从表 4-1 可见，如果将宇宙诞生至今的时间设定为 13.8 年，那么对于人类这一物种来说，其诞生的关键节点是智人问世（约在 100 分钟前）。此后的发展，正如毛泽东 1964 年所写的《贺新郎·读史》一词所作的高度概括：

"人猿相揖别。只几个石头磨过，小儿时节。铜铁炉中翻火，为问何时猜得？不过几千寒热。人世难逢开口笑，上疆场彼此弯弓月。流遍了，郊原血。

一篇读罢头飞雪，但记得斑斑点点，几行陈迹。五帝三皇神圣事，骗了无涯过客。有多少风流人物？盗跖庄屩流誉后，更陈王奋起挥黄钺。歌未竟，东方白。"

---

❶（美）库兹韦尔. 奇点临近：2045 年，当计算机智能超越人类 [M]. 董振华，李庆成，译. 北京：机械工业出版社，2011：5.

❷（美）芒福德. 城市发展史：起源、演变和前景 [M]. 宋俊岭，等，译. 北京：中国建筑工业出版社，2018：533-534.

短短 100 多字，从人类诞生写到现代社会，体现出伟人的宏大视野和开阔胸襟，其中也渗透出一些要点：一是工具定义发展阶段，如石器时代、青铜时代、铁器时代，可以视作广义的科技因素、物质因素的影响；二是社会关系、社会制度，广义上可引申为文化、制度、治理等精神因素。当然，"多年来'社会进化论'或'文化进化论'在西方也饱受争议，一方面源于其类型化的阶段性进化模式不能覆盖形态多样的复杂的人类社会，一方面被指有种族主义的政治不正确之嫌。然而无论如何，这种模式迄今仍是考察人类社会群体演变的最有效途径或最重要的参照系"❶。

基于这一分析框架，可以将史前阶段看作是人类的"个体进化"的阶段，而城市出现之后，则进入"集体进化"的文明阶段，"与生物智能的进化速率相比，技术进化的速率非常之快：最高级哺乳动物的大脑每隔数十万年才增长大约一立方英寸；而计算机容量几乎每年都会翻一番。……如果我们把生物进化和人类技术进步过程中的里程碑事件在同一对数函数的图形中表示出来，则可以得出一条相对的直线（呈持续加速的趋势）"❷。关于科技创新与城市的关系，刘易斯·芒福德、彼得·霍尔、格莱泽等已经进行了充分的论证。

从哲学与方法论角度看，诚如维特根斯坦的洞见——主体超越要素之集合。企业、国家、城市都有其超越性所在，城市从其诞生开始，就具有这样的主体性和超越性。城市的存在是一种"自为的存在"（萨特语），具有演变性和可塑性，在发展历程中，一定的选择会塑造后续的路径。因此，我们可以将城市视作集体进化的一种空间组织、空间载体，城市源自并服务于人的集聚。

在研究城市的起源与发展的动力学方面，复杂性理论正在受到越来越多的关注，这一理论"源自20世纪30年代生物学和物理学的'一般系统理

---

❶ 戴向明. 文明、国家与早期中国[J]. 南方文物，2020（3）：14-21.
❷（美）库兹韦尔. 奇点临近：2045年，当计算机智能超越人类[M]. 董振华，李庆成，译. 北京：机械工业出版社，2011：7.

论',其关键点可以用'整体大于其各部分之和'这句话来概括。用路德维希·冯·贝塔朗菲（Ludwig von Bertalanffy）的话说,那些试图反对科学长期追求将万物归结为原子等不可分割的基本单位的人有这样一句口号,即不能仅通过累加小单元来组装成完整物体。……复杂性理论已经开始研究系统如何随着演化而显示出质的差异,研究它们是如何被锁定在某些显示出路径依赖的行为上的,以及反馈是如何以惊人、新颖的方式促进了增长和衰退"❶。

二

城市起源及其主要影响因素

本节内容尝试根据大历史框架并结合复杂性理论视角对城市的起源进行梳理,进而对城市起源与发展中的一些系统要素进行分析。

（一）城市的起源

城市的核心是人,在探讨城市之前,似乎应对人的"个体进化"历程作一简单回顾。人类学与考古学研究进展表明,个体进化阶段最重要的标志是大脑容量的发育,"大脑只有 3 磅（1.36kg）重,但它是太阳系中最复杂的物体。虽然大脑的重量只占身体的 2%,却有一个贪婪的胃口,它消耗身体能量的 20%（在新生儿期,婴儿的大脑消耗能量更惊人,达到 65%）,而 80% 的人类基因的编码是用于大脑的。估计头颅内有 1000 亿个神经元,还

---

❶（英）巴蒂. 创造未来城市 [M]. 徐蜀辰,陈翊怡,译. 北京：中信出版社,2020：10-12.

有大量的神经连接和通路"❶。表4-2展现了今日中国范围内回溯的个体进化线索与考古证据,在这个尺度上,世界范围的一些考古发现并无大的差异。从中可见,伴随大脑容量的发育,人类在旧石器时代中期跨过了"古人—现代人"(人类学、考古学概念)的重要门槛,其本身有着技术(石器、火)、社会(群居)因素的叠加影响,这与此后的城市生命体的演变规律具有共性。

中国旧石器时代以前主要人类活动遗址演进脉络　　表4-2

考古学时期	具体时期	遗址(地点)、事件	个体变化(身体)	社群变化(技术、文化)
史前时期、石器时代、旧石器时代	距今800万年前	庙山坡遗址(云南禄丰县)	禄丰古猿化石(腊玛古猿禄丰种)。形体变化:灵巧手指与上肢	—
	数百万年前	气候变化,食物短缺,古猿下树,人类出现(南方古猿、猿人、古人、新人)	生存驱动、身体演变:劳动促进四肢分化,前肢变手,后肢支撑身躯,直立行走	解放双手,使用工具(石器),是区别于动物的重要标志;石器逐步精细化、复杂化
	200万年前	泥河湾遗址群(河北阳原县,9000多km²古湖)	—	猛犸象骨骼化石刮削痕、石制刮削器;小长梁:石制品、哺乳动物化石
	距今200万年左右	长江、淮河、华北地区	多处直立人化石	石器

---

❶(美)加来道雄. 心灵的未来[M]. 伍义生, 付满, 谢琳琳, 译. 重庆: 重庆出版社, 2015: 3.

续表

考古学时期	具体时期	遗址（地点）、事件	个体变化（身体）	社群变化（技术、文化）
史前时期、石器时代、旧石器时代	距今170多万年	元谋人遗址（云南元谋）	元谋直立人，大脑更加发达	人工打制石器
	距今50万年	北京猿人（北京周口店）	头盖骨下宽上窄，脑容量约为现代人的一半；肢体与现代人基本一致，但多数只活到14岁以下	发现：碎石片、鹿骨、鬣狗化石、火烧灰烬层；表明洞穴居住、群居生活；用火、保留火种，改变进食、提供营养，大脑高速进化
旧石器时代中期	数十万年前到距今四五万年前	陕西大荔人，山西丁村和许家窑人	古人（早期智人）阶段体质上走向现代人，但仍有区别	石器技术改进
	距今11万年前	崇左人（广西崇左木榄山洞穴）	智人洞颌骨化石。早期智人	表明中国范围内古人类的进化是连续的
	距今四五万年前	内蒙古河套人、山西峙峪人、四川资阳人、山东泰安人、吉林榆树人、云南丽江人等	古人—新人（现代人）。现代人体质形成	几乎全国都有此类遗存
旧石器时代晚期	距今约3万年	北京周口店山顶洞人	完整人体骨骼化石；与现代人体形一致；脑量1300~1500mL，与现代人等量	松散个体走向固定的大家族，最早的人类组织氏族公社出现

资料来源：根据纪录片《中国通史》相关内容整理。

以石器为代表的工具的熟练使用成为人类与动物区别开来的重要标志。火的发现使用更是人类进化史上的飞跃，人第一次支配了自然，告别了动物式的茹毛饮血时代，相关证据发现于距今 50 万年的北京猿人遗址。此后，在旧石器时代中期，今天的中国范围内发现多处相关遗存，表明中国范围内古人类的进化是连续的。进而，北京山顶洞人遗存的发现表明，在 3 万年前的旧石器时代晚期，今日中国地域范围内的"个体进化"迎来了重要节点（也是一定意义上的阶段性终点），与现代人体形、脑量一致的祖先出现了。当然，在从古人类到现代智人的这一个跨越性的关键时间段上，目前国际上普遍的看法是"非洲起源说"与"多地区进化说"，即认为现代人大约于 6.5 万~4.5 万年前出现在非洲，进而从非洲向各个大陆迁移并定居发展演化。这一观点仍存在争议，也不断有新的成果进行讨论。❶ 但在大的尺度上对这里的规律梳理不产生大的影响。接续上文的梳理，在社群特点方面，山顶洞人的考古发现表明工具进步、狩猎与采摘种类增多。工具方面出现骨针，这是中国最早的缝纫工具，表明具备了磨制、穿孔技术，当时的人有了服装保暖，活动范围也得以扩大。在居住方面，洞穴已经有了纵向及横向功能分区，纵向上看，上室是生活场所，下室是公共墓地，这是迄今发现最早的墓葬，表明了生命觉醒以及人际关系的密切，下窨里面发现动物骨架，表明可能是天然陷阱。横向上看，上室的空间分为门厅、过道，表明具有了空间与场所意识。在物质生活的基础上，精神生活也开始发展，遗址中发现了用矿物染色的穿孔兽牙、贝壳、石珠等，这些装饰品表明那时已经开始了对美好生活的艺术追求。

---

❶ 例如，有学术报道说"2015 年，发表于《自然》杂志的一篇文章公布了一则轰动的考古发现：发掘自湖南道州福岩洞的人类牙齿化石距今至少 8 万年，这一发现不仅有可能重新定义东亚现代人的起源，也有可能重新改写'人类起源于非洲'这一假说。但不久前，复旦大学教授李辉、南京大学副教授孙雪峰团队以及澳大利亚新南威尔士大学达伦·克诺等人发表在《美国科学院院刊》上的一则研究却质疑了该发现：他们用更多的测定方法，对发掘于不同地点的不同样本进行测年后发现，埋藏化石的地层可能非常古老，但是埋藏于其中的化石却比较'年轻'。"（引自：骁铭. 中国人独立起源，不是来自非洲？最新证据：现代人来华南不超 6 万年 [EB/OL]. 赛先生公众号. https://mp.weixin.qq.com/s/St-ykjS23ZDixFN1y1wZfg.）

在个体进化的基础上，伴随着农业革命的到来，人类开始进入相对稳定的生存状态，拥有了生产剩余产品的能力，也开始拥有一定规模值得保护与交易的"财产"，于是，城市在农业文明的哺育下诞生了。城市起源的时间仍存争议，但比较公认的区间是在距今 6000～5500 年间。

（二）影响城市起源发展的主要因素❶

回顾数千年城市史可以发现，有几大因素在城市的起源与发展中影响巨大、贯穿始终，它们主要是：地理环境、思想文化、科学技术。

第一，地理环境是城市发展的基础因素。

地理环境是古代城市发展演化的基础因素。在古代城市的发展演化过程之中，人类逐渐掌握了适应环境和驾驭部分自然条件的能力，形成了大量基于地理条件、形态各异且独具魅力的历史名城。如：台地之上、柱石构建的雅典卫城（希腊），建于"罗马七丘"之上的罗马城（意大利），发端于塞纳河岛（西岱岛、圣路易岛）的巴黎（法国），欧亚大陆交接处、海湾要塞拜占庭（伊斯坦布尔，土耳其），地中海滨海城市亚历山大（埃及）、阿尔及尔（阿尔及利亚）、提帕萨（阿尔及利亚），水城威尼斯（意大利），水坝低洼城市阿姆斯特丹（荷兰），火山口城市庞贝（意大利）、菲拉（希腊），山城马丘比丘（秘鲁），湖岛城市莫西利卡（墨西哥），海岛城市科孚（希腊），生土城市巴姆（伊朗）、希巴姆（也门），沙漠城市萨那（也门）、加达梅斯（利比亚）、盖尔达耶（阿尔及利亚）、姆扎卜（阿尔及利亚），以及古代中国的平原大都市长安（西安）、东京（开封）、大都（北京），江水交汇城市重庆、汉口、九江，江海连接城市宁波、广州、泉州，大运河枢纽城

---

❶ 本部分主要内容来自《整合空间系统要素，实现城市人居优化——大历史观下的城市演化及其对空间规划的启示》一文（《中国自然资源报》2019 年 10 月 24 日理论版，作者魏伟、焦永利）。感谢魏伟教授同意在本书使用，内容有改动。

市扬州、临清、济宁，高原城市拉萨、日喀则、古格，丝绸之路绿洲城市龟兹、楼兰、交河，草原都城大夏统万、辽上京、元上都……

在各种地理环境中，"水"是最核心因素。如底格里斯河与幼发拉底河在美索不达米亚孕育了世界上最早的城市乌鲁克、乌尔、埃利都等，以及古巴比伦、亚叙古都、新巴比伦等"两河流域"古帝国的都城；尼罗河在下埃及和上埃及造就了孟菲斯、底比斯两大宏伟都城；古华夏城市亦主要分布于中国的"两河流域"，夏、商王朝在黄河流域中下游营造了阳城、斟都、西亳、隞、殷等都城，周人在渭水河谷营造了丰、镐二都，后东迁至洛水、伊水河谷，建周王城成周，长江流域的三星堆、城头山、盘龙城、良渚等古文明遗址中，大型城市也分布其中；古印度的城市始发于印度河流域，哈拉帕、摩亨佐达罗是其代表性城市，之后的吠陀文明以恒河流域为中心建立，代表性的城市为哈斯提那普拉、王舍城、华氏城等。河水与其平原（河谷）腹地为大规模人群集聚提供了必要、充足并且剩余的能量供给（水源、阳光、粮食），更大规模的人口集聚，以及由此形成的文字、阶级、贸易、军事、精神需求、大规模手工业、交通等功能，为城市起源和发展奠定了基础。

在现代工业文明之前，古代城市史几乎就是一部人与地理环境互动关系史的浓缩，由此形成了不同地域背景下各个文明对大地、环境、天空的思考，并奠定了人类文明丰富内涵的地理基因：古中华文明通过"象天法地"的"宇宙观"城市（秦咸阳都城、汉长安、吴王阖闾城等），"天圆地方"图景下"礼制营国"的都城（唐长安、宋东京、元大都、明清北京），江南水乡"写意山水"式的园林，共同构建起中华文明"人—城市—自然—宇宙"之间的呼应关系，也植入中华文明的文化基因当中；古印度文明以及佛教通过"曼荼罗式"的空间，如吴哥王城（柬埔寨），巴德冈（尼泊尔），寺院（大昭寺、桑耶寺，中国西藏），将无边宇宙幻化成可见聚落；古两河流域、古埃及、古玛雅等文明的城市中以（太阳、月亮）金字塔、山岳台等大型祭拜建筑为中心组织城市空间，早期罗马人依据占卜、时空关系确定城市的奠基仪式，阿拉伯麦加以"天房"为中心形成朝拜城市，中世纪欧洲城堡中哥特式教堂的至高尖顶体现着神权至上……

第二，思想文化是城市发展的内在基因。

从思想文化的角度看，城市是构建族群认同、文化共同体、文明延续的空间，是人类文明多元性的见证。自古以来，各支文明几乎均是以其中心城市为载体，来构建、宣扬其族群的标识性，并在城市的发展中逐渐形成大至民族、国家，微至个人的文化属性。古希腊圣地城市德尔菲、奥林匹亚、雅典等成为古典希腊文明的象征，理性、民主、哲学、竞技等文化基因影响至今；古罗马城是古罗马文明的象征，法律、君主、战争等文化基因同样深刻影响西方文明；城中之国梵蒂冈作为天主教圣城千年以来经久不衰；桑吉（印度）、摩诃菩提寺（印度）、那烂陀寺（印度）、蒲甘（缅甸）等佛教圣地虽已成遗迹，但孕育出的佛教思想传播广大；麦加（沙特）、麦地那（沙特）、大马士革（叙利亚）、巴格达（伊拉克）、开罗（埃及）、哈勒尔（埃塞俄比亚）、突尼斯城（突尼斯）等伊斯兰圣城是文化传播历程中的中心；早已沦为废墟的迦太基（突尼斯）、波斯波利斯（伊朗）、吴哥王城（柬埔寨）、泰可素（泰国）等城市，在历史上也是某个族群的象征之地，甚至成为今日国家文化寻梦的依托；亦有如耶路撒冷、希伯伦（巴勒斯坦）、托莱多（西班牙）、帕尔米拉（叙利亚）、阿勒颇（叙利亚）、瓦莱塔（马耳他）、巴库城（阿塞拜疆）等城市，见证了多个族群和文化的交汇、碰撞、融合；中华民族更是因为有了诸多千年帝都、州府郡县、水乡古镇、边疆要塞、走廊城堡、民族聚落，才在华夏民族的精神内核下不断凝聚和发扬，形成世界上唯一的、不中断的、愈加灿烂的城市文明体系。

第三，人居科学是城市发展的理论支撑。

从广义的科学角度，城市是一门复杂的"人居科学"，自古绵延至今，由"人—自然—社会—建筑物—网络"这一体系构成。通常认为，"人"与"建筑物"是构成城市最直观和最清晰的要素。

城市因人的集聚而成，古中国有"一年成聚，二年成邑，三年成都"的理念，古希腊亚里士多德有"城市，让生活更美好"（2010年上海世博会主题）的理念，均揭示出城市以人为中心、"聚居"和"生活"的本质。当下世界各城市也以"人口规模"作为衡量城市尺度的核心因素，"城市规模"也被理解为揭示"复杂世界的简单法则"（杰弗里·韦斯特），"城市人"作为"理性选择聚居去追求空间接触机会的人"（梁鹤年），是解释各种城市空间现象的基础。巴蒂认为"城市与其说是机器，不如说是有机体。从这个意义上讲，它们是无数个人和群体决策的产物，……这些行为导致自组织的结构，并表征为涌现行为（emergent behavior）"。❶

建筑物与各类物质性基础设施是推动城市演化和发展的容器，为了满足城市的各类需求，如居住、生产、商业、安全、交通、生活、管理、交流、能量保障等功能，从古至今的城市都由这些功能性的建筑物、设施及设备所组成，但名称、形态、规模、材质等有所变化并愈加复杂。民居（住宅）、作坊（工厂）、市肆（商场）、城墙（军事设施）、学堂（学校）、医院、养老所、公园、体育场、文化馆、博物馆、艺术馆、府衙（政府机关、公共管理部门）、马路（航空、铁路、公路）、水井（供水、排水、供电、供热、信息系统、垃圾处理系统），这些有形的建筑物构成了庞杂的城市人工物质系统，这些人工物质系统演变的核心影响因素则是科学技术的发展。正如麦克卢汉所说，开始的时候我们创造工具，后来它们造就我们。

---

❶（英）巴蒂. 创造未来城市[M]. 徐蜀辰，陈珆怡，译. 北京：中信出版社，2020：8.

三

城市进化历程的内在基因

从 1859 年达尔文发表《物种起源》确立进化论的总体思想，到 1953 年沃森与克里克发现 DNA 的双螺旋结构，是一个复杂、渐进的过程。期间一些重要的发现包括：1865 年孟德尔提出两大遗传学定律，1868—1871 年米歇尔发现核素，1875 年科瓦列夫斯基应用进化论解释马的种系发生，1882 年弗勒明的《细胞质、细胞核与细胞分裂》出版，1888 年瓦尔代尔—哈尔茨为染色体正式定名，1893 年赫特维希揭示细胞核的重要性，19 世纪末科塞尔和列文研究核酸及其组分，1901—1903 年德弗里斯的《突变理论》出版，1902—1904 年萨顿和博韦里提出染色体是遗传物质，1910 年摩尔根证明基因位于染色体上，1927 年缪勒证实 X 射线会诱发突变，1928—1944 年格里菲思和埃弗里证明遗传物质是 DNA 而非蛋白质，1930 年费希尔的《自然选择的遗传原理》出版，1932 年霍尔丹的《进化的原因》出版，1933 年佩因特发现果蝇唾腺细胞多线染色体，1936 年哈金斯和鲍林提出氢键理论，1937 年杜布赞斯基的《遗传学和物种起源》出版，1948 年布瓦万发现同种生物细胞核中的 DNA 含量恒定，1950 年查加夫发现 DNA 分子中嘌呤和嘧啶间的当量关系，1950 年莱洛伊尔发现糖核苷酸，1950 年鲍林提出蛋白质的 α 螺旋结构模型，1950 年代罗伯茨等证明核糖体是合成蛋白质的场

所，1952 年赫尔希证明 DNA 是遗传信息的载体，1953 年沃森和克里克提出 DNA 双螺旋结构模型。❶

同样，从格迪斯在《进化中的城市》一书中提出城市是生命体的判断，再到学术界探索城市演变的内在基因，也经历了一个较长的时期。正如吴良镛先生所言："学术的原创性来自许多社会现象，社会问题求解的心情，追求探索触类旁通的契机（灵感）。这就要求每一个专家、每一个科学家都必须发挥别人所没有发挥的东西，解决尚未解决的难题，能够应用自然科学和社会科学的知识来进行探讨，要从多学科有目的、有意识地推进，将中学和西学融会贯通，形成融贯的科学研究。对工程师、科学家来说，特别要有人文的素养。有了人文的素养，才能对有些现象顺手摘来，能够抓得住，特别是在最尖锐的矛盾中，最棘手的难题就蕴有潜在的创新机遇。"❷

如前所述，城市与文明具有同源共生的关系。梁鹤年先生的《西方文明的文化基因》一书中对西方文明的文化基因进行了深刻的观察与清晰的梳理，他在此书序言中表述了对于研究文化基因问题的心路历程："我希望把自己的眼睛睁大、视线放远、视野开广，看看洋东西的真面貌、本来面貌。是为大家，也是为自己。'基因'一词是作隐喻之用。在遗传学上，基因是生物体的最基本组成因素。它们是遗传的，也就是说我们可以追溯根源。它们支配而不决定，也就是说人类仍可掌握自己的命运。它们是潜在但可以被触发的，也就是说人类或可创造自己的命运。它们会在个别生物体上突变，也就是说每个人的言行对整体的生存都有价值。西方文明就是他们的宇宙观、伦理观和社会观的实质体现。西方人对天地、对自己、对别人的看法决定西方文明。但是，他们'为什么'有这些看法？这些'为什么'就是本书

---

❶ 上述科技进展整理自：席泽宗. 科学编年史 [M]. 上海：上海科技教育出版社，2011.
❷ 吴良镛. 科技、人文与建筑——致力于人居环境科学的个人体会 [J]. 中国大学教学，2004（1）：53-55.

的主题，也就是西方文明的'所以然'。我叫它们做文化基因（有别于生理、生态、环境、偶然等因素），因为它们是支配西方人思想和行为的因素。它们在西方历史过程的不同阶段中结合了当时与当地的时代心态、民族性格和历史背景与契机，决定了西方文明的演化。"❶

  同样，在城市的发展历程中，在纷繁复杂的现象、景观背后，也有其潜在的"基因"。《中国城市空间文化基因探索》一文是城市文化基因挖掘的一篇代表成果。该文提出，城市有形的物质空间背后隐藏着影响其构成的文化法则，即城市的空间文化基因。文章通过历史文献梳理和设计手法分析、整合考古发现和遥感解译、挖掘思考中国传统哲学思想等三方面努力，将中国城市空间文化基因的内涵提炼为三个要点：整体观下的空间构图、阴阳变化哲学和尚中求变的思想。其中，整体观下的山川构图是先民们对中国地理大势深刻理解和山川崇拜的产物，在漫长的都城营造实践中成为城市空间的语法基础。中国人的思维在天地人之间构建的阴阳宇宙观中形成，并成为中国都城建设的文化基因。"中"的概念在整体的山川构图和阴阳哲学中形成了尚中求变的思想。阴阳哲学和尚中求变的思想在整体的山川构图中落实为具体都城空间构图的文化原则和思维观念，古代的洛阳、长安、南京、北京莫不如此。进而，通过对中国城市空间文化基因谱系和国内有关城市进行梳理（表4-3），论证了中国城市空间文化基因作为一种隐而不显的中介力量影响着中国古代都城营建，并且在今日的城市实践中仍在延续。今日的规划设计大都以一种技术手段的思维展开，但城市的塑造不单单受技术路线的作用，同时也有无法被直接感知，但又与传统文化有着深深关联的文化因子在起作用。❷

---

❶（加）梁鹤年. 西方文明的文化基因 [M]. 北京：生活·读书·新知三联书店，2014.
❷ 牛雄，田长丰，孙志涛，黄勤. 中国城市空间文化基因探索 [J]. 城市规划，2020（10）：81-92.

中国都城营建文化基因谱系　　　　　　　　表 4-3

营建时间	营建实例	营建细节	整体观构图	阴阳哲学	尚中求变
史前聚落时期	双槐树遗址	黄河南岸高台地，都邑性质中心聚落，三重环壕，建筑中轴线	●	●	●
夏商周时期	夏二里头遗址	目前最早中轴线布局的宫殿建筑群，两条轴线长约200m	●	●	●
	夏斟鄩	夏桀时期王国都邑	●	●	●
	商亳都	商代前期国家都城，有宫城、内城和外郭城	●	●	●
	商隞都	商代前期国家都城	●	●	●
	商殷墟	商代后期国家都城，复杂、完备的道路和水网系统，宫殿宗庙建于洹河南岸，南北中轴线	●	●	●
	周北豳	笃公刘，于豳斯馆。涉渭为乱，取厉取锻，止基乃理（《诗经·大雅·公刘》）	●	●	
	周岐邑	聿来胥宇。……筑室于兹。……其绳则直，缩版以载，作庙翼翼（《诗经·大雅·绵》）	●	●	
	西周洛邑	北依邙山，南临洛河。都邑呈不规则方形，宫城设计依照《周礼·考工记》	●	●	
春秋战国时期	东周洛阳	采用《周礼·考工记》中的"方九里"制度，王城居中	●	●	●
	燕下郡	北易水、中易河穿都城南北两岸	●	●	
	赵邯郸	宫殿建筑群有明确中轴线			●
秦汉时期	秦咸阳城	轴线与正南方终南山高峰联系，四周山体纳入城市整体空间构图	●	●	●

续表

营建时间	营建实例	营建细节	整体观构图	阴阳哲学	尚中求变
秦汉时期	西汉长安城	"夫关中左崤函,右陇蜀,沃野千里"(《史记·留侯世家》),"观其城郭之制,则旁开三门,参涂夷庭,方轨十二,街衢相经"(《西京赋》),未央宫、建章宫均按中轴线布局	●	●	●
	东汉洛阳城	北靠邙山,南临洛水。中轴线自邙山经北宫(寝宫)至明堂,明堂两侧对称置灵台和辟雍	●	●	●
魏晋南北朝时期	曹魏邺城	漳河北岸城市中轴线对称布局手法从一般建筑群扩大到整个都城	●	●	●
	东魏和北齐邺南城	都城方形,城门、里坊、市场对称布置。阊阖门至朱明门为全城中轴线。宫城北部为后宫,采用自由布局	●	●	●
	北魏洛阳	延续洛阳山水格局,宫城位于外郭中轴线上,道路呈方格形。成熟的中轴线规划体制奠定了中国封建时代都城规划的基础	●	●	●
	南朝建康	北依钟山,南临秦淮,东凭钟山西麓,西隔冶城山与石头城相望。城平面呈方形,南北城市中轴线	●	●	●
隋唐时期	隋大兴城	选址在龙首原高地。宫城偏大城之北,中轴线为规划结构的主轴线	●	●	●
	唐长安城	采用《周礼·考工记》"王城制度"。沿隋大兴城修建,宫殿坐北朝南。东西轴线两条,街网对称布局,"左祖右社"	●	●	●
	东都洛阳	北依邙山,东逾瀍水,西至涧河,洛水横贯其间。中轴线北起邙山,南对龙门伊阙。宫城名为紫微城,皇城名为太微城	●	●	●

续表

营建时间	营建实例	营建细节	整体观构图	阴阳哲学	尚中求变
宋元时期	宋东京城	三套方城,宫城四面开门,道路系统以宫城为中心,井字形方格网。南北轴线,"四水贯都"	●	●	●
	南宋临安	宫城位于凤凰山东,皇城内建筑利用自然山水地形,中轴线受地形限制呈倒骑龙布局	●	●	●
	辽上京	中轴线自东北向西南方向斜置	●	●	●
	金中都	参照宋东京汴梁营建的北京历史上第一座"帝京规制"的都城。宫城按《周礼·考工记》思想布置,由"四重城"组成,道路井字形	●	●	●
	元大都	以《周礼·考工记》为蓝本,近方形平面、方格网道路和中轴对称,准"五重城"结构帝都。轴线为明清北京中轴线所沿用	●	●	●
明清时期	北京城	"百十里间,皆是环卫"山水格局。中轴线自钟鼓楼到永定门,紫禁城按前朝后寝、东文西武、左祖右社布局	●	●	●
近代时期	北京城	平面布局没有大的变化,中轴线格局始终存在	●	●	●
中华人民共和国成立后	北京	山水格局、中轴线布局延续明清格局,唯有天心十字南移至天安门广场。未来中轴线北至燕山山脉,南至北京大兴国际机场,东至北京城市副中心,西至门头沟	●	●	●
	雄安新区	体现对称、天人合一、街坊等中华营城理念,城淀相望格局	●	●	●

续表

营建时间	营建实例	营建细节	整体观构图	阴阳哲学	尚中求变
中华人民共和国成立后	广州	北靠越秀山，中轴线历经2000年未变。目前以珠江为纽带，以南北长12km的城市中轴线为统领	●	●	●
	杭州	当下杭州以钱塘江为生态轴，以"主城—江南城"为发展轴	●	●	●
	成都	城市格局由"两山夹一城"向"一山连两翼"发展，以中心城区和天府新区为双核的城市中轴线北接德阳，南连眉山	●	●	●
	郑州	东西轴线（郑汴轴线）近20年来未变；南北轴线随城市发展逐渐东移	●	●	●
	西安	"九宫格局，棋盘路网，轴线突出，一城多心"的布局特色。南北、东西两条轴线	●		●

资料来源：引自牛雄、田长丰、孙志涛、黄勤的《中国城市空间文化基因探索》，内容有删减。

在文化基因思想基础上，梁鹤年先生基于对东西方城市理论的吸收与批判提出了"城市人"理论。这一理论正是吴良镛先生所说的"中学和西学融会贯通，形成融贯的科学研究"的一个典范，在提出后的短短数年中已经取得许多高质量研究成果。

"城市人"理论首先基于对既有规划理论的批判吸收："规划理论给人的感觉是前期的太硬、后期的太松。早期理论聚焦于城市的物理、工程层面，忽略了人的层面，规划出平面是图案、立面是图画的城市。有好看、有难看，但都是硬把人套进刚性的框框，要人去适应空间而非要空间去适应人。对这些理论的不满是可以理解的，改变是不可避免的。现今以社会科学为主的理论（指西方，但西风东渐）差不多完全放弃了城市的物理层面（时间与空间），聚焦于经济、社会、政治。但是，有什么关于人的事情不涉及经济、社会、政治呢？为此，这些规划理论好像事事都管，但都没有深度，疏松得很，更唯独是不管空间。……规划理论贫乏是因为城市理论贫乏。城市是'人聚居'的现象，人与居缺一不可。……因此，要探讨、开发城市规划理论，我们必须要有解释人聚居的理论，也就是城市理论。"❶

进而，受到道萨迪亚斯人居科学的启发，"城市人"理论提出："城市人是一个理性选择聚居去追求空间接触机会的人。……'城市人'与城市是同一个东西的两个方面。'城市人'与城市的关系有点像亚里士多德的'潜质'（potentiality）与'实现'（actuality）的关系：'城市人'是城市的材料（本质），城市是'城市人'的体现。……'城市人'与人居的关系是'城市人'理性地选择最能供给他所需的人居。不同类别的'城市人'选择不同的空间接触；不同类别的人居供给不同的空间接触机会。"❶

毫无疑问，城市的文化基因是城市进化中的重要影响因素。同时，正如前文中关于理想城市、未来城市的梳理中所呈现的，技术也是影响城市进化的重要因素，特别是在今天面对新一轮科技产业革命的情势下，这一点尤其突出。因此，本书认为影响（"支配而不决定"）城市进化的内在应当包括技术基因、文化基因两个方面，二者恰如生物 DNA 的双螺旋结构，"技术—文化"双螺旋构成城市进化的基因结构。由此，城市的"现象—技术—文化"可以展开为一个分析框架，进而在规划实践层面可以运用城市人理论的思路进行各层面的整合设计。

---

❶ 梁鹤年. 城市人 [J]. 城市规划，2012（7）：87-96.

四

城市进化的分析框架:"三层次"整体演进观

在流变千年、纷繁复杂的城市景观与现象背后,有一些影响因素是稳定和长久的,具有"基因"性质,主要包括两大类基因:技术基因和文化基因,也就是影响城市总体形态与结构的技术体系、影响城市生活以及对"美好生活"之定义的精神文化观念。

如上所析,城市的历史跃迁往往是时空积累下的综合因素的结果,发展过程中会有某些"单点突进"的引领性变化,这些突变或是技术基因为主,或是文化基因为主,但归根结底是在综合实践中"整体演进",因此,分析、推演城市的演变也应该秉持整体系统观。城市在演变进程中逐步成为复杂的开放巨系统,具备了愈渐突出的生命体、有机体特征。基于上文对城市基因的挖掘,本书尝试提出城市进化的"三层次"整体演进观,用以分析城市发展的阶段划分及其代际特征(图4-1)。

第一,发展现象层。主要的描摹维度是客观状态,如城市的人口规模、空间规模、主体功能、空间结构、对外联系、基础设施、公共服务、居住形态、公共空间(宗教、权力、商业、文化等)等。

第二,物质技术层。贯穿上述现象层面的是科学、技术、工程、生产力的发展,具有广泛空间影响的技术构成城市发展的"技术基因",而技术的

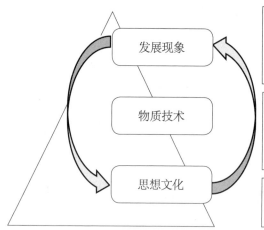

图 4-1　城市进化三层次分析框架

核心表征是能量与信息的传递,这是城市发展运行中的一条主线,主要的描摹维度是物质流、信息流、能量流、资金流的汇聚与流动特征。正如历史进程所展示出来的那样,这些特征性指标的背后是不同时期的技术能力。

第三,思想文化层。在城市现象以及城市的能量、信息流动背后,调控、引导城市人的活动、城市的空间形态以及能量、信息流动方向的是或隐或彰的社会制度与文化精神,体现为城市认知模型及其蕴含的城市规划管理手段与工具等,可视作引导城市能量信息流动的"治理规则"与城市进化的"文化基因"。正如巴蒂所言,城市的发展"是由个人和集体作出的千百万个具有巨大的多样性和异质性的决策的产物,并且由于随机发展(虽然实际上可能并不随机,但显然没有相互协调),这些决策显得嘈杂和模糊。然而,理想化的形式很难与城市的实际增长方式相匹配。这种脱节足以表明,未来城市的实际创造是一个与幻想家的沉思截然不同的过程,因为它包含数百万的个人决策，这些决策本身必须被视为发明和创造"❶。回顾历史，在林林总总的城市现象背后，哲学、思想、文化是一条潜在的脉络，引导着对理想城市与人居环境的不懈追求，协调指引着城市人的各类活动。按照梁鹤年先生的界定，文化基因方面的主要观念包括"宇宙观、伦理观、社会观"。

在结构上，三个层次之间有着密切的联系。例如，城市的空间格局往往是不同宇宙观、社会观的呈现，欧洲中世纪典型的城市格局是教堂居中、放射路网、教堂是城市建筑制高点。当然，技术基因和文化基因的变迁都会对城市的发展形成深远影响，而城市具体的形态、功能、活动等现象则要结合具体的"人、事、时、空"等因素"转录、建构"形成。在此过程中，制度和政策具有某种"中介"性质，它们就像一种"社会程序"，在一定技术体系基础上将当时的"美好生活"转化为现实的各类实践，包括城市的空间营造、经济发展、社会治理等各方面行动。因此，制度创新、政策创新可类比为一种"社会编程"行为。

在时间维度上，本书提出的上述框架认为，三个层面都发生阶段性变化才能认为城市物种发生迭代，也就是实现了"城市进化"。进而，我们可以运用这一标准对城市进行"分期"和"断代"并提炼阶段性的发展特征。其中，在三个层次中，现象层是结果、是因变量，社会文化层多体现为各类观点，不易量化。唯有第二层的物质技术层，是推动城市发展的重要变量，同时也易于量化，因而可以从能量、信息、材料方面的变化，结合现象层面的结果性表征来作为判断城市进化中"代际更替"的先导指标和重要依据。从大历史脉络来看，如表4-4所示，除预期寿命这一指标外，总能量、人均消耗能量、最大定居点（城市）规模均实现了数量级的跨越。特别是最大城市的人口规模，从城市诞生时期的数万人级别发展到今天已经是数千万的数量级。

---

❶（英）巴蒂. 创造未来城市[M]. 徐蜀辰，陈翃怡，译. 北京：中信出版社，2020：256-257.

全新世与人类世时代人类史数据统计　　　　表 4-4

年代	A：元年 = 公元 2000 年	B：人口数（单位：百万）	C：消耗能量总量（百万千兆耳/年）(=0.001 艾焦耳)(=B×D)	D：人均消耗能量[千兆焦耳/(人/年)]（前三行 = 最大估计值）	E：预期寿命(年)（前三行 = 最大估计值）	F：最大定居点人口数（单位：千人）（第一行 = 最大估计值）
全新世	−10000	5	15	3	20	1
	−8000					3
	−6000					5
	−5000	20	60	3	20	45
	−2000	200	1000	5	25	1000
	−1000	300	3000	10	30	1000
人类世	−200	900	20700	23	35	1100
	−100	1600	43200	27	40	1750
	0	6100	457500	75	67	27000
	10	6900	517500	75	69	—

注：A 栏至 E 栏的信息基于 Vaclav Smil 的 *Harvesting the Biosphere*, loc. 4528, Kindle 版；F 栏的信息基于 Ian Moris 的 *Why the West Rules~For Now* 第 148~149 页，另加入 10000 BP 数据。
资料来源：《起源：万物大历史》附录。

　　城市、文字、冶金作为文明的重要标志，几乎在同时期出现，自此以后，如果衡量信息和数据的规模，能够看到更为剧烈的数量级变化。"几千年来，保存记录都是用泥板、纸莎草卷轴、用动物皮制成的羊皮纸和牛皮纸。……但是印刷机的发明，才真正建立了大规模数据生产的第一个里程碑。第一台印刷机现世的第一个 50 年里，就有 800 万本图书被印刷成册，比之前的 1000 年里，欧洲所有抄写员抄写出的书籍还要多。随后，电报、电话、无线电、电视、电脑陆续被发明，因此在 20 世纪，世界上的数据量迅速增长。1996 年，数据量的增长和运算成本的降低，使得数字存储第一次比用纸张存储更物有所值。2000 年，只有 25% 的数据是以数字形式存储的，而不到 10 年后的 2007 年，该数字就已经飙升到 94%，并在那之后持续上涨。数字化显著扩大了收集数据信息的可能性。世界上 90% 的数字化数据，都是在过去两年中生成的。每年，数字化数据的数量都会增长 50%。"❶ 近年来大数据的兴起，更是将人类生活中的信息密度提高到了全新的量级，在数据、算力、算法的协同作用下，"数字孪生"在越来越多领域发挥作用，"数字孪生城市"也成为未来城市发展的重要方向和技术依托。

根据上述分析框架，接下来可以对城市进化的历程作一简要梳理，以检验其对历史的解释力。

---

❶（美）罗斯. 新一轮产业革命：科技革命如何改变商业世界[M]. 浮木译社，译. 北京：中信出版社，2016：170-171.

第五章

阶段演进：
城市进化的阶段特征与基本规律[1]

---

[1] 本章主要观点曾以《从城市进化的大历史观看上海新一轮改革发展》为题发表于光明网，作者焦永利、魏伟，网址：https://www.gmw.cn/xueshu/2019-10/28/content_33272051.htm，此处内容进行了扩充与深化。

本章以城市进化的整体演进观为基础，从物质技术与社会文化两方面总结梳理城市进化的历程，将人类历史上的城市发展划分为六大时期，分阶段简要梳理城市各个发展阶段的现象、技术、文化等层面的参数与特征，整理城市进化中关键的人、事、时、空等要素，从而便于从整体图景的视角更好地展望未来。

根据第四章提出的城市进化整体演进观以及三层次分析框架，可以将城市进化历程大致划分为表 5-1 所示的六个时期，本章对这六个时期的发展特征及其基因线索进行初步梳理。

人类城市发展阶段　　　　　　　　　　表 5-1

序号	时期	主要特点
1	城市起源期	公元前 4000 年左右开始，古美索不达米亚、古埃及、古印度、古中国、古爱琴海等五个地区是集中起源地
2	第一轮繁荣时期	以欧洲"古典时期"（古希腊、古罗马）的雅典、罗马等城市以及东方中国的春秋战国及秦汉时期各国都城等为代表
3	第二轮繁荣时期	以中古时期的亚洲城市，特别是中华王朝都城为代表，如唐长安，宋汴梁（开封），元大都，明南京，明清北京等
4	近现代城市繁荣时期	城市物种爆发的"寒武纪"：随着文艺复兴运动、宗教改革运动、启蒙运动等大的观念革命的发展，对城市产生革命性影响的工业革命发生。工业城市兴起，以英国、法国、美国等西方国家的典型城市为代表
5	二战后城市扩张与信息化繁荣期	二战后，现代城市日新月异，信息逐渐成为主角。人类整体进入城市时代。全球化的体系生成，全球城市成为重要空间节点
6	智能城市时期	立体化、数字化、智能化、生态化、场景化

一

▲

城市与文明起源期

考古学界通常认为冶金、文字、城市是文明起源的三大核心标志。古美索不达米亚、古埃及、古印度、古中国、古爱琴海、古中南美洲、古阿拉伯等七大文明体系各自有着自身的城市起源地且各有特色。其中，公元前 3000 年左右的古美索不达米亚、古埃及、古印度、古中国、古爱琴海等地区是人类城市的集中起源地，城市自此开始跃上历史舞台，表现出因文化而集聚的族群特征。

《未来之城：科幻小说中的城市》一书的作者卡尔·阿博特教授提出："工业城市化之前的六千年内，人类在相当于今天埃及、伊拉克、中国、印度到巴基斯坦、墨西哥到危地马拉以及秘鲁等地至少独立创造了六次城市。随着王国与帝国间歇的盛衰起落，城市社会逐渐扩展到了世界的不同角落，到朗蒂尼亚姆、吴哥、廷巴克图、卡霍基亚和库斯科。有些城市如此有价值，以至被创建和再创建了多次，哈德良皇帝、美第奇教皇、墨索里尼及费德里科·费里尼时代的罗马就是这样。城市是人类社会过去和现在的自然组成部分，因此毫无意外它们也是我们不久和遥远未来的一部分。"❶

公元前 4000 到前 3500 年左右诞生的两河流域古城是得到较多认可的人类最早城市。中国近期被列入世界文化遗产的良渚古城遗址也表明，中华文明在这一时期稍后时段也出现了城市聚落形态。

"天下难事，必作于易；天下大事，必作于细"。在起源期，城市的雏形开始奠定，人口规模、用地规模超越一般性的村庄聚落。如表 5-2 所示，这一时期涌现的城市人口通常数万人、占地通常在数平方公里，然而其控制、影响的范围则是更为广阔的。"城市一开始的功能便是一些中心：宗教的、军事的、政治的、贸易的。不管是有围墙的城市还是没有围墙的开放城市，城市都形成了对周围区域特别是农村的统治。不仅如此，城市里率先生成了阶级，使一小部分人对一大部分人的统治成为可能。人类定居是从村落开始的，定居是人类摆脱依赖自然界现成品生存转而开始支配自然、开始粮

---

❶（美）阿博特. 未来之城：科幻小说中的城市 [M]. 上海社会科学院全球城市发展战略研究创新团队，译. 上海：上海社会科学院出版社，2018: 5.

食生产的开始。如果说游牧性追逐猎物生存是出于本能，定居已经是人类理性的表现。由村落到城市，人类完成了对自然的支配和人对人的支配。" ❶

人类文明轴心时代之前国外重要古城　　表 5-2

地域	城市	始建年代	规模	特征
两河流域与波斯	乌尔	公元前 3000 年	面积 88hm²、人口 34000	平面为卵形，有城墙、城壕。厚墙所围官殿、庙宇、贵族府邸在西北高地，墙外为普通平民和奴隶居住地
	巴比伦、新巴比伦	公元前 3000 年，公元前 6 世纪重建	新巴比伦，内城 350hm²，人口 10 万	两重城墙，主轴线北偏西，大道宽 7.5m，沿大道布局官殿、神庙等，宫殿 4.5hm²，工商业活跃，小巷宽 1.5~2m
	尼尼微	公元前 3000 年，全盛于公元前 1300 年	—	位于高差 25m 的山坡上，内外两圈
古埃及	孟菲斯	公元前 3000 年	—	—
	卡洪（Kahun）	公元前 2000 多年	长方形，380m×260m	砖砌城墙，中心有神庙，城东有市集，城西为奴隶居住区，城东北部为贵族区，城东南部为商人、手工业者、小官吏居住区
	底比斯（Thebes）	古埃及十一王朝	古埃及最宏伟的城市，9km×6km（包括内外城），传说曾达 10 万人口	死者之城位于尼罗河左岸，城市位于右岸，卡纳克、卢克索神庙位于城中

---

❶ 张晓霞，杨开忠. 理想城市的建构与城市的人文关怀 [J]. 山东师范大学学报（人文社会科学版），2006（3）：96-101.

续表

地域	城市	始建年代	规模	特征
古埃及	阿玛纳	公元前1370年左右	3.7km×1.4km	三面环山，面临尼罗河。无城墙，道路为棋盘式。宫殿与庙宇结合，分北、中、南三部分，北部为普通居民区，中部为统治中心区，南部为官吏府邸
古印度	摩亨佐达罗（意为死者的遗丘）	约公元前2600年	1km见方，方形，人口估计3万~4万人	棋盘路网，三条南北大道、两条东西大道，大型建筑有大浴场、大谷仓，排水系统完善
	哈拉帕	—	与摩亨佐达罗相仿	城西高地城堡为行政中心，北部为仓库与居民区，道路、排水系统完备
古希腊	克里特岛的克诺索斯（Knossos），意为众城之城	公元前2000年	—	围绕高地宫殿、据点形成，无城墙，街道不规则，居民主要是手工业者和商人，按职业分区聚居。建筑均为世俗性，包括住宅、宫殿、旅社、公共浴室、作坊，主要建筑米诺斯王宫
	迈锡尼卫城	公元前2000年后半叶	—	核心是卫城，布局宫殿、贵族住宅、仓库、陵墓。外有城墙。希腊建筑的雏形
	德尔菲等	公元前8—前6世纪	—	圣地建筑群，成为商业、欢聚等公众活动中心。利用地形和自然景观，活泼多姿的空间构图，如阿波罗圣地与奥林匹亚圣地

资料来源：作者根据《外国城市建设史》《中国城市建设史》《城市发展史》等著作整理。

城市功能方面，开始从简单聚居功能中分化出管理空间、永久性的神性空间等新的功能，形成围绕中心的空间结构；城市建设技术方面，通常都筑有城墙，为族群提供安全防卫。自此，直到工业革命时期城墙一直是东西方城市共有的配置。"这个时期，由于生产力与社会分工的发展，人民有可能生产比自身的消耗更多的产品……从而产生了设防的城市。所以恩格斯说，用石墙、城楼、雉堞围绕着石造或砖造房屋的城市，已经成为部落或部落联盟的中心，这是建筑艺术的巨大进步，同时也是危险增加和防卫需要增加的标志。" ❶

大型建筑凝聚了当时最高的技术和艺术成就，宫殿、神庙是核心代表，如古埃及的卡纳克、卢克索神庙，古希腊的米诺斯王宫等。同时，一些生活类公共建筑也开始出现，如古印度的摩亨佐达罗遗址发现了大浴场、大谷仓等建筑。一些城市还出现了较为完善的排水系统，表明城市规划、工程技术、市政管理取得了显著的进展。能量方面，通过种植等方式收集储存能量，城市因此得以集聚人口。文化方面，记事法、文字等孕育出现。观念方面，开始从万物有灵的朴素宇宙秩序认知向具备理性精神的哲学、宗教与法制思考进行准备和过渡。例如，早在公元前1754年，巴比伦国王就统一两河流域并颁布了《汉穆拉比法典》。

这一阶段发展到后期，还有一些重要城市开始跃上历史舞台。例如，公元前1000—前960年大卫王统一以色列和犹太国家，定都耶路撒冷。

再来看中华文明范围内城市的起源历程：经历了新石器时代的农业革命，邦国时期的满天星斗、雏形初现，再到王朝时期的中原广域王权国家时代，出现"最早的中国"，城市这一文明物种终于在中华大地上矗立扎根。

针对这一历程，《先秦城邑考古》一书进行了系统的考古资料梳理，该书"重点放在对先秦城邑（enclosure settlement）海量考古资料的梳理和'大

---

❶ 沈玉麟. 外国城市建设史[M]. 北京：中国建筑工业出版社，1989（2005重印）：3.

数据' 分析,以及对城邑聚落形态的分期分区考察上"❶,整理呈现了中华文明范围内从公元前 7000 多年的新石器时代中期至秦帝国诞生的公元前 221 年期间的城邑考古资料,囊括的各时期城邑数量如表 5-3 所示,对应的物质文化、朝代等信息如表 5-4 所示。

先秦各时期重要城邑数量　　　　　　　　　　　表 5-3

时代	城邑数量
前仰韶时代	13
仰韶时代	56
龙山时代	128
二里头—西周时代	157
春秋战国时代	657（都邑 72）
总计	1011

资料来源:许宏. 先秦城邑考古 [M]. 北京:金城出版社、西苑出版社,2017:7.

先秦城邑所处历史阶段示意　　　　　　　　　　表 5-4

本书分期		绝对年代（公元前）	主流城邑形态	物质文化		文字使用	社会组织	朝代
前仰韶时代		7000—5000 年	环壕城邑	新石器时代	中期	史前时代	部族社会?	—
仰韶时代	前期	5000—3500 年			晚期			
	后期	3500—2800 年					酋邦或邦国	
龙山时代	前期	2800—2300 年	垣壕城邑		末期	原史时代		
	后期	2300—1700 年						夏?

---

❶ 许宏. 先秦城邑考古 [M]. 北京:金城出版社、西苑出版社,2017:7.

续表

本书分期		绝对年代（公元前）	主流城邑形态	物质文化	文字使用	社会组织	朝代
二里头—西周时代	二里头时期	1700—1500 年	差序都邑（无郭）+ 垣壕城邑	青铜时代	原史时代	中原中心初现广域王权国家	夏/商?
	二里岗时期	1500—1350 年					商前期?
	殷墟时期	1350—771 年			历史时代		商后期
	西周时期	1050—771 年					周
东周时代	春秋时期	770—476 年	垣壕都邑、城邑			分立集权国家	
	战国时期	475—221 年		铁器时代初期			

资料来源：许宏. 先秦城邑考古 [M]. 北京：金城出版社、西苑出版社，2017：21.

新石器时代在距今约 1 万多年至 5000 多年前，在这一时期经由农业革命，中华文明的曙光初现，表 5-5 展现了这一时期重要的遗址情况。这一时期黄河流域的仰韶文化距今约 7000 年至 5000 年，分布在整个黄河中游从今天的甘肃省到河南省之间，已发现的相关遗址约 5000 处。仰韶文化上承旧石器文化、下接龙山文化，普遍认为"华夏"一词中"华"的概念应该出自仰韶文化，对于探究华夏文化的源流起到重要作用。仰韶文化遗址中展现出当时的工具主要是石器、陶器等，已经出现了聚落形态。其中，双槐树遗址是迄今发现的规格最高的具有都邑性质的中心聚落。

新石器时代中华文明重要遗址　　　　表 5-5

年代	遗址	规模	特征
约 7000~5000 年前	河姆渡遗址 地点：浙江宁波余姚市河姆渡镇	遗址面积 4 万 m²，叠压四个文化层	陶器、骨器、石器、植物遗存、动物遗骸、装饰工艺品、人工栽培稻遗物、干阑式建筑构件
约 7000~5500 年	田螺山遗址 地点：浙江宁波余姚市三七市镇相岙村	遗址总面积约 3 万 m²，文化堆积厚度超 3m，分为 6 个文化层	多种动植物遗存，陶制、玉制工具，纺织工具，多层次干阑式建筑，埠头，独木桥
距今约 7000~5000 年	仰韶村遗址 地点：河南渑池县仰韶乡	面积约 36 万 m²	石器、陶器，聚落形态
仰韶文化中晚期	双槐树遗址 地点：河南郑州巩义市	遗址东西长约 1500m，南北宽约 780m，残存面积达 117 万 m²	三重环壕、围墙、居住区、墓葬区，建筑夯土版筑，北斗九星图案，早期天地之中宇宙观。"早期中华文明的胚胎""河洛古国"

资料来源：作者根据公开资料整理。

几乎同一时期，在长江流域的河姆渡文化遗址中发现了陶器、骨器等工具以及干阑式建筑构件。特别是遗址中发现的"带榫卯的干阑式建筑，是中国现已发现的古代木构建筑中最早的榫卯之一。建筑沿小山坡呈扇形分形，很有规律。干阑式的建筑——底层架空带有前廊过道的长屋，约有数间，其中大的长 23m 左右，深约 7m，前廊深 1.3m。该建筑是用一排排桩木打入土中为屋基，在木桩间架设地梁，上面铺设地板，距地约 1m 高；并由基座中间一根约 3m 的中柱，2.6m 左右高的后檐和稍矮的前檐柱挑起屋架，屋架中的梁、枋、柱、檩等许多木构件均是用榫卯结点，屋顶则是采用席箔等物盖在椽上而成"。❶

---

❶ 唐维石. 河姆渡遗址上的干阑式建筑 [J]. 风景名胜，1994（1）：23.

从社会文化价值来看，河姆渡遗址的发掘为研究我国远古时代的农业、建筑、制陶、纺织、艺术和东方文明的起源以及古地理、古气候、古水文的演变提供了极其珍贵的实物资料❶，表明长江流域是中华文明的重要发源地之一。从建筑到聚落，这是文明发展历程中的一个重要现象，正如吴良镛先生的体会那样："1984 年我到日本参观大阪人类学博物馆，发现人类早期的房子不仅仅是一幢房子，还有菜地、牲畜、水塘等，形成了一个整体，缺哪一部分人都不能生活，这就是最基本的；1988 年我参观墨西哥人类学博物馆，发现也是这样；在中国，差不多同时期的西安姜寨发掘的新石器时代母系社会遗址，五组大房子对着中间广场，外面有壕沟，这也是人的基本居住单位。从这里面，从考古的遗迹中，我得到了'群居'的观念，即必须大家共同住在一起。……我听了费孝通先生的'城市社会学'和'乡村社会学'课，把社会学引入到建筑学，发表了'完整社会单位'的理论。"❷

此后，进入考古学上所说的邦国时期，中华文明范围内的城市雏形涌现（表 5-6）。"'酋邦'作为介于简单社会和国家之间的一种前国家复杂社会形态，在西方新进化论人类学和考古学中都占有突出重要的地位，几十年来一直是一个非常重要的研究领域。"❸这一时期是新石器时代到青铜时代的过渡期，兴起若干部落联盟，如华夏部落、东夷部落、苗蛮部落等，一些部落开始走向初始的国家形态。"早期国家的具体形态又是多种多样的，概括地说，既有多层级管理的广土众民的广域国家（或称地域国家、广幅国家），也有小型的、层级较简单的城邦国家。那么具体到考古上，从物质遗存方面又该如何区分早期国家呢？……总括起来可以提炼出如下一些特征：国家应有大

---

❶ 中国社科院考古所网站"河姆渡遗址"词条 [EB/OL]. http://www.kaogu.cn/cn/kaoguyuandi/kaogubaike/2013/1025/34040.html.

❷ 吴良镛. 科技、人文与建筑——致力于人居环境科学的个人体会 [J]. 中国大学教学，2004（1）：53-55.

❸ 戴向明. 文明、国家与早期中国 [J]. 南方文物，2020（3）：14-21.

中华文明邦国时期重要古城遗址　　　表 5-6

年代	遗址	规模	特征
距今 5300~4300 年	良渚古城遗址 地点：浙江杭州余杭区瓶窑镇	占地面积 300 万 m²，东西长 1500~1700m，南北长 1800~1900m	玉器、陶器、石器、漆器、竹木器、骨角器，玉器包括：璧、琮、璜、环、珠。城墙、护城河，水利系统。阶层分化
距今 4800~4000 年	两城镇遗址 地点：山东日照东港区两城镇	东西约 990m，南北约 100m，面积约 100 万 m²	玉器、石器、骨器、陶器（黑陶为主）
距今 4600~4000 年	石家河文化遗址 地点：湖北天门、京山县	中心聚落规模 120 万 m²，人口约 3 万~5 万	陶器、铜块、玉器，武器钺，类文字符号，城墙，功能分区
距今 4500~1000 年	城子崖遗址 地点：山东济南章丘区龙山街道	南北长 500 余米，东西宽 400 余米，面积约 22 万 m²	黑陶、少量铜器、壕沟、夯筑城墙，灰陶时期刻文字陶器
距今 4400~4000 年	陶寺古城遗址 地点：晋南汾河地区襄汾县	规模：280 万 m²，万人以上	陶器、金属器、玉器、石器、圭表，古观象台，功能分区，阶层分化，文字符号，历法
距今 4000 年左右	石峁遗址 地点：陕西神木	规模：425 万 m²，可容纳 4 万人以上	玉器、壁画、城墙，砌石建筑，皇城台、内城、外城

资料来源：作者根据公开资料整理。

型都邑或城市，多层级聚落结构、不同等级的中心聚落，不同等级和功能的公共建筑或设施，不同等级的权贵墓葬，体现国家组织和动员能力的大型公共工程，集中管控并服务于权贵的高端手工业，尤其是应有体现王权或最高权力特征的宫殿、王墓、神庙，等等。但在实际的考古发现中，早期国家其实很难具备上述各种特征，而常常只是其中某项或几项比较突出。例如，两河流域苏美尔早期城邦国家，中心城邑里发现的高等级建筑往往是神庙，神庙不仅是祭祀崇拜中心，而且还常常是政治和经济中心，最高祭司也同时是城邦首领，拥有大量土地并掌管着世俗事务；与之相反，希腊早期爱琴文明时代，城市里最突出的建筑是王宫，王宫是这种城市国家里最高的政治、经济和文化中心，有时还是宗教中心；而在古埃及前王朝末期所形成的早期小型国家里，宫殿、神庙似都已出现。从世界几大文明发祥地看，早期国家最初大多是小型的城邦或城市国家。"❶

根据上述观点，良渚古城遗址发现大量玉器，其工艺水平代表着史前文化高峰，大量玉琮、玉钺等被认为象征君权，其外围水利系统是迄今中国发现最早的大型水利工程，各类工具、遗存展示出武力强大的特征，在多方面都可以与埃及文明、两河文明对比。综合来看，良渚古城是长江下游环太湖地区的早期区域性国家的中心。距今4300年左右突然覆灭，推测可能是由于过度使用资源或海平面上升等毁灭性灾变。

在北方和中原地区，继仰韶文化之后的龙山文化兴起，其遗址广泛分布于今天的山东半岛及河南、陕西、河北、辽东半岛、江苏等地区，又因各地文化面貌有差异，分别命名为山东龙山文化（典型龙山文化）、河南龙山文化、陕西龙山文化、湖北石家河文化、山西陶寺类型龙山文化等。重要的遗址有最初发现龙山文化的城子崖遗址、两城镇遗址、陶寺古城遗址等。其中，陶寺古城遗址在中华文明城市发展史上具有重要价值，陶寺古城位于晋南汾河地区，距今4400~4000年，这也是上古传说对应的尧舜时期。古城规模280万m^2，推测居住人口万人以上，因规模巨大、文化发展，因此被推测为帝尧古都，但不论此论是否能够证实，其作为重要的区域性都邑的地位是没有争议的。遗址发现的陶器有灰陶、彩绘陶簋、大陶盆等，玉器有玉兽面、玉圭、玉琮、玉璧等，更为特别的是发现了制造精美的金属器红铜铃，在灰陶上发现了疑为"文、尧"等文字的符号，这些发现成为重要的文明线索。此外，还发现了大型天文建筑古观象台及天文仪器圭表，可以通过观象授时确定20个节令历法，这是领先当时世界的文明进展。城市空间方

---

❶ 戴向明. 文明、国家与早期中国[J]. 南方文物，2020（3）：14-21.

面，有着比较明确的功能分区，包括宫殿区、贵族居住区、普通居民区、祭祀区、仓储区、手工作坊区等功能。在分区、墓葬随葬等遗存中能够推断，社会特点方面，贵族拥有大量财富，出现显著阶层分化，城市人口呈金字塔式的社会等级结构。古城末期可能发生过外族占领或底层革命，遗存中发现了宫殿区被占、高等级器物被毁、摧毁贵族和精英文化等迹象。在陶寺古城的时代之后，石峁遗址也是重要的古城遗存，遗址位于今陕西神木，地理上是黄土高原北部，陶寺古城西北方向，是当时欧亚草原通道地带的交通枢纽位置，遗址规模达 425 万 m^2，可容纳 4 万人以上，是目前发现的中国范围内史前规模最大的城址，但未发现王者级别墓葬，因此判断总体上地位略低于陶寺古城。遗址发现了玉器、壁画等，该城石砌城墙 2.5m 宽、数米高，长达 10km，这样的工程修筑表明当时已经具有了很强的组织动员能力，城市空间呈现外城、内城、皇城台的结构，建筑为石砌并有草拌泥粘附墙体，上有彩绘。石峁存续约 300 年，据推测其陡然失落可能是气候原因导致的粮食减产。

在中部地区，这一时期代表性的遗址有石家河文化遗址等。石家河文化遗址位于今天湖北省天门、京山县境内，距今约 4600~4000 年，对应于上古传说中五帝时代后期，人口规模可能达到 3 万~5 万人，因此推测是进入文明时代的江汉平原统治中心。遗址发现陶器、玉器及铜块等。出土的武器钺是王权象征，表明当时存在军事首领或"王"的性质的领导者。玉器工艺先进，呈现出切割、雕琢、钻孔、抛光等加工手段，出土的玉人头被认为是神人、巫师的反映，同时，随葬品中发现玉鹰、玉蝉物品，这些都显示当时的原始宗教信仰。此外，一些器具上还出现了类似文字的刻画符号。在城市空间方面，同样具有了较为明确的功能分区，包括手工作坊区、居民生活区、祭祀区、墓葬区等，遗址还发现了南北长 1200m、高达 6~8m 的城墙。

经过邦国时期，中华文明进入王朝时代，广域王权国家出现，中华民族呈现多元一体的第一次大整合。"最早的中国"出现了,以二里头古都遗址为代表,开始奠定中华文明营城思想中的一些重要基因。公元前2000年前后,异彩纷呈的中原周边文化先后衰落,出现中原文化为核心,吸收各地文化,又辐射广大地域的核心文化。邦国时代满天星斗,广域王权国家出现,走向月明星稀。❶

存续于公元前19世纪至公元前16世纪的二里头遗址被誉为"最早的中国",因其规模、气度而被推测为中华文明第一个王朝夏王朝的都城（表5-7）。该古城南临古洛河、北依邙山、背靠黄河,面积$4km^2$。农业方面出土了粟、黍、稻、小麦、大豆等农产品,表明夏后期农业发达、"五谷"已备。手工业方面,出土了数以千计的器物,代表性的如七孔玉刀、青铜爵（表明金属冶炼技术进步）、绿松石龙等。表明农业中分离出相对稳定的手工业者、管理者的社会分工情况。在城市建设方面,遗址发现纵横大道、方正宫城、中轴线规划、大规模建筑基址群等。其城市空间布局开辟了中国古代都城规划制度的先河,奠定了都城、宫殿营造的空间基因。二里头遗址发现的宫城与宫殿,是迄今可以确认的中国最早宫城遗址,其夯土层施工量达到2万m^3,其宫殿施工在当时木石工具条件下估计用工达到约8万人工作3~4年时间。这体现出巨大的组织和管理能力,也侧面印证了当时国家机制已经产生,中央政权开始建立。

二里头遗址重要信息　　　　　表5-7

年代	古都遗址	规模	特征
公元前19世纪至公元前16世纪	二里头夏都遗址 地点：河南偃师	面积$4km^2$,宫城夯土层施工量巨大	各类农产品、玉器、青铜器,宫城、宫殿、中轴线、开阔大道

❶ 引自纪录片《中国通史》第五集"邦国时代"。

回望中华文明的城市起源历程，可以从数量、聚落形态、技术与社会文化发展等方面进行一个整体的把握。如表 5-8 所示，先秦时期有遗迹可考的城邑共计在千座以上。其中，"二里头至西周时期，随着中原广域王权国家的出现，城邑数量大为减少，但中心都邑的规模急剧增大，开始出现无外郭城的都邑，可视为延至东汉时代的'大都无城'风潮的第一波。在为数不多的城邑中，环壕城邑仍占有较大的比重。到了东周时代，垣壕城邑呈爆发式增长，成为城邑圈围设施的主流。这是以垣壕为主的城邑营建的第二个高峰期。设防城邑林立，与诸国争霸兼并、战乱频仍，进入分立的集权国家阶段的政治军事形势是分不开的。至此，以夯土版筑为特征的华夏城邑群，扩大至东亚大陆宜于农耕的绝大部分地区。"❶

各时段城邑数量统计　　　　　　　　　　　表 5-8

时段		年代跨度	环壕	垣壕（含单垣）	石城	无郭都邑
前仰韶时代		1500	13	—	—	—
仰韶时代	前期	1500	24	2	—	—
	后期	700	26	4	—	—
龙山时代	前期	500	11	20	31	—
	后期	600	23	43		—
二里头—西周时代	二里头时期	200	15	17	大量（53 处 / 群）	1
	二里岗时期	150	22	17		1
	殷墟时期	300	10	11	1	2
	西周时期	280	5	35	1	7
东周时代	春秋时期	295	8	635	3	6
	战国时期	255			4	2

资料来源：许宏. 先秦城邑考古 [M]. 北京：金城出版社、西苑出版社，2017：25.

---

❶ 许宏. 先秦城邑考古 [M]. 北京：金城出版社、西苑出版社，2017：24.

从本书提出的城市进化的视角来看，这一时期城市的规模及其营造与运行动员的能量不断发展，积累了数量级层面的突破，在社会文化方面，国家机制生成，社会分工深化，青铜时代到来，文字开始出现。城邑的规模方面，如表5-9所示，最大面积的城邑从早期的数万平方米的聚落级规模，发展到龙山时代后期出现石峁、陶寺、宝墩这样的数平方公里的规模，进而到二里头遗址，在规模、格局、建筑、器具等方面呈现出广域国家的王都气象，再发展到商及春秋战国时期，出现数十平方公里规模的城市，如殷墟、丰镐遗址、易县燕下都等。公元前1300年，盘庚迁都于殷，20世纪对殷墟的发掘也成为中国考古学兴起的重要事件。公元前770年，周平王迁都洛邑，历史进入东周时期。"作为王权的核心地域的国都，以及其下属各级行政治所依托的城市，因而无不体现出礼乐之治的原则。"❶在这些实践的基础上，营城方面的理论思考出现了，集中体现于《周礼·考工记》之中。"《考工记》显示出天子居中、左祖右社、前朝后市等国都结构原则，以达至奉天承运的治国目的，即中国城市的行政和宗法、教化的主要功能；同时也给予不同等级的城市一个相应的按高低序列的标准。"❶

各时段最大面积城邑分区比较 表5-9

时段\区域	北方地区		黄淮流域		长江流域	
	面积（hm²）	遗址	面积（hm²）	遗址	面积（hm²）	遗址
前仰韶时代	6	敖汉旗北城子（壕）	≤ 30	新郑唐户（壕）	3.7	澧县八十垱（壕+土围）
仰韶时代前期	≤ 9.3	赤峰魏家窝铺（壕）	≤ 40	灵宝西坡（壕）	8.7（垣内）/18（壕内）	澧县城头山（垣壕）

---

❶ 薛凤旋. 中国城市及其文明的演变[M]. 北京：北京联合出版公司，2019：326.

续表

区域 时段	北方地区 面积（hm²）	北方地区 遗址	黄淮流域 面积（hm²）	黄淮流域 遗址	长江流域 面积（hm²）	长江流域 遗址
仰韶时代后期	≤18	科左中旗哈民忙哈（壕）	70余	巩义双槐树（壕）	17（垣内）/26（壕内）	天门谭家岭
龙山时代前期	25	凉城大庙坡（石城）	近15（+垣）/20（+壕）	日照尧王城	300	杭州余杭良渚
龙山时代后期	≥400	神木石峁（石城）	280	襄汾陶寺	268（+垣）/276（+壕）	新津宝墩
二里头时期	15	敖汉旗城子山1号地点（石城）	（≥300） 168	偃师二里头 新郑望京楼	47	广汉三星堆（月亮湾小城）
二里岗时期			≥1000	郑州城		
殷墟时期	6.7	清涧李家崖（石城）	（3600） 470	安阳殷墟 安阳洹北城	350	广汉三星堆
西周时期	≥24.9	北京房山琉璃河	（1960余） 800	丰镐遗址 龙口归城	（500） 65	成都金沙 常州武进淹城
春秋时期	1200?	太原晋阳城	（近4000） 2000	晋都新田 齐都临淄	50	无锡阖闾城
战国时期	3200余	易县燕下都	（4800） 1719	秦都咸阳 邯郸赵故城	1600	荆州纪南城

注：括号内数据为无外郭城都邑的遗址面积。
资料来源：许宏.先秦城邑考古[M].北京：金城出版社、西苑出版社，2017：25.

在上述的发展基础上,中华文明城市的下一步进化前沿就将体现为秦汉大一统中央集权帝国时期的都城,这也正对应着人类社会进入城市起源后的第一轮大繁荣时期。

二

第一轮古代城市繁荣期

在城市起源期的生产力积累与文明发展基础上,第一轮城市繁荣涌现,以欧洲"古典时期"(古希腊、古罗马)的雅典、罗马等城市以及东方中国秦汉时期的咸阳、长安、洛阳等都城为代表。

在古希腊,开始以结构化的方式组织城市生活,孕育出哲学、自然科学、艺术、民主制度,构建起西方精神家园的雏形。在这一时期,城市规模站上新的数量级,开始出现十万人级的城市,城市的管理、贸易、手工业、宗教、防卫、文化等功能大大丰富,空间结构开始出现功能分区、复杂路网等特征,对外联系的基础设施形成更大网络,所谓"条条大道通罗马",中国也出现"车同轨、书同文"。水路运输对城市发展作用巨大,河流交汇处兴起许多贸易型城市。帝国秩序、等级观念、宗教影响在城市中形成更为清晰的投影,随着技术的进步、物质财富的积累、集权体系的加强,城市中出现规模庞大、高耸矗立的宫殿、教堂等建筑,成为城市空间的绝对重心。物质流方面,由于帝国体系的建立,集中财富、人才到城市的规模更大,跨区域的产品交换出现,甚至国际贸易开始兴起,如丝绸之路网络。信息流方面,由于文字书写体系、文官行政体系的完善,信息传递的规模、频率、深度大大提升。或许正是由于这一点，我们看到人类思想历史上的轴心时代拉开了帷幕。在西方，以古希腊理性、古罗马律法、基督宗教为代表的经典观念体系开始形成；在东方，中国的春秋战国及秦汉时期正是诸子百家不断争鸣的时期，奠定了中国经典观念的完整体系。

表 5-10 列出了这一时期西方一些代表性城市的有关信息。

轴心时代之后的古代代表性城市　　表 5-10

时期	城市	建设或全盛年代	规模	形态特征	文化特征
古典时期	雅典	公元前5世纪	全盛时约10万人	背山面海，形态自由不规则，卫城是公共中心，建筑类型多样。街道宽数米	建筑布局与单体设计体现几何、理性规则。自由民、城市平民地位较高，贫富混居。广场有司法、行政、商业、工业、宗教、文娱交往等功能。民主政治
	米利都	公元前475年左右重建	—	三面临海，四面城墙。棋盘路网，中心广场。居住区街坊较小	实践希波丹姆规划范式
希腊化时期	普南	公元前4世纪重建	600m×300m，4000人左右	背山面水，四层台地，希波丹姆规划范式，约80个街坊，东西街道宽7.5m，南北街道宽3~4m，住房以2层楼房为主	理性精神、几何规则。道路、建筑相互配合
	亚历山大	公元前332年创建	—	完整路网，宽阔街道（两条主街宽至33m），壮丽庙宇、王宫，各类科学文化建筑，如图书馆、博物园、动植物园、研究院等	位于埃及北部、地中海南岸，地中海区域及地中海与东方交流的中心，图书馆藏书达70万卷

续表

时期	城市	建设或全盛年代	规模	形态特征	文化特征
古罗马时期	罗马	兴盛于公元前100—公元400年期间	极盛时人口达100万	规模宏大的广场、公共建筑是标志，如罗努姆广场、恺撒广场、斗兽场、凯旋门、万神庙等。各类城市基础设施兴起，如输水道、桥梁、下水道等。一般街道宽4.8m	自然世俗化，享乐主义与禁欲主义并存，自然法体系
	庞贝	始建于公元前4世纪	东西长1200m，南北宽700m，约2万人口	以火山为中心的空间构图，公共建筑轴线分布，城墙高7~8m，主街宽6~7m，一般街道2.5~4.5m，建筑类型与罗马城类似	同上
	君士坦丁堡	公元330年迁都拜占庭，改名君士坦丁堡	建成后数十年内，人口就达50万~100万之间	城市位于博斯普鲁斯海峡西岸一片山丘之上，天然要塞；城市设计仿照罗马，规模宏大、建筑豪华壮丽、广场大道遍布	公元4世纪中期到公元13世纪初期时，是欧洲规模最大、最为繁华的城市

资料来源：根据《外国城市建设史》等书相关资料整理。

雅典是古希腊文化代表城市（邦），该城背山面海，整体布局不规则，功能中心是高于地面70~80m的高台卫城，主要布局宗教圣地与公共活动场所，广场是城市公共活动中心，地标建筑是卫城建筑群，各类建筑排列自由，但许多轴线、视线关系又有内在的几何属性，居民点位于山脚下，建筑类型比较丰富，包括议事厅、剧场、俱乐部、画廊、旅店、商店、作坊、船埠、体育场等。在社会文化方面，古希腊雅典城邦取得了辉煌的成就，公元前509

年雅典执政官克里斯提尼推行改革，建立民主政治，公元前462年伯利克里改革，雅典民主进入鼎盛阶段。科学文化、民主思想蓬勃发育，苏格拉底、柏拉图、亚里士多德等先哲涌现，构成了西方文明的思想源头。城市功能重心也从此前文化中以帝王、神灵为轴心转向综合发展，更为突出为平民服务。

在营城思想方面，这一时期诞生了西方城市规划领域影响深远的希波丹姆范式。"公元前5世纪，规划建筑师希波丹姆（Hippodamus）于希波战争后从事大规模的建设活动中采用了一种几何形状的，以棋盘式路网为城市骨架的规划结构形式……在此之前，古希腊城市建设，没有统一规划，路网不规则，多为自发形成。自希波丹姆以后，他的规划形式便成为一种主要典范。希波丹姆遵循古希腊哲理，探求几何和数的和谐，以取得秩序和美。城市典型平面为两条垂直大街从城市中心通过。中心大街的一侧布置中心广场，中心广场占有一个或一个以上的街坊。街坊面积一般较小。希波丹姆根据古希腊社会体制、宗教与城市公共生活要求，把城市分为三个主要部分：圣地、主要公共建筑区、私宅地段。私宅地段划分三种住区：工匠住区、农民住区、城邦卫士与公职人员住区。"❶因为首次在理论上阐发并实践上述设想，希波丹姆被誉为"城市规划之父"。这一范式的代表性实践是米利都城，该城三面临海，四周筑城墙，分为南北两部分。棋盘式路网构成城市骨架，两条大街垂直相交，城市中心是开敞式广场，分为四个功能区，分别是宗教、商业、公共建筑区及开敞空间。此后的一些实践希波丹姆范式的城市还包括庇拉伊斯、塞利伊城、普南城等。

相对古希腊文化而言，古罗马的文化、哲学呈现更为世俗化的特征，同时由于古罗马帝国疆域广阔，国力比城邦更加强大，因此，古罗马城在城市规模、建筑类型等方面比古希腊城市更加庞大、复杂、世俗化。神庙建筑依然重要，但与此同时公共浴室、斗兽场、宫殿、府邸、剧场等娱乐性、享受

---

❶ 沈玉麟. 外国城市建设史[M]. 北京：中国建筑工业出版社，1989（2005重印）：28-29.

型的公共建筑大量出现。古罗马时期材料、建筑技术等领域取得了重要的进展，对后续时代的城市营造产生了重要影响。"古罗马的历史大致可分为三个时期，即伊达拉里亚（Etruria）时期（公元前750—前300年）、罗马共和国时期（公元前510—前30年）和罗马帝国时期（公元前30—公元476年）。……罗马共和国的最后100年中，由于国家的统一、领土的扩张、财富的集中，城市建设得到很大的发展。建设的项目首先是为军事与运输需要的道路、桥梁、城墙等。其次是为日常享乐的剧场、浴室、输水道、府邸等以及广场、船港、交易所兼法庭的巴西利卡（Basilica）等。城市住宅投机已盛行，而神庙已退居次要地位。罗马帝国时期，国家的建设更趋繁荣。除继续建造剧场、斗兽场、浴场以外，还为皇帝们营造宣扬帝功的纪念物，如广场、凯旋门、纪功柱、陵墓等，建造了皇帝的宫殿如帕拉丁（Palatine）山上和其他地方极其豪华的宫殿。"❶

除广场、建筑外，古罗马的市政工程领域取得了突出的进展。"古希腊的许多活动似乎是'工程科学'的前身，工程科学研究人造建筑和机器背后的数学和物理原理。例如，阿基米德对杠杆的工作原理进行了分析，……然而，古希腊人并不擅长亲身实践，他们更愿意坐下来思考支点和滑轮的本质，因此，把古希腊人的活动称为应用数学比称为工程学更恰当。罗马人比希腊人做得更好，他们关注更为实际的问题，例如建造高架桥和污水处理系统。"❷在道路方面，罗马城一些街道宽达20~30m，石板铺路，两侧为人行道，一些干道两侧还有柱廊。"除道路外，古罗马在桥梁、城墙、输水道等建设中也都有突出成就。罗马城里的特勃里契桥的跨度长达24.5m，用连续的大石券，甚至是重叠二三层的大石券绵亘数十公里飞架起来的输水道，已成为具有很

---

❶ 沈玉麟. 外国城市建设史[M]. 北京：中国建筑工业出版社，1989（2005重印）：35.

❷ （英）麦卡锡. 人人都该懂的工程学[M]. 张焕香，宁博，徐一丹，译. 杭州：浙江人民出版社，2020：4-5.

大表现力的纪念性构筑物。早在公元前 5 世纪前后，古罗马修建了第一条上水道和下水道，后来又修建了大渗水池。"❶ 在这些实践基础上，维特鲁威的《建筑十书》是理论上的总结与提升，主要内容已在本书第二章表述。

在社会文化方面，在日趋复杂的城市生活中，法治需求提升，古罗马发展出了自然法体系，这对后世影响深远，公元 212 年罗马皇帝卡拉卡拉颁布敕令，授予自由人罗马公民权。在更深层次的思想、信仰层面，罗马帝国时期在其东方统治区中的底层群众中兴起了基督教。公元 64 年罗马城大火，罗马皇帝尼禄乘机迫害基督教徒。公元 132 年犹太人反抗罗马失败，被迫离开巴勒斯坦而流落各地。到了公元 313 年，罗马皇帝君士坦丁发布"米兰敕令"，基督教合法化，进而于公元 392 年成为国教，对西方文明产生根本性的影响，在很大程度上主宰了中世纪欧洲城市的营造模式。

接下来，将视角投向东方的中华文明，如表 5-11 所示，这一时期以秦汉都城为代表的城市也标志着中华文明迎来了第一轮城市繁荣期。公元前 356 年秦孝公任用商鞅开启变法，终至公元前 221 年一扫六合，"秦始皇一统天下后，大力推行中央集权的郡县制，并隳名城，建立了按严格秩序和等级规划的城市体系，配合他的全国行政体系。……由汉代至清代，中国的城市体系基本就是中央集权式的行政体系的载体；主要的城市都是地方官府和士人集中的地方，又是科举与官学等教化机构所在，以推行与农业经济直接有关的农田水利、河道整治工程，负责地区文化和社会建设，包括教育、刑名、救灾、福利和医疗等服务的提供。国都更是这个体系的核心，成为最大的城市，其规划亦更接近《考工记》的礼乐原则。汉代的长安是首个在中央集权帝国体制下，在平地新建的国都，其 $36km^2$ 的面积大大超越战国时的各大都会。由于汉长安只是个二重城，没有建郭城，城内三分之二的面积因而是属于宫城，而城内人口只有 24 万，但市的面积却占了 $2.7km^2$。汉长安有更多的人口

---

❶ 沈玉麟. 外国城市建设史[M]. 北京：中国建筑工业出版社，1989（2005 重印）：46.

居住在城郊，如茂陵等地区，郊区人口达28万。因此，真正的汉长安，人口应是52万。"❶ 此外，汉长安城东北为手工业作坊，城南有规模宏大的礼制建筑，帝王园林上林苑则囊括了曲江池、终南山的广大范围。

中国秦汉时期代表性城市　　　　　　　　表5-11

城市	建设或全盛年代	规模	形态特征	文化特征
秦咸阳	公元前350—前207年	北垣遗址约1km²	城垣、夯筑土墙，阿房宫规模庞大，集中的工商业区，北部手工业作坊区，城南为居民区，划分为闾里	书同文、车同轨、统一度量衡。中央集权、郡县制
汉长安	主要建于公元前195年后的20余年间	人口50万左右	长乐宫、未央宫、北宫为基础建设，平面为不规则矩形，城墙周长约25km。12座城门，门洞宽约8m。南北、东西直交街道。集中设市场。居住区分为160个闾里	总体沿秦制，思想上罢黜百家、独尊儒术（公元前134年）
汉洛阳	建于东汉光武帝刘秀在位期间（公元25年始）	—	黄土夯筑城墙，不规则长方形，东墙长4.2km，西墙长3.7km。宫殿占一半面积。城南有祭祀、太学等建筑。街道方格形，宽10~40m。居民区分为约140个闾里。分布多座皇家苑囿及私人园林	蔡伦改进造纸术（公元105年）

资料来源：根据《中国城市建设史》《中国城市及其文明的演变》等书中相关资料整理。

东汉建都洛阳，基本模仿西汉长安城建制，唯规模较西汉长安城明显缩小。秦汉之后至隋唐期间，较有代表性的城市有曹魏都城邺城（规划布局更为严整）、蜀汉益州（今成都）、东吴建业（今南京）、北魏平城（今大同）、

---

❶ 薛凤旋. 中国城市及其文明的演变[M]. 北京：北京联合出版公司，2019：327-328.

六朝都城建康（建业）等。由于长期处于割据分裂乃至战争状态，这些城市的规模、设施与汉代城市没有显著区别，重要的变化要等到隋唐时期。

公元前138、前115年张骞出使西域，"丝绸之路"开始架起东西方沟通的途径，从某种意义上来说，历史上的"世界城市"或"全球城市"开始逐渐具备了统一坐标。

三

第二轮古代城市繁荣期

这一时期，以中古时期的亚洲城市，特别是中华王朝都城为代表，如隋唐长安（大兴）、宋汴梁（开封）、元大都、明南京及明清北京等。西方中世纪时期也出现了一些代表性城市，但对比东方大城市而言相对逊色。

表5-12所示是英国学者格雷格·克拉克在《全球城市简史》一书中对中国古代重要城市特征的梳理，他认为"从公元前3世纪到公元15世纪，中国城市一直是全世界最富有和规模最大的。……让同期的欧洲城市相形见绌。……自14世纪起，中国早期的全球城市逐渐走向衰落。……元朝的统治最终被明朝所取代，海上长途贸易被终止，中国开始走向闭关锁国。中国的城市虽然仍旧规模庞大，但是从15世纪起，渐渐退出了全球贸易的舞台。这种封闭状态一直到19世纪欧洲殖民者的到来才被打破"❶。

---

❶（英）克拉克. 全球城市简史[M]. 于洋, 陈静, 焦永利, 译. 北京：中国人民大学出版社, 2018: 35-37.

中国古代全球城市及重要创新　　　　　　表 5-12

城市	朝代	主要特征
长安	汉朝（公元前 202—前 8 年）	货币经济发展，国有产业，数学和天文学的创新
洛阳	汉朝、唐朝和周朝（公元 1—2 世纪）	破除国家垄断，造纸术和地震仪的发明
开封	宋朝（公元 960—1127 年）	合股公司投资，造船业，商业行会
北京	明朝、清朝（1421—1644 年）	私有化，雇佣劳动力，风险投资，银器和武器的贸易
广州	宋朝、明朝、清朝（11—14 世纪，18—19 世纪）	海上门户城市，受限的贸易许可

资料来源：（英）克拉克. 全球城市简史[M]. 于洋，陈静，焦永利，译. 北京：中国人民大学出版社，2018：36.

在这一时期，农耕文明形态下的物质、能量收集达到顶峰，城市规模不断扩大，开始出现数十万乃至百万级人口的大城市（表 5-13）。

中国隋唐时期代表性城市　　　　　　表 5-13

城市	建设或全盛年代	规模	形态特征	文化特征
隋大兴	公元 582 年动工	—	地处汉长安城东南龙首原高地，动用民工数万人，历时 9 月	公元 606 年建进士科，树立科举制度
唐长安	全盛于中唐时期	人口百万	在隋大兴城基础上修建。平地建城，东西长 9.7km，南北长 8.7km，周长约 36km，面积近 90km^2（含大明宫）。城北有 160km^2 左右的禁苑。宫城偏北，坐北朝南。城南为 109 个坊里，总人口百万以上。棋盘路网，南北向中轴线朱雀街长 5.3km，宽 147m，街道有绿化。坊内道路约 15m 宽。东西两市各占两坊	强盛豪放、文化发达、开放包容。建城符合《周礼·考工记》原则，同时也借鉴曹魏邺城、北魏洛阳营城经验。宫殿、街道、坊里规模巨大。里坊制居民管理

续表

城市	建设或全盛年代	规模	形态特征	文化特征
隋唐东都洛阳	隋炀帝时期大规模建设	—	总体上参照长安城规划，中轴线定鼎门大街北起邙山、南对龙门，宽120m左右。干道宽40~60m。面积约53km²，东西长7km，南北7.3km。共107坊	同上

资料来源：根据《中国城市建设史》一书相关内容整理。

这一时期，尽管天文、历法、农业技术等都在不断进步，但是城市的管理、贸易、手工业、宗教、防卫、文化等基本功能，城市与外部的物质流、信息流并无太多本质变化。最为关键的是，伴随着一整套专制制度的强化，中华文明的观念体系趋于固化，由开放转为封闭，与世界的信息交换、思想交流陷于停滞，转而对物质层面的发展造成了影响深远的反作用。

第二轮城市繁荣期是中华文明城市的辉煌时期，但却逐步走向封闭与落后。与之相反，西方文明进入黑暗的中世纪时期，但却在黑暗中孕育着巨大的变革。

公元395年罗马分裂为东西两个帝国，公元476年西罗马帝国灭亡，公元590年格里哥利一世即教皇位，教皇权威由此确立，此后一直到14、15世纪的中世纪时期。公元5—9世纪通常认为是中世纪初期，这一时期处于罗马帝国崩溃之后，所谓的"北方蛮族"摒弃城市，城市普遍处于萧条状态，封建形态的自然经济使得主要活动局限于封建主所影响的乡村中心聚落规模，据相关研究考证，由于封建割据，10世纪之前西欧约有城镇3000个，但其中2800个左右人口在1000人以下。

发展到9—12世纪时期，西欧一些城市开始在手工业、商业集聚的动力下发展起来，最初在意大利出现，此后出现在法国、尼德兰、莱茵河流域等地。"在11—12世纪，城市发展出现质的飞跃，中世纪西欧城市中的商人和手工业各自成立行会（Guild），采取了各种形式的斗争，如从武装起义直到向封建主贩买某些优惠权，从而摆脱了这种依附关系，获得了自治……城市市民享有个人自由，设立城市法庭，建立选举产生的政权机构。在自治城市中，城市议会是其中的主要机构，它掌管行政事务、税收，对商业、手工业实行监督，领导城市武装力量，使某些城市转变成某种意义上的集体领导，有些城市实际成为独立的城市共和国。12—13世纪由于手工业和商业的繁荣，货币开始流行，城市变为商业活动中心，人口逐渐集中到城市中来。正是在这些城市里，城市建设得到很大的发展。许多新的建筑类型如市政厅、关税局、基尔特厅（手工业行公会所）、教会附设的学校、医院等开始出现。"❶在城市格局与形态方面，在强大的宗教精神与教会统治的影响下，通常中心布局高大的教堂，到后期教堂中心广场功能逐步世俗化，路网以放射加环状为主，除教堂外的各类建筑与景观环境通常尺度宜人、自然活泼，地方特色浓郁。

在西罗马帝国灭亡后，东罗马出现拜占庭帝国，城市发展相对稳定，其首都君士坦丁堡更是成为沟通几大文明地域的贸易和文化枢纽，在承续古希腊、古罗马及基督教文化，广泛融会中亚、北非及东方地区文化的基础上，拜占庭文化在中世纪变得举足轻重，并且经由各类科学文化作品启发了西欧日后的文艺复兴运动。此外，其他地区的中世纪对应时期的代表性城市如表5-14所示。

中世纪时期国外代表性城市　　　　　　表5-14

地域、国家		城市
西欧	意大利	威尼斯（圣马可广场和钟塔）、热那亚、佛罗伦萨（14世纪人口9万、5km²）、锡耶纳、米兰、罗马

---

❶ 沈玉麟. 外国城市建设史[M]. 北京：中国建筑工业出版社，1989（2005重印）：47-48.

续表

地域、国家		城市
西欧	法兰西	巴黎（公元888年建都）、卡卡松、圣密启尔山城
	德意志	科伦、纽伦堡、卢卑克、不来梅、汉堡、诺林根
	其他	伦敦、伯尔尼、布鲁日、阿姆斯特丹
东罗马		君士坦丁堡（大型穹顶建筑）
俄罗斯		诺夫哥罗德、基辅、莫斯科、下诺夫哥罗德
阿拉伯国家与其他伊斯兰教国家		大马士革、耶路撒冷、安曼、海法、巴格达（公元766年建成，面积6km^2，圆形）、撒马拉（中轴线1.4km）、伊斯法罕、撒马尔罕、哥多瓦（据传强盛时50万人口）、格兰纳达
印度		曲女城、德里、毗奢耶那伽、阿格拉
日本		平城京（奈良）、平安京（京都，南北5.3km、东西4.5km，朱雀大街宽85m），深受唐文化影响

资料来源：根据《外国城市建设史》一书相关内容整理。

中世纪欧洲与伊斯兰的建筑与机械实践也为后来的工程学发展积累了重要经验，"巨大的拱顶大教堂使用飞拱等装置，巧妙地将支撑结构融入装饰中，这些建筑可以与雄心勃勃的结构工程项目相提并论。虽然人们将建造这些建筑的工匠描述为建筑大师，认为他们可能类似于现代建筑师，但他们的工作的确包含了工程任务。与此同时，伊斯兰黄金时代带来了机械发明的巨大飞跃。这一时期的核心人物是阿尔·贾扎里（Al-Jazari），他是一位发明家，也是一位工匠，他在《精巧机械装置的知识》中展示了自己毕生的作品。其中的一些机械设备虽历经数个世纪，但对机械工程仍至关重要，如抽水泵，以及如自动洗手机等复杂的稀奇装置。在这些时期里，一定有一些活动是现代工程师作业的前兆。" ❶

---

❶（英）麦卡锡. 人人都该懂的工程学[M]. 张焕香，宁博，徐一丹，译. 杭州：浙江人民出版社，2020: 5.

中世纪发展到末期是承前启后的文艺复兴时期。伴随着工商业城市的发育，自治体系的发展，加之拜占庭文化的影响，以人文精神为鲜明追求的文艺复兴运动兴起了，这一运动在精神上解放了当时人们的思想，冲破中世纪教会经院哲学与神学的樊笼，激发了文学、绘画、雕塑、建筑等艺术发展以及对自然科学的探索热情，导致地理、印刷术、天文、工程等科技活动迅速发展，这些进展为城市面貌的革新奠定了基础，也意味着人类即将进入新的发展阶段。

文艺复兴时期影响较大的城市建设实践有佛罗伦萨改建、佛拉拉改建、威尼斯改建、罗马改建以及帕尔马洛城、法国西南部圣马丹德雷城、荷兰北部纳尔登城等的建设活动。影响较大的广场与建筑有佛罗伦萨的安农齐阿广场，罗马的市政广场、纳伏那广场、圣彼得大教堂，威尼斯的圣马可广场等。在营城理论方面，以维特鲁威的《建筑十书》的重新发现为契机，更加注重利用地理、科学、工程、数学等方面知识，传承体现理性和人文精神。除了第二章梳理中提到的阿尔伯蒂、费拉锐特等人以外，这一时期具有"全能型"特征的艺术家如乔托、米开朗琪罗、拉斐尔、达·芬奇等都对建筑与城市建设作出过重要贡献。

对于西方城市发展而言，文艺复兴开启了一个变革时代，"在过去，人类的生活世世代代似乎少有改变。人们日出而作，日落而息，参与的许多社会活动终其一生可能没什么变化。……城市也反映了这种相对稳定性。对于当时的人来说，假设未来城市的物理形态和与之匹配的功能在数百年后鲜有变化，完全合乎逻辑。直到欧洲文艺复兴运动以来的500年里（或许其实是工业革命开始以来的200年里），我们才开始重新审视长期以来认为未来一成不变的观念。"❶ 在此基础上，近现代城市即将涌现。

---

❶（英）巴蒂. 创造未来城市 [M]. 徐蜀辰，陈珝怡，译. 北京：中信出版社，2020：III.

四

近现代城市繁荣时期

在文艺复兴运动、宗教改革运动、启蒙运动等观念革命的发展下，对城市产生革命性影响的商业革命、资产阶级革命发生了，科学精神也持续发育，这些为后来的工业革命、工业城市体系的崛起奠定了基础。

16世纪下半叶在意大利兴起了巴洛克建筑与城市景观风格，追求繁复的装饰，典型建筑和城市空间如罗马耶稣会教堂、圣卡罗教堂、波罗广场等。到了绝对君权时期，法国作为欧陆代表国家，在17世纪后兴起了古典主义风格，典型建筑和城市空间如凡尔赛宫以及巴黎从星形广场到卢佛尔宫前协和广场的轴线空间。在这一时期，启蒙运动兴起了，自由、平等、博爱等精神以及自然科学、工程技术的进展也给城市发展带来了新的可能性。

17世纪的巴黎、阿姆斯特丹、伦敦以及18世纪工业革命之后的欧美代表性城市实践是近代最重要的两轮城市变革，奠定了今天大多数现代城市发展的基因。17世纪的巴黎、阿姆斯特丹、伦敦在近代城市发展历程中影响巨大，它们分别在硬件、软件层面奠定了近现代城市的许多建设和发展模式（表5-15）。

17 世纪巴黎、伦敦、阿姆斯特丹对现代城市的贡献　表 5-15

城市	创新领域	创新内容
巴黎	基础设施	新桥：综合功能、改变城市景观界面 开敞之城：林荫大道、公园和街道
	市政体系	第一个公共邮政系统，第一个公共交通系统，第一个街道照明系统
	城市功能	时尚购物商店、服务市民休闲活动公共空间（孚日广场）
	建筑技术	圣路易岛开发：从木材建筑向石头和砂浆建筑的转型
伦敦	总体地位	大火后整体改建，资产阶级革命后的商业城市
	建设风格	古典主义风格。英式园林，自然主义、浪漫风格
阿姆斯特丹	经济发展	商业贸易发达，城市中交易市场、仓库、工场大量兴起
	管理创新	市民自治：从贵族手中购买城市自治权，自行组织立法。 1581 年，七个省份联合起来，成立荷兰联省共和国。世界上第一个赋予商人阶层充分政治权利的国家
	商业创新	股份公司：1602 年，荷兰联合东印度公司成立，是第一个联合的股份公司，用发行股票筹集资金。 股票交易所：1609 年，设立第一个股票交易所，创造了新的资本流转体制，成为当时整个欧洲最活跃的资本市场。 银行：阿姆斯特丹银行成立于 1609 年，比英格兰银行早一百年，是城市银行、财政银行和兑换银行，吸收存款，发放贷款，发明了"信用"
	空间功能	市政厅，商人、中产阶级住宅成为城市空间的重要部分

资料来源：根据《巴黎：现代城市的发明》《外国城市建设史》《大国崛起》等著作与资料的相关内容整理。

按照历史学家若昂·德让在《巴黎：现代城市的发明》一书中的观点，17 世纪的巴黎建设过程中"发明"了许多现代城市运行中的"零部件"。该书通过历史资料论证表明："17 世纪，一种新的都市空间和生活模式诞生，居住建筑和史无前例的城市设施取代了过去宏伟的宫殿和教堂，城市体验得到了重塑。……在 1597 年到 1700 年之间，这座历经灾难的城市得以重建，面目一新。统治者首次请来了从建筑师到工程师的各行业专家，研究城市的布局。他们采纳了专家们关于城市发展规划的建议。这种协同努力产生了革命性的公共工程，加上接纳这些公共工程融入的环境，带给巴黎科技领先的美名，令其城市规划和现代建筑在欧洲引领潮流。"❶

如表 5-15 所示，17 世纪堪称现代城市的经济、建设、运行模式的重要形成时期。特别是巴黎，"在 17 世纪下半叶，法国超过了曾在城市设施和技术上处于欧洲领先地位的荷兰。在 1653 年和 1667 年间，……拥有了世界上最早的现代街道、最早的现代桥梁以及最早的城市广场，巴黎具备了步行城市的雏形。巴黎越来越成为高品质生活的代名词。随着艺术家和文化机构集聚巴黎，巴黎成了文化的帝国。"❷在此基础上，法国最先从军队中分化出近现代工程学体系，"工程学诞生于 17 世纪后期的法国军队，成为一种特殊的专业，有专门的培训和教育模式。'精灵军团'成立于 1676 年，30 年后，路桥军团（Corps des Ponts et Chaussées）随之成立，着重建造军队和平民都需要的基础设施。1747 年，一所专门培养土木工程专业学生的学校成立，即法国国立路桥学校（École Royale des Ponts et Chaussées），这所学校现在仍在招收学生（现在名为 École des Ponts ParisTech，简称 ENPC）。……法国的工程教育远远领先于世界其他国家。法国是当时唯一一个避开日常的工程工作，条理化地教授工程学的国家。"❸1768 年，英国的约翰·斯密顿（John Smeaton）在一份报告中称自己为"土木工程师"，这被认为是现代专业化工程师出现的重要标志。

除了上述这些当时的"新型基础设施"之外，近现代工商业及城市治理

---

❶（美）德让. 巴黎：现代城市的发明 [M]. 南京：译林出版社，2017: 1-5.

❷ 同 ❶: 16-22.

❸（英）麦卡锡. 人人都该懂的工程学 [M]. 张焕香，宁博，徐一丹，译. 杭州：浙江人民出版社，2020: 9.

模式等"软件"也对城市发展影响深远。纪录片《大国崛起》的荷兰篇用这样一段话描述了 17 世纪诞生于阿姆斯特丹的种种创新："历史学家们比较一致的意见是，荷兰的市民是现代商品经济制度的创造者，他们将银行、证券交易所、信用，以及有限责任公司有机地统一成一个相互贯通的金融和商业体系，由此带来了爆炸式的财富增长。到 17 世纪中叶，荷兰联省共和国的全球商业霸权已经牢固地建立起来。……马克思这样评价道：1648 年的荷兰已达到了商业繁荣的顶点。正是在 1648 年，阿姆斯特丹的市民们决定建造一座新的市政厅。出于对质量的考虑，市民们没有预先规定工程完工的期限。实际上，他们一共花费了八年的时间和超过 70 吨的黄金，来营造这座宏伟的建筑。只有正在创造历史的人们，才会有这种追求不朽的野心。作为一个称霸全球的商业共和国，17 世纪的荷兰从贸易中获得的巨额财富没有体现在王公贵族的豪奢宫殿中，它们被中产阶级商人们用来建造和装饰自己的住宅。"

从 17 世纪的巴黎、阿姆斯特丹城市实践可以得出几个鲜明启示：第一，基础设施在很大程度上定义城市；第二，城市的基础设施、市政体系一直在新旧融合中发展，但在技术或社会制度的关键变革时期会有跃升机遇；第三，新的技术、材料是工程上的关键，将会带来营城革新的契机；第四，经济、商业制度创新能够极大地激发城市发展的动力，这种动力超越国王、皇帝；第五，最核心的启示是让我们认识到城市可以被"重新发明"。

与此同时，"从 17 世纪开始，欧洲进入科技高速发展的时期，无论是天文学、物理学还是化学、数学等，天才般的人物灿若群星。……这场科学革命肇始于意大利，终结于英国。1642 年，伽利略去世，牛顿诞生。……波义耳、伽利略、胡克、哈雷、开普勒、牛顿、莱布尼茨、笛卡儿等天才人物的不懈努力，永远地改变了人看待自己和自身地位的方式。"[1]1687 年，牛顿的《自然哲学的数学原理》出版，从此以后，人类对自身理性的自信空前提升。

---

[1] 杜君立. 现代的历程：一部关于机器与人的进化史笔记 [M]. 上海：上海三联书店，2016：45.

在上述这一系列科学发现、工程能力支撑以及商业精神的激励之下，肇始于 18 世纪 60 年代的工业革命发生了，人类社会进入"机器时代"，芒福德更是提出机器"成为一种宗教"❶。

继而，工业革命引发了城市物种的大爆发，可视之为城市生命体进化中的"寒武纪"❷。工业城市兴起，以英国、法国、美国等西方国家的典型城市为代表，工业生产型城市出现，并随之孕育出了成熟、广泛的产业配套体系。全球市场进一步联系起来，出现了港口城市、资源型城市等功能分化。"大工业的生产方式使城市的性质改变，原来的农业文明型城市是以消费为主的，但资本主义生产方式改变了城市结构，使原来的消费城市变成生产型城市，并且使城市功能从单一走向多元。同时，大工业的生产方式还刺激了商品经济的发展，为了适应商品流通，各种工商业金融机构在城市中心集中，这种状况在今天世界上很多国家仍然普遍存在，这是工商业资本统治城市的象征。工业文明不仅创造并且逐步完善了资本主义生产方式和社会组织方式，而且直接影响了城市的形态与功能。"❸

随着产业与城市建设中的工程实践、工程教育、工程师群体的发展，

---

❶ （美）芒福德. 技术与文明 [M]. 陈允明，王克仁，等，译. 北京：中国建筑工业出版社，2009：53.

❷ 寒武纪是古生代的第一个纪，大约开始于距今 6 亿年前，至距今 5 亿年前结束，共经历了 1 亿年漫长的时间。寒武纪最显著的特点，就是具有硬壳的不同门类的无脊椎动物如雨后春笋般地出现，这些动物包括节肢动物、软体动物、腕足动物、古杯动物以及笔石、牙形刺等。它们的飞速涌现，形成了生物大爆炸的壮观局面，带来了生物从无壳到有壳这一进化历程中的重大飞跃。一系列与现代动物形态基本相同的动物在地球上来了个"集体亮相"，形成了多种门类动物同时存在的繁荣景象。达尔文在其《物种起源》的著作中提到了这一事实，并大感迷惑。他认为这一事实会被用作反对其进化论的有力证据。但他同时解释道，寒武纪的动物的祖先一定是来自前寒武纪动物，是经过很长时间的进化过程产生的；寒武纪动物化石出现的"突然性"和前寒武纪动物化石的缺乏，是由于地质记录的不完全或是由于老地层淹没在海洋中的缘故。这就是至今仍被国际学术界列为"十大科学难题"之一的"寒武纪生命大爆发"。上述资料来自中科院地球环境所网站（http://www.ieexa.cas.cn/kxcb/dxkp/201605/t20160510_4599255.html）及百度百科。

❸ 张晓霞，杨开忠. 理想城市的建构与城市的人文关怀 [J]. 山东师范大学学报（人文社会科学版），2006（3）：96–101.

在英国出现了专业的工程团体组织。1818 年 1 月 2 日,工程师亨利·帕尔默（Henry Palmer）在伦敦舰队街的一家咖啡馆组织成立了英国土木工程师协会（Institution of Civil Engineers，简称 ICE），这被认为是世界上第一个工程师协会。随后，1846 年英国机械工程师协会从土木工程师协会分立出来。1852 年，美国土木工程师协会成立。此后，更加专业化的工程学分支不断分化出来。工业革命之后，一些著名工程师主持了许多重要的代表性建筑、市政、交通项目，例如，约瑟夫·帕克斯顿（Joseph Paxton）于 1851 年主持设计的万国工业博览会建筑水晶宫，占地 7.4 万 m^2，使用铁柱 3300 根，铁梁 2300 条，玻璃面积 8.4 万 m^2，钢铁和玻璃组合的"幕墙式"结构完全革新了对建筑的认识，使其本身成为这场人类历史上重要展览会的最成功展品。再如，英国工程师伊桑巴德·金德姆·布鲁内尔（Isambard Kingdom Brunel）主持的从伦敦到布里斯托尔的大西部铁路（Great Western Railway）、帕丁顿车站（Paddington Station）、皇家艾伯特桥（Royal Albert Bridge）、克利夫顿悬索桥（Clifton Suspension Bridge）等。

工业革命带来的一整套新的发展体系支撑起了大规模就业，在不到百年的时间内，西方主要国家如英国、法国、德国、美国等城市人口超过乡村人口，带动全世界的城市化进程突飞猛进，城市规模也大大扩张，开始出现数百万乃至上千万人口的城市、城市连绵带。城市对大自然的能量收集与利用出现了惊人的扩张，物质的流动、能量的流动、信息的流动都发生了本质的变化。同时，这一轮变革也带来了一系列严重的城市病，如工人居住状况恶化、传染病横行、社会公平、人的异化等问题。进而，欧文、傅里叶等设想未来理想世界与理想城市模型的思想家也大量涌现，在城市领域，伴随着霍华德田园城市理论的提出并开展实践，现代城市规划走上了历史舞台，开始出现城乡统筹、功能分区、容积率管制、光照要求、健康住房等管理手段与工具。随着电力革命发生，城市化进一步加速，城市功能分工进一步深化，交通半径持续扩大，城市群开始涌现。电力的普及、交通通信技术的发展允许分工的范围更大、程度更深,因而资源调配型的、总部型的、甚至金融型的城市发展加速。

在此进程中,一批理想城市的设想出现了,比如本书第二章中提到的柯布西耶的明日城市、赖特提出的广亩城市、玛塔提出的带形城市、戈涅的工业城市等。在此时期,主流的观念是现代主义,是理性、效率、科学乐观主义,城市领域对应的就是1933年的《雅典宪章》,集中反映了"现代建筑学派"的观点。《雅典宪章》提出了城市的四大功能:居住、工作、游憩、交通。应该说,这与工业时代的机械主义世界观与方法论是相适应的。但是,在这样的时代精神下却也出现了两次世界大战的人类浩劫,带来了"观念的迷茫",此后,后现代思潮泛起,叠加上信息化时代到来、全球分工与联系深化、"人类世"带来生态与气候变化问题突出,人类进入了"都市社会"(列斐伏尔)、"星球城市"(尼尔·布伦纳)的发展阶段。

五

二战后城市扩张与信息化繁荣期

二战以后,现代城市日新月异,信息逐渐成为科技创新、社会生活、城市营造的重要领域。在此阶段,全球城市体系愈加完备,若干全球城市成为影响人类发展的重要空间节点。到2011年,全球超过50%的人居住在城市当中,人类整体进入了城市时代。同时,也出现城市无序蔓延、能源危机、交通拥堵等一系列的新问题,这些问题表明城市规模的极大扩张使得"人类世"的影响突出,"我们依赖工程和技术来解决生活中的不便,但在这样做的过程中，我们似乎已经改变了世界，使其不再能继续为我们提供舒适的生存环境"❶，人类的城市化生存状态开始从整体上冲击地球环境容量，引发生存危机的反思。

这一时期又出现了一批理想城市的模型与理论，如 20 世纪 70 年代出现对《雅典宪章》进行反思的《马丘比丘宪章》，强调城市文化、有机结构以及公共参与的重要性，对机械论的世界观和方法论进行反思和调整。针对一些重要的城市问题，这一时期又涌现出精明增长、新城市主义、生态城市、可持续发展、公众参与、倡导式规划、网络城市等理论。

这一时期重要的城市实践包括了二战后美国的郊区化。二战后美国迎来了城市发展的快速与创新时代，以郊区化社区、高速公路等为代表的发展模式逐步形成。"在 1949 年《住房法案》（Housing Act）和 1956 年《联邦资助高速公路法案》（Federal Aid Highway Act）等一系列联邦公共政策的推动下，美国城市进入大规模城市更新和快速郊区化的时代，并产生了一系列经济、社会和环境问题。"❷ 这些问题主要的表现是"白人中产阶级大量从城市中心搬到类似于莱维顿（Levittown）这样的郊区，而将难以承担通勤成本的贫困少数族裔留在城市中心，造成了内城的普遍衰落和种族隔离。郊区的购物中心和企业园区的兴建使情况更加恶化。另一方面，城市扩张将大量的农田、森林和湿地转变成建设用地，造成土地浪费和自然环境的破坏，低密度的开发模式难以支撑公共交通，进一步推动了美国家庭对于私家车的依赖。面对前所未见的城市危机，当时的西方学者开始重新思考城市问题的本质和解决出路"❸。

---

❶（英）麦卡锡. 人人都该懂的工程学[M]. 张焕香，宁博，徐一丹，译. 杭州：浙江人民出版社，2020：176.

❷ 张庭伟. 1950—2050 年美国城市变化的因素分析及借鉴（上）[J]. 城市规划，2010，34（8）：39-47.

❸ 于洋. 亦敌亦友——雅各布斯与芒福德之间的私人交往与思想交锋[J]. 国际城市规划，2016（6）：52-61.

对于二战后美国的郊区化，名著《光荣与梦想》中有一段极其生动的描述，有助于我们理解当时的发展氛围："(战后)严重的住房短缺问题必须得到解决。1949年年初，有人想到了在流水线上生产预制件的方法……从塑造战后社会的角度来看，威廉·J.莱维特在长岛的拿骚县购买1500英亩土豆地的举动，与杜蒙牌7英寸电视机面世和霍华德·艾肯在哈佛大学制造出美国第一台计算机一样，具有深远的意义。今天所说的郊区就起源于这块土地，那些瞧不起这第一座莱维顿的人是不会明白该镇的第一批居民对此有多么感恩戴德……第一批虽然只有基本配置的4室房，售价为6990美元，加上手续费以及景观美化和厨房电器的花费也不到10000美元。莱维特建房就像凯泽造船一样，都是流水线作业，第一批1.75万套住房全部一模一样。一声令下，一排排推土机向前推进，红旗一挥，它们又统一转弯。接着，铺路工人上场。然后是电工竖起电线杆，其他工人挂起路标。接着，划分每个房屋区域。一队队卡车在夯实的路面上呼啸而过，早上8点卸下预制壁板，9点半卸下马桶，10点卸下水槽和浴缸，10点45分卸下石膏板，11点卸下地板。如此循环往复。在这里，所有事情都整齐划一。星期一是洗衣日，每到那天，1.75万个后院里都'万国旗'飘扬，无论发生什么事，星期日是绝不会看到任何晾晒的衣物的。这里不许竖立尖桩篱栅，草坪要定期修剪。所有的规定都白纸黑字地写在契约中。"❶

在城市蔓延现象之外，技术革命也对日常生活产生越来越大的影响，高速公路、飞机、铁路、集装箱船让世界变得越来越小，电话以及之后的互联网更是让信息交流无远弗届。"人们好奇地谈论着晶体管，……（新发明）数目之多真是令人眼花缭乱，比较突出的有：中央吸尘器、乙烯基塑料地板、按键式电话、立体声调频收音机、洗衣烘干一体机、汽车自动变速装

---

❶（美）曼彻斯特. 光荣与梦想：1932—1972年美国叙事史（第二卷）[M]. 四川外国语大学翻译学院翻译组, 译. 北京：中信出版社, 2015：244-245.

置、开车入场商店、带空调的公共汽车、电热毯、电动地板打光器、电动卷笔刀、电动开罐器和电动地板打蜡机。这些发明一个接一个地出现，逐渐成为美国中产阶级家庭的日用品。渐渐地，这些更实用的新产品一点一点地改变了日常生活"❶，在这些发明及大规模商业化普及的基础上，按照曼彻斯特所言，"美国的生活水平提高到了让世界其他国家无法理解的高度"。当时，新郊区被视作时代精神的体现，代表着美国未来社会的发展趋势。然而，新繁荣、消费主义、新教伦理弱化等社会文化变化却埋下了日后迷茫动荡的种子，"如果对20世纪50年代新繁荣带来的生活方式没有体会，那么，15年后对社会反抗的理解就无从谈起"❷。

在历史和理论层面，笔者曾邀张庭伟先生做过一个题为《1950—2000年美国城市变化的因素分析及对中国城市发展的借鉴》的讲座❸，讲座引述了一个长历史视角研究，请美国最著名的150名城市问题专家总结自1950年以来影响美国城市的十大因素，并提出从2000年到2050年对美国城市可能产生影响的十大因素。

根据该研究，1950—2000年影响美国城市发展的十大因素分别是：①1956年开始实施的《州际高速公路法》(*The 1956 Interstate Highway Act*)是影响1950—2000年美国城市发展的最重要的因素；②联邦政府支持私人购房贷款的政策，鼓励在郊区买新房，造成了郊区的过度扩展和城市蔓延（urban sprawl）；③中心城市进入"去工业化时代"（De-industrialization），中心城几十年形成的就业—居住平衡的邻里结构被破坏；④城市更新、中心区改造以及1949年的公共住宅建设项目（"1949住宅法案"），推动了种族

---

❶（美）曼彻斯特. 光荣与梦想：1932—1972年美国叙事史（第二卷）[M]. 四川外国语大学翻译学院翻译组，译. 北京：中信出版社，2015：309-310.

❷ 同❶：315.

❸ 张庭伟. 讲座：1950—2000年美国城市变化的因素分析及对中国城市发展的借鉴[Z]. 2019-05-09.

和阶级的隔离；⑤在郊区建造以工业化方式大量生产的住宅（所谓"莱维顿"（Levittown）模式）；⑥城市中的种族隔离，社会阶层分化；⑦大型独立式购物中心的扩展；⑧郊区扩张和城市蔓延，造成高碳排放问题，精明增长、增长控制等理念是规划对策；⑨空调设施的普及，引致"美国的茧化"，进而破坏社会资本；⑩1960年代的城市骚乱，加速了中上层白人向郊区迁移，中心城衰退。

基于上述判断，张庭伟先生作出了以下几点总结：第一，美国城市发展历程的经验教训都十分深刻。最重要的教训是未认识到城市政策的重要性。当今美国城市发展中的几乎所有问题，包括经济、社会、环境、能源、城市交通等，都和当时城市政策的失误有直接关系。第二，讨论城市政策时，不应该也无法局限于具体的城市问题。城市政策具有全局作用，带有历史影响。城市政策的成败并不完全在于城市政策本身，而取决于更加高层、宏观的国家发展政策。第三，所有经济、社会发展的一切政策最后都要落地，在空间上反映出问题来。所以，国家发展政策必须考虑空间影响、城市影响，而城市政策对于一个国家的经济和社会的长期发展也会产生重大、经久的反作用。这些影响往往是复杂的，有正反面作用，难以预测。第四，技术进步和城市发展模式有密切关系，但在开发出技术后，如何合理使用技术成果，不仅仅是一个科学应用问题，而且具有社会、环境等各方面的后果。例如，"美国的茧化"就引起了社会问题和环境问题。目前，关于智慧城市、人工智能的讨论同样应该考虑多方面的长期后果。

笔者认为，上述这些论断是极具历史穿透力和责任感的，体现了深厚的理论功力和长远的观察视角。无独有偶，长期在西方工作生活的城市研究大家梁鹤年先生也在许多方面与张庭伟先生的观点类似。

这一阶段，信息化开始对城市的发展产生极为深刻的影响，以至于信息化是否会"消解"城市也成了重要的论证主题。彼得·霍尔在《文明中的城市》一书"ICT（信息通信技术）和城市的未来"一节中提出："地球上将没有任何地方能够躲避全球化和信息技术的共同影响；各种商业都可以迁移，即使是去另一个国家或另一个大陆那么远的距离。但回到关键性的问题：这一切是否会像盖茨等人所想的那样，导致长久以来人们预期的城市消亡？正如威廉·米切尔《比特之城》（*City of Bits*）中所说的'网络否定了几何学……不像纳沃那广场和卡布里广场，网络是根本和深刻的非空间……网络是环境——不存在于任何特定的地点，但同时又无处不在'。因此，比特之城将不会根植于地球表面的任何特定的点，不受可及性和地价的限制，而是被链接和带宽所塑造，它大部分非同期性运行，被非实体、零碎、以别名和代理名存在的群众团体所占据。所以，米切尔认为，新技术解除了这些旧结块的粘结，使整个整体分离后再在新的地点、以新的方式聚集；社区可能存在于网络空间。关键问题是，这是否意味着传统城市的终结。几乎可以确定，不是这样的：如同从前，技术革新不会带来城市整体的消亡，而是地图的综合重塑。正如过去三十年间所观察到的，那些能够被分散的活动会继续传播到办公室；一些半正式的活动会在家里或本地工作站完成。而其他的活动，虽然不总保持在他们现在的位置，但会依然集中于面对面的活动中心：我们在伦敦、纽约、旧金山和东京观察到，大都市区的成长和分散会产生一个更加多中心的模式。且这些活动中，需要面对面接触的创新性活动依旧会增长。"❶

今天，我们似乎又迎来了一轮技术大爆炸的时间节点，城市的进化也可能迈入新的发展阶段。是福是祸，何去何从，端赖未来一段时期的关键抉择。

---

❶（英）霍尔. 文明中的城市 [M]. 王志章，译. 北京：商务印书馆，2016：1372-1373.

六

智能城市时期

通过历史回溯可以发现,科技产业革新、观念制度变革都会给城市带来突变机遇,但同时也会带来对原有体系的冲击,导致一些当时条件下的"城市病",针对这些病症,一些有识之士看到变化、预判未来、谋划应对,提出一些新的理想城市模型,这是城市进化的一条重要主线,也是与自然界进化的差异之处。

当前,城市进化的"突变律"正在率先发挥作用,以人工智能、物联网、量子计算等为代表的新一轮科技产业革命呼啸而来,叠加上以人为本、生态文明、智能社会等一系列新观念、新理念,正在转化为新经济、新基建、新治理的未来图景,对城市的能量、信息、物质流动基本模式及空间形态产生深刻影响,一幅城市进化的新图景正在徐徐展开。综合来看,未来城市应当是"人、生态、文化、科技"的多位一体、系统提升、整体演进。

"人"是未来城市的出发点和归宿,"以人为本"的人居环境是未来城市的根本追求。人类经历了工业时代的生存"异化",能否回归或跃升到"自由全面发展"的境界,这一点至关重要;同时,"生态"与"文化"也将成为发扬中国传统思想精髓与未来永续发展的两个支点,成为中华民族丰富的"文化、生态基因库"赋予未来城市的强大动力;"科技"是创新的源泉,也是保持旺盛生命力和文明变革的唯一途径，科技在以"聚居"为本质特征的城市中应用，才可体现其文明的价值。

在这方面，中国已经站在迈向未来城市的世界级起跑线上，我们的深度城镇化和新一轮科技产业革命相结合将带来巨大的想象空间，为新的科技、新的治理体系提供集成、完整的应用场景，激发城市的"物种进化"。需要关注的内容可以总结为四个关键词：

①前瞻：关注影响城市营造的各类创新与发明，如新技术（传感、通信、人工智能等）、新材料、新制度等；②发明：秉持进入无人区的探索精神，积极"发明"各类新型基础设施和新型治理模式；③场景：坚持以人为核心，构建系统性的应用场景，服务美好生活；④整合：综合古今中外的营城思想与实践，吸取经验教训，整合市场、政府、社会各方面力量，运用城市人理论的思想与方法，开展城市"研发"。

七

城市进化的几项基本规律

从以上城市进化的阶段回顾中可以总结出一些关于城市进化的规律性认识，主要包括：

第一，转录。城市的功能本质是"神圣、安全、繁荣"（科特金语）。思想观念、能量信息的基本模式是城市进化的"内在基因"，物理形态是"形体"与"容器"。城市由文化基因在特定历史条件下的建构物质（类似蛋白质）与技术进行转录、组合，进而呈现为物质状态。正如柏拉图在《理想国》中所追求的"义",人类营造城市是一种"理性"行为,根源与动力是某种价值追求。

第二,突变。城市是创新之地、机遇之地,寻求"空间接触机会"是"城市人"在城市中生存、发展的内在需求,也是城市得以演进的内在动力。若现象层面的城市容器无法更好地满足能量、信息的变动趋势与需求,不能满足先进观念的变革需求,就会出现对容器的变革驱动动力。进而,由有识之士综合各方面约束条件进行创新,提供理想城市的迭代方案。因此,能量、信息传递方式的变迁,人类社会的观念革新以及相应的科技手段、产业特点的变化,都可以看作是城市进化中的"突变"因素。特别是,某些在实验室蛰伏了多年的技术可能一夜之间浮出水面,改变我们的生活,改变城市的运行状态。

第三,滞后。包括时空两个方面。时间上表现为从科技到应用的滞后。科技的变革往往最先运用于具体的产业领域,此后随着组合应用图景的完善,城市方能出现整体进化。如同在产品领域,分别有了触控屏、陀螺仪、芯片,但不一定马上出现智能手机,而是到了一定时期才组合发明。另一方面是空间上的次序推进,大多数城市相对于前沿引领者而言存在滞后。历史并非表现为"齐步走",城市的发展尤其如此,总会有一些先行者能够发挥变革的勇气,率先集成各方面进展实践城市新模型,从而对其他城市产生带动。例如,历史上的长安、罗马、巴黎、伦敦等名城。其中,巴黎最为典型,巴黎在 17 世纪被称为"终极的欧洲之都",其物质空间及精神风尚曾引领了远至俄罗斯的广大区域。到了 19 世纪,"法国的城市规划、布局和建筑理念影响到了维也纳、华盛顿特区、布宜诺斯艾利斯和汉诺威的城市建设者"。❶

第四,积累。随着时间的推进,城市包含的集体知识越来越多,以积累

---

❶（美）科特金. 全球城市史 [M]. 北京：社会科学文献出版社，2006: 125.

为主流,同时也剔除不合时宜的因素,追求创新的涌现,不断从量变到质变。如,西方城市孕育了古希腊、古罗马的理性(哲学、逻辑、数学、几何、物理、天文、地理等现代科学的前身)、秩序(罗马法),中国城市也成为中华传统文明的集成之地。直到今天,城市依然是科学技术创新的生发之地。

第五,跃迁。引领性的技术突变往往成为新阶段的"长板",这些长板需要等待短板的提升,才能实现整体跃迁。其中,短板往往在于治理能力、思想认知。当然,也不排除在一定时期,思想、治理发生跃迁,构建新的治理体系和能力,进而带动城市进入新的"转录"周期。

从大历史的视角看,无论是人类文明还是作为一种空间集聚形态的城市生命体,都是在对抗热力学第二定律(熵)的进程中向前发展。这个历程受到"偶然"与"规律"两大力量的影响。偶然是指技术(能量、信息、材料)、文化(哲学、思想、制度、艺术)层面的"突变"。一方面,自城市诞生之后,城市以其多样化、交流密度而激发技术与制度创新;另一方面,城市的形态与运行模式也受到这些创新的影响而不断演变。规律则是指在一定时间节点上,通过主动把握和运用此前积累的规律性认识,扩大良性突变机会,传承优良的技术和文化基因,促进城市向着"理想状态"不断发展。

第六章

时空压缩：
中国近现代城市发展的
回溯与分析

从第五章梳理中可见，中国城市发展在第四阶段即近代城市繁荣时期开始落后于世界潮流。自鸦片战争之后的180年来，经历了艰苦卓绝的发展历程，特别是中华人民共和国成立后实现了"时空压缩"式的变迁，基本实现了工业化补课、信息化追赶的任务，从而在当前基于综合国力积累及制度优势，有条件走向探索智能城市时代的前沿位置。

一

艰难起步：千年变局下的近现代化之路

鸦片战争打破了封建王朝的"天朝"旧梦，时人发出"三千年未有之大变局"的感慨。此后至1949年中华人民共和国成立的约百年时间，中华民族的主要任务是救亡图存、寻求自立自强，先后涌现出洋务运动、戊戌变法、清末新政、辛亥革命、新文化运动、民族工商业发展等探索。在动荡不断的社会环境中，中国城市的近现代化之路堪称起步艰难。最初，中国城市的近代化转型起步于作为"西方城市复制品"的租界区域。继而，在洋务运动基础上发展起来的近代工业化开始推动古老的中华文明城市体系向机器时代转型，逐步构筑起中国城市近现代化的内生动力。发展到20世纪20年代，在天时、地利、人和等因素的综合作用下，张謇经营下的南通成为"中国近代第一城"。

（一）物种移植：作为"西方城市复制品"的租界

"租界和租界制度，是鸦片战争后外国列强利用不平等条约肆意扩大在华特权的产物，是列强在通商口岸辟设外商居留地基础上，通过不断侵夺中国政府的主权，建立独立于中国政权体系之外的行政区划和管理机构，制订并实施有关租地、税收、司法、警务、城市管理等一系列规章过程中形成的。"❶ 由此，西方人开始在几个通商口岸的租界有了长期的存在。这种存在以贸易目的作为开端，但由于长期的生活需要，不可避免地开始引进当时西方的一系列生产和生活方式。因此，租界的设立与建设，对于古老的中华大地而言，是作为"西方城市的复制品"❷ 而存在的。

贸易活动首先需要船舶运输、港口停靠，而船舶经历了海上长久的风浪后，不可避免地需要修理、补给等，于是以修船为代表的机械化操作开始兴起。梳理史料发现，1841 年英军占领中国香港，英国人纳蒙随即在中国香港建立船坞，这是外国人在中国经营的第一家机械厂。1845 年，英国大英轮船公司（Peninsular and Oriental Shipping Co.）职员 J. 柯拜（John Couper）在广州黄埔建立柯拜船坞（Couper Dock），为有浮闸门的石坞，船坞水泵用蒸汽机带动，是当时远东首个石坞，具备承修当时世界一流船舶的能力。柯拜船坞是外资在中国内地经营的首家机械工厂。1843 年，上海开港后，很快取代广州成为中国对外贸易中心，外商在上海建立起一些船舶修造厂，19 世纪 40 年代末英商 A. 密契尔（A. Mitchell）建立上海第一家外商修造厂浦东船厂（Pootung Dock），1850 年美商在上海建立伯维公司（Purvis & Co）修造船舶。到 19 世纪 60 年代末，外商已在东南沿海口岸建立了 22 家船舶修理厂，雇用中国工人达 9000 人。❸ 当然，尽管这些工厂有所发展，但并不具有深入的产业根植性和体系性。其次，在城市建设方面。由租界开始，西方工业革命以来的一些市政设施、开发模式及管理模式被引入。这些地方主要包括上海、天津、汉口等。此外，还有一些外国势力占领下发展起来的城市，如青岛、大连、哈尔滨、香港等。在各地租界之中，上海租界

---

❶ 上海市地方志办公室. 上海租界志：总述 [EB/OL]. http://www.shtong.gov.cn/newsite/node2/node2245/node63852/node63855/index.html.
❷ (美) 布鲁克. 未来城市的历史 [M]. 钱峰，王洁鹂，译. 北京：新华出版社，2016：7.
❸ 以上史料引自中国机械工程学会网站词条 "中国近代机械工业的诞生"，网址：https://www.cmes.org/index/popularisation&race/column/2018820/1534743080169_1.html。

（1845年11月至1943年8月）是最具代表性的。上海租界出现最早、面积最大，延续将近百年，管理机构完整、庞大，发展出了中国大陆最早的市政体系和近现代工商业。

《上海租界志》中对上海租界发展历程进行了如下表述和评价："1842年，在鸦片战争中失败的清政府被迫同英国政府签订《南京条约》，向英国开放广州、福州、厦门、宁波、上海五沿海城市作通商口岸，准许英国商人带家眷在五通商口岸居住、贸易。次年10月，中英签订的《五口通商附粘善后条款》(《虎门条约》) 又具体规定由中国地方官与英国领事会同商定英人在通商口岸租地建屋的区域。根据这些规定，1843年11月8日，英国首任驻上海领事巴富尔来沪。11月17日，上海正式宣布开埠。巴富尔同上海道台官慕久经过多次谈判，达成辟设英租界协议。1845年11月29日，官慕久以告示方式公布了这些协议，即《上海土地章程》(后简称《土地章程》)。章程对英商租地方式，在租界的权利和义务，中国地方政府和英驻沪领事同租界的关系等一一作了规定。这一《土地章程》，被外国列强视为租界的根本大法，为租界制度的形成和发展奠定了基础。此后，外国驻沪领事和租界内西人社会的代表利用中国发生的重大政治变动和清政府的软弱无能，从推行西人自治的意图出发，多次对《土地章程》进行修改补充，甚至不经过中国政府参与和批准，将肆意扩大的权力以章程形式固定下来，使租界制度日趋完整，以至在上海租界，中国政府应该拥有的行政管辖权遭到排斥，而西人社会建立的工部局和公董局作为租界管理机构，逐渐发展并拥有庞大的警务力量和武装，对租界内中外居民甚至界外居民行使行政管理权，使上海租界成为中国领土范围内的国中之国。"❶

上海租界发展中的一些关键事件如表6-1所示，在百年间，上海租界面

---

❶ 上海市地方志办公室. 上海租界志：总述 [EB/OL]. http://www.shtong.gov.cn/newsite/node2/node2245/node63852/node63855/index.html.

积从最初的 800 多亩（1 亩≈666.67m²）拓展到 20 世纪 40 年代的 30 多平方公里。今日之上海建成区面积已达 3000 多平方公里，这两个数字可资比较，以更好地把握城市规模数量级的历史变化。

上海租界大事表　　　　　　　表 6-1

时间	事件
1845 年 11 月 29 日	《上海土地章程》公布，规定了英商居留地范围、租地手续及外侨应遵守事项。英商居留地东临黄浦江，南临洋泾浜，北至李家厂，西界未定，面积约 830 亩
1848 年 11 月	英国将租界面积扩大至 2820 亩（约 1879812m²）
1848 年	美国开始在虹口地区购地，造成租界事实
1849 年 6 月	法国建立租界，面积 986 亩（约 657267.6m²）
1854 年 7 月 11 日	成立租界行政委员会（Executive Committee），不久更名为市政委员会（Municipal Council），中文名为工部局
1857 年	法租界成立"管理道路委员会"
1862 年	美英租界合并
1862 年	法租界"管理道路委员会"更名为"公董局"（Conseil Municipal），职能与工部局相似
1862 年	大英自来火房（英商上海煤气股份有限公司）筹建，于 1865 年供气
1881 年	英商上海自来水公司成立，1883 年供水
1881 年	上海大北电报公司开始兼营市内电话业务，1882 年由英商德律风公司接办
1882 年	英商上海电光公司成立
1893 年	美英租界面积扩展至 10676 亩（约 7116621m²）
1899 年	美英租界正式更名为"上海国际公共租界"（International Settlement of Shanghai），并再次扩展到 33503 亩（约 22333099m²），同年法租界扩展至 2135 亩（约 1423191m²）
1914 年	法租界扩展至 15150 亩（约 10095990m²）
1941 年 12 月	日军占领公共租界，不久，美英和法国向中国政府交还租界

资料来源：根据《上海租界志》一书中"大事记"提炼整理。

除了规模，对于城市的发展而言，上海租界内出现的一系列近现代市政设施及其配套管理举措更加具有深层次影响（表6-2）。此外，大批欧美侨民、产业的移入以及中国一批精英人群因逃避战乱等各种原因迁入，引发中外文化、东西方文明之间的碰撞与交融，对近代上海乃至整个中国的发展产生了深刻影响。

上海租界出现的近现代市政设施　　　　　　表 6-2

出现时间	设施、企业、措施	技术、管理特点
1860 年代	道路维护、清扫和洒水制度	—
1866 年	英商泥城桥畔煤气公司	—
1868 年	电报，丹麦人办大北电报公司（1870年）	铺设长崎—上海、上海—香港间海底电缆
1881 年	英商建杨树浦上海自来水公司	可供 15 万人使用
1882 年	外资电厂（1888年被工部局收购）	—
1892 年	上海电气公司（美商电力公司）	公共租界电网
1901 年	法商电车电灯公司	有轨、无轨电车
1909 年	华商闸北水电公司	—
1914 年	埋设下水管道	水泥制管道
1922 年	北区污水处理厂、东区污水厂（1926年）、西区污水厂（1926年）	曝气、沉淀

资料来源：根据《中国城市建设史》一书中相关内容整理。

上述的外来影响引致了古老中华文明体系下的城市开始出现局部变化，然而，真正具有一定内生性的近现代化实践则要追溯到以洋务运动、张謇经营南通等为代表的近代工业化、城市化实践。

（二）产业为先：洋务运动与早期民族工业化

据目前能查阅到的资料，中国近代自主工业化的源头可追溯到曾国藩

1861年创办的安庆内军械所❶。但是，要论产业发展对工业化、城市化产生真正广泛的影响和带动作用，还要到洋务运动大规模兴起后所创办的一系列军工、航运、矿业企业及其配套体系（翻译馆、码头、仓储等），以及各类新式学校、管理机构、铁路、电报等软硬性社会基础设施（表6-3）。

洋务运动中创设的产业及社会文化设施　　　表6-3

领域	设施
军用工业	安庆内军械所、江南制造局、马尾船政局、金陵、天津及各省机器局
海防、新式陆军	北洋水师、南洋水师、新建陆军、陆上防务
交通通信业	轮船招商局、中国电报局、唐胥、津沽等铁路
矿业、冶炼业	开平、基隆、广济、荆门等煤矿，云南铜矿、淄川铅矿、汉阳铁厂等
纺织工业	兰州织呢局、上海机器织布局、华盛纺织总厂、湖北纺织官局
文化教育卫生	京师同文馆、上海广方言馆、广州同文馆；派遣学生留学美欧；各类实业学堂、水陆师学堂，如江南制造局兵工学馆、马尾船政局求是堂艺局、电报学堂、广东实学馆、湖北自强学堂、北洋水师学堂；近代医疗卫生事业，如天津总医院

资料来源：根据"夏东元.洋务运动史[M].上海：华东师范大学出版社，1992"整理。

在洋务运动推进的同一时期，一批民族资本经营的工商业也开始发展起来，如1866年方赞举在上海创办的发昌钢铁机器厂，发展成为早期上海最大的民营机器厂，1900年被英商耶松船厂兼并。同期还有广州陈联泰机器厂、上海甘章船坞，1872年开办的汉阳荣华昌翻砂厂（铸造业）等。❷

---

❶ 该所"全用汉人，未雇洋匠"，下设火药局、火药库、造船局，制造武器弹药及蒸汽轮船。1862年4月，由徐寿、华蘅芳主持制造的小型蒸汽机试制成功，1864年试制的小火轮试航成功。1864年清军攻陷南京后迁往南京并改称金陵内军械所，1865年与外军械所合并为金陵兵械所并制造"黄鹄"号。

❷ 中国机械工程学会网站词条"中国近代机械工业的诞生"，网址：https://www.cmes.org/index/popularisation&race/column/2018820/1534743080169_1.html。

按照解剖麻雀的思路，如同上一节以上海租界的发展为典型案例进行回顾。本节选取洋务运动中创立并一直延续到今天的轮船招商局作为详细分析的案例。如同上一节所述，中国近现代城市的起步是西方近现代城市的复制品。面对数千年未有之大变局，在产业发展方面也有这样的特征，在产业内容、企业组织等方面，借鉴了西方的先进经营经验。

根据招商局集团官网的介绍："招商局是中国民族工商业的先驱，创立于1872年晚清洋务运动时期。招商局曾组建了中国近代第一支商船队，开办了中国第一家银行、第一家保险公司等，开创了中国近代民族航运业和其他许多近代经济领域，在中国近现代经济史和社会发展史上具有重要地位。招商局1978年即投身改革开放，并于1979年开始独资开发了在海内外产生广泛影响的中国第一个对外开放的工业区——蛇口工业区，并相继创办了中国第一家完全由企业法人持股的股份制商业银行——招商银行，中国第一家企业股份制保险公司——平安保险公司等，为中国改革开放事业探索提供了有益的经验。"

本节从以下几个方面回顾招商局的创设及早期发展历程。

1. 轮船招商局的设立背景

鸦片战争以后外国商人最先进入的主要是轮船航运产业，在香港、上海、天津等地设立了一系列运输公司，其中比较重要的包括：英国的会德丰、大沽驳船、太古洋行，美国的旗昌，德国的最美时，葡萄牙和英国合营的省港澳轮船公司等。据胡滨、李时岳考证，1862年由美国旗昌洋行创办的旗昌轮船公司是在华设立的第一家专业轮船公司。当时，由于太平军和清军战事激烈，导致长江等航线的旧式帆船运输中断，而外国轮船则正常通行，货运每吨收费二十五两，"往返一次所收水脚足敷（购置轮船）成本"（徐润，《徐愚斋自叙年谱》，《洋务运动》第八册，第九六页），该公司1862年获得利润22万两，到了1870年左右就增长到90多万两，资本也快速增加，从100万两增加到225万两（刘广京，《英美两国在华航运的竞争》，第八三、八四、一○○页）。❶ 受此鼓励，外国轮船公司纷纷设立。

在洋务运动时期，中国人最先看到的也是这个运输产业系统，一方面由于用轮船来运输，对于以前的人力和帆船运输而言是代际更替，传统的方式根本不可能具有竞争力，担负漕运任务的旧式沙船业处于破产边缘；另一方面，从安庆内军械所开始，到金陵制造局、江南制造总局、福州船政局，国内也渐渐有了制造轮船的能力，这两方面因素促使举办轮船航运企业成为工业化、现代化的一个突破口。

实际上，从曾国藩开始，类似的发展实业的设想就并非单纯商业活动，更是希望收回"江海利权"。李鸿章在《试办招商轮船折》中就提出"翼为中土开此风气，渐收利权……庶使我内江外海之利不至为洋人尽占，其关系于国计民生者，实非浅鲜"。因此，在当时的背景下发展实业绝不是单纯的商业活动，而是市场的利益和国家的主权结合在一起的综合考虑。

在这样的大背景下，1872年盛宣怀向李鸿章提出设立轮船招商局，和外国企业竞争内河航运市场，并且采取新的运营模式。李鸿章上书清廷，至此迈出了实质性步伐。盛宣怀起草了《上李傅相轮船章程》，一方面正式提出中国人举办航运业，同时也在里面提出了修订曾国藩此前太过于偏重官方收益而对于商人利益考虑不够的问题，"办通之后则兵艘与商船并造，采商之租，偿兵之费，息息相通，生生不已，务必使利不外散，兵可自强，有若曰：百姓足，君孰与不足，百姓不足，君孰与足。"这实际上是提出了积极投入国内航运市场竞争，民用、军用相衔接，通过商业创造税收，而国家运用税收再去进行国防等公共事务的比较现代化的一整套发展思路。

在企业的组织形式上，采用何种模式则进行了权衡、实现了突破，这或是促使清廷批准办理的真正重要因素。最终，李鸿章在《试办招商轮船折》中正式提出采取"官督商办"的模式，也许这个脉络可以一直延续到今天的

---

❶ 转引自：胡滨，李时岳. 李鸿章和轮船招商局 [J]. 历史研究, 1982（4）: 44-60.

政府与社会资本合作模式（PPP 模式）。理由正如此后盛宣怀所拟的《电报局详定大略章程》中所言："倘非官为维持，无以创始，若非商为经营，无以持久。"李鸿章也认可这一点，他也认为商人的目的是获取利润，但是官方的支持和指导也是很必要的，"官总其大纲，察其利病，而听候商董等自立条议，悦服众商"。李鸿章采纳了盛宣怀的建议，于 1872 年 12 月 23 日正式向清廷上奏《试办招商轮船折》，仅仅 3 天后清廷就批准了这份奏折。于是，1872 年 12 月 26 日中国近代史上第一家轮船运输企业正式诞生，并于 1873 年 1 月 17 日在上海正式营业。

2. 从《轮船招商局章程》等资料看企业特征

根据招商局历史博物馆资料："轮船招商局是中国第一家股份公司。1872 年李鸿章筹办时，借鉴西方企业的股份制经验，开创性地采取招商募股的方式吸收民族资本进行经营，'轮船招商局'之名由此而来。招商局股份每股白银 100 两，入股数目不限，股金按年一分起息。1873 年 1 月，轮船招商局正式开局营业，这标志着中国第一家股份制企业诞生了，其打破了外商企业垄断中国证券市场的格局，华商募股风气旦开。之后，招商局投资、合资、参与兴办的上海机器织布局、仁和保险公司、开平矿务局、烟台缫丝厂、汉冶萍厂矿公司等洋务企业都采用了股份制方式经营。从此，华商企业股份制经营模式逐步发展了起来，其对集中民族资本，发展民族产业，抵御外国经济侵略发挥了重要作用。"❶ 作为第一家股份公司，轮船招商局的组建可以看作是西方 17 世纪在阿姆斯特丹发明的现代商业社会模式的一次借鉴和移植。

查阅《轮船招商局章程》，参考招商局设立前后盛宣怀上书李鸿章、李鸿章上书清廷等资料，从工业化及企业经营管理角度来看，以下几个要点值得关注：

---

❶ 招商局历史博物馆网站 http://1872.cmhk.com/zhizui/281.html。

第一，企业组建的基本模式。一方面，轮船航运这样的事业所需本金巨大，单纯靠当时商人的积累很难举办这样大的事业。另一方面，如前文所述，清廷也担心运营上的自主权问题。正如李鸿章所说，举办此项事业还承担着国家"渐收利权"的任务，但在资本筹集上当时政府拿不出这么大一笔银子，即便能拿出来，在运行效率上也不敢保证。在此背景下诞生了中国第一家现代意义上的股份制公司，并明确了"官督商办"的组建模式，即由政府牵头，先设立机构，派熟悉洋务的精干官员、民间商董主持操办，申请执照开启事业，再向更大范围的民间市场发出邀约，集资扩充股本。

第二，关于股份安排。由于从事这项事业的重要性，一定要有雄厚的资本。当时的设想是筹集本金50万两。每100两为一股，只认股票不认人，并且10年内不兑换本金只支付红利，红利一年支付一次（图6-1）。

第三，关于投资运营。预料到招商局运营后外资企业定会降价竞争，所以提出除了购买轮船外亦可采用租的方法，降低不确定性。

第四，关于产业政策。轮船招商局创办之时，创办团队的思路是政府先给予扶持，具体方法是把地位重要的漕运业务分给招商局一部分。这很类似于今天某些PPP项目中政府承诺一定的"保底业务量"，从而调动商人投资的积极性。李鸿章沟通朝野各方，下令江浙漕粮20万石由招商局轮船运往天津。

第五，关于管理层。随着招商局的设立以及此后若干实业的发展，除了早期唐廷枢、朱其昂等商董之外，最为明显的一个变化是以盛

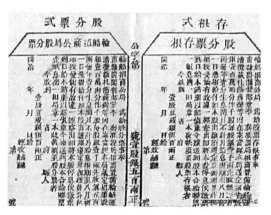

图6-1　招商局股票票样

（资料来源：招商局历史博物馆网站 http://1872.cmhk.com/zhizui/281.html）

宣怀为代表的一批人成为新型的"红顶商人"。客观来讲，与胡雪岩为代表的那一批红顶商人相比，这一批"官商"发生了质的变化。理由有二：①胡雪岩等人所从事的更多是贸易行业和资金流通行业（虽然胡也在福州船政局工作过一段时间，但也是负责采购等活动），基于传统农业社会和手工业产业体系，而轮船招商局则进入了现代工业和航运服务业体系；②胡雪岩是先做商人，后来被政府授予虚衔，而盛宣怀这一批人本身就是清政府官员，是被派到"官商督办、公私合营"的企业当中去的，既作为政府的代表，又作为职业经理人，伴随实业形态的变化，也实现了与传统社会商人的代际更迭。

3. 现代经济视角的回溯性观察

第一，关于企业选址。企业选址行为是区域经济学、城市经济学的重要研究方向。招商局创办时总部位于上海，因上海当时是国内外贸易的首选地点。从业务上看，上海是长江的航运、南北漕运的海运这两大黄金航线的枢纽，具有集散地的"地利"。同时，有外国人开展航运业的产业基础和人才储备，进而在相关的延伸产业链如融资、业务信息、船舶维修等方面都具有基础。

第二，关于企业经营腹地与设立经过。招商局是北洋为主创办，但实际上其主要经营范围与总部基地均在两江管辖地域，而两江属于南洋管辖范围。查阅历史资料发现南北洋之间针对招商局设立经历了一番龃龉，直到张树声于同治十一年十月丙子即 1872 年 11 月 25 日担任两江总督后，事情方才比较顺利。在招商局历史博物馆网站上的《解析李鸿章〈试办招商轮船折〉》（作者：胡政，招商局集团董事）一文❶找到了对此过程比较详细的记述："在筹划过程中，以李鸿章为代表的北洋与南洋大臣何璟及属僚多有差异，北洋积极，南洋消极。……江南方面官员，尤其是何璟（注：时为南洋

---

❶ 胡政. 解析李鸿章《试办招商轮船折》[EB/OL]. http://1872.cmhk.com/About/4214.html.

大臣兼两江总督）、沈秉成对筹创轮船招商局仍百般阻挠，朱其昂请拨运漕粮20万石也未被应允。……到11月15日，何璟因丁忧离职，李鸿章的旧部张树声兼署两江总督，江南方面的阻挠态度才有所改变。李鸿章在12月11日致函张树声，强调'倡办华商轮船，为目前海运尚小，为中国数千百年国体商情财源兵势开拓地步'，表示自己要'破群议而为之'。12月中旬，张树声回信予以支持，这才基本排除了江南方面的阻力。由此可见，在创办轮船招商局的问题上，一直存在两种声音、两股势力的明争暗斗。"

第三，为什么是流通业？首先，商业在中国传统历史中处于末流，但流通业因在军事和国计民生上具有战略地位，历来是朝野重视的领域。著名的隋唐大运河的前身可以追溯到春秋时期吴王夫差开凿的邗沟。在隋唐大运河开通后，漕运更是成为影响国家稳定的重要制度与产业，丝绸之路、茶马古道等也都是流通业的范畴。到封建社会后期的"盐引"等重要产业与金融安排也都是流通业。鸦片战争后国外进入中国的早期产业也是运输流通业为主。因此，军工之外，民族工商业优先选择这一方向也就很容易理解了。另外，历史总有惊人的相似之处，改革开放后市场经济的起步领域同样也是流通业，以致有所谓"投机倒把"之说，而后资本进入轻工业等实业领域，乡镇企业起步，最初以集体企业、村办企业的形式存在，与历史上的"官督商办"同样有一定的形式相似性。从理论视角看，尽管流通业很关键，但遗憾的是在历史上并未得到较深入的研究。这一局面直到抗战时期才开始改变，由张培刚先生对此进行规范、系统的开创性研究。❶

---

❶ 张培刚先生1934年从武汉大学毕业后，在当时的中央研究院社会科学研究所工作了6年，在此期间撰写了《清苑的农家经济》《广西的粮食问题》《浙江省粮食之运销》等著作，这些著作开始将粮食的"运输成本"与"交易费"（单纯的市场费用）分开考察，指出市场交易费减少意味着交易结构优化。北京大学的周其仁教授据此认为，科斯于1937年发表论文提出"交易费用"的概念，而张培刚先生在研究浙江米市的过程中就同样独立提出了"交易费"的概念，并斩钉截铁地指出了节约交易费用与组织的关系，是一项"不同凡响"的理论创举。（资料来源：周其仁. 旁听张培刚 [EB/OL]. 2009. http://zhouqiren.blog.caixin.com/archives/26866）

第四，关于投资拓展与综合经营。轮船招商局从流通业起家，而后投资实业、金融业，首先是轮船航运自己就要大量使用的煤，因而投资开发煤矿（广济、开平），继而是铁路（最早是为了运煤的唐胥铁路，后来是卢汉铁路这样的干线）、通信（天津电报局、中国电报总局）等。同时也开拓服务业，因为航运的高风险特性，需购买保险，因此在开业后不久还开办了保险业（保险招商局，进而是仁和保险），进而又办了银行（中国通商银行）。再进一步，各个产业都需要新式人才，于是又办了学校（北洋大学堂，即天津大学前身；南洋公学，即上海交通大学前身）。

从城市研究的视角看，一个很有趣味的历史猜想是：轮船招商局办理综合业务的历史，是否为日后作为改革开放标杆项目的蛇口综合开发奠定了一定的基础？有招商局研究专家认为，蛇口开发首要的触发点是对标新加坡的裕廊工业区。裕廊从1960年代初起步，到了改革开放启动时已经非常成功，对其进行借鉴具有很合理的历史和实践逻辑。但是，"综合经营的基因"这条脉络似乎也是可以追寻的一个解释视角。

4. 招商局企业经营对城市发展的影响

可以通过轮船招商局早期船队、员工规模来大致推算其经营活动对城市规模扩张的影响。

船队规模方面。据历史资料记载，轮船招商局起步时拥有4艘轮船，载重量约2400t（原书资料如此记载，事实上4艘吨位数据相加为2434t），分别是伊敦号（507t）、永清号（661t）、利运号（734t）、福星号（532t），平均每艘载重约600t。此后十余年间船队快速扩张，特别是1877年并购旗昌轮船公司，一年内新增轮船18艘，船队轮船总数达到29艘，此后个别轮船失事或转卖、新增，一直到1884年都稳定在26艘左右，当年船队总吨位为33378t。此时，每艘船平均载重超过了1000t。可能是由于轮船技术快速发展，此时轮船之间吨位差距很大，1882年招商局新购入的"致远"号载重达到 2300t，"江裕"号❶为 2235t，航速普遍在 9～11 节❷之间。

这些船与今天的长江与近海航线轮船的主要参数相比如何呢？有媒体报道，2019 年年初中国长江航运最大的轮船——汉申线江海直达集装箱示范船"汉海 2 号"正式下水，该船最大载重 1.36 万 t，最快航速 11 节，可在长江和近海航行。可见，单船载重量实现了数倍的变化，而航速则几乎没有大的变化。❸

员工规模方面。根据樊勇《轮船招商局洋员聘用情况初探》❹（《社科与经济信息》，2001 年第 1 期）一文中的数据，招商局设立后各轮船船长、大副、二副、三副及大车绝大多数都是洋员。1886 年，招商局船长和机械人员共 144 名，全为洋员。到 1908 年，从船长到四车共 179 人，其中外国人 175 人。此外，在总局机关，一些重要岗位也都是洋员，如总管栈、总钱柜、轮机股长、航务股长等。根据《招商局史（近代部分）》一书的资料，招商局在官督商办前期……总局及上海、天津、汉口等分局各有总办数人，办事人员十余人到数十人，再加上由亲友荐举而来光拿工资不干事的人，一局何止百人，而洋棚轮船漕务中人，尚不在内。这些人不仅有高额薪水，并可任意支借，局中还要为他们配备差役。❺可见，在 1880 年代，招商局一家企业所雇人数应在数百人规模，发展到 20 世纪初期达到两千多人（表 6-4）。

---

❶ 江裕号是上海制造的，其和当时西方主要在英国格拉斯哥所造的轮船相比，各项参数均不落后。1924 年 4 月泰戈尔访华即是乘江裕轮从上海溯江而上到达南京。

❷ "节"为轮船航行速度的单位，后来，也用于风及洋流的速度。一节＝一海里 / 小时 =1.852km/h。

❸ 这一航速与军事大型舰船相比就慢多了，航母速度一般在 30 节左右。目前，美国最快的"尼米兹"级航母巡航速度是 30 节，最大航速达 33 节，标准排水量 8.16 万 t，满载排水量 9.149 万 t；舰长 332.9m，舰宽 40.8m，吃水 11.3m；动力装置为 4 台燃气轮机、2 台 A4W/AIG 反应堆、4 台应急发电机，总功率达 205.8MW。

❹ 樊勇. 轮船招商局洋员聘用情况初探[J]. 社科与经济信息，2001（1）：64-66.

❺ 张后铨. 招商局史（近代部分）[M]. 北京：人民交通出版社，1988：188.

招商局船员概况表　　　　　　　　　　表 6-4

年份	中国船员人数	外国船员人数	船员合计人数
1907 年	2254	175	2429
1908 年	2254	175	2429
1909 年	2268	176	2444

资料来源：邮传部第一至第三次统计表（光绪三十三年至宣统元年）[M]// 张后铨. 招商局史（近代部分）. 北京：人民交通出版社，1988：229.

根据上述资料推算对城市建设的影响。首先，轮船招商局总部位于上海，于 1901 年在外滩建起一栋总部大楼（建筑用地原本是美国旗昌洋行的后花园），即今天的上海中山东一路 9 号，这是对城市建设最直观的影响。进而，考虑企业运营活动对于上海城市建设的影响，如以雇员 500 人规模测算，按照今天的人均 100m^2 的大体用地标准，大概对上海的空间拓展的影响是 50000m^2（75 亩），考虑到当时的人均用地规模更大，假设翻倍，则上述数据拓展为 150 亩。进一步考虑到产业间的乘数效应，招商局所购船舶有产自国内，有购自国外，国内的拉动工厂建设，和军用的需求一道支撑江南制造总局、福州船政局的业务，购买国外轮船则又会拉动贸易、金融、翻译等功能。航运中还建设了一些配套工程如码头、栈场等。进而，所雇职员的各类生活性服务业需求又会带动其他各行各业。如考虑这些乘数效应，会对上海的城市扩展产生更大影响，数量级应在数百亩之尺度。

可资对比的数据是 1845 年《上海土地章程》确定的英租界面积约 830 亩，1848 年 11 月扩大至 2820 亩，1849 年法租界面积 986 亩。可以说，中国城市的近现代化历程就从以上海为代表的数百亩这样的尺度起步了。当前，以现代标准衡量的全国"城市建成区"规模已超过 6 万 km^2（9000 万亩）❶，从数百亩到 9000 万亩，跨越了 5 个数量级！

---

❶ 王蒙徽. 住房和城乡建设事业发展成就显著 [N]. 人民日报，2020-10-23（09）.

在航运的基础上，此后招商局开始开矿、修铁路、铺设运营电报、建设学校。进而，以招商局、江南制造总局、福州船政局、汉冶萍等洋务运动中诞生的企业以及随后的民族工商业发展为基础，中国的近代化走上了工业化、城市化的人类社会发展共性道路，开始在更大范围、更深的程度上影响城市的"建成环境"❶。

其时也，在产业、城市建设两个方向上，能否实现融合？进而，结合中华文明的文化基因探索创新之道？这个时代任务历史性地与一位清末状元发生了交汇。

（三）"中国近代第一城"：张謇经营南通

1980 年代中期，吴良镛先生在《中国大百科全书》"城市规划"主条目中对"南通"在中国近代城市建设的地位作了如下的论述："鸦片战争以后……中国也出现了新的城市规划学说。康有为在《大同书》中提出了建立生活居住环境的乌托邦。孙中山的《建国方略》是一个宏大的'国土规划'性质的和地区城市开发规划的纲领。在实践方面，特别值得一提的是南通的城市规划和建设。1895—1925 年，在中国实业家张謇推动下，南通为了发展近代工业和航运，开辟了新工业区和港区，建立了多核心的城镇体系。旧城内辟商场、兴学校、建博物馆、修道路，进行了近代市政建设。"

2003 年，吴良镛先生在实地考察南通的基础上进一步提出南通堪称"中国近代第一城"。他在《为什么说南通是"中国近代第一城"——近代南通与同时期中外城市的对比》一文中提出："上海租界是帝国主义侵略中国的桥头堡，它是西方的市政策划者带进了近代的技术，通过中国人民的手兴造起来的，它促进了中国城市的近代发展，其历史作用不容低估，但还不能说

---

❶ 2010 年上海世博会的浦西展区范围内就是中国人自己建造的近代滨江工业带，布局有江南制造局、南市发电厂、内地自来水厂、求新造船厂等厂。

是中国近代第一城；青岛、大连等城市也应作如是观；至于唐山、武汉，有了近代化的工业基础、铁路建设等，在中国近代史上也先进了一步，但是并没有像南通那样整体的、全面的城市建设。……张謇经营南通的思想是全方位地、整体地考虑城市建设，在经营极度拮据的情况下，集中地、逐步地推进，能在不长的时期内，形成规模，蔚成体系，实在难得。"❶

随后又在《张謇与南通"中国近代第一城"》一文中对张謇经营南通这座"中国近代第一城"的实践进行了更为系统、深入的研究，将张謇经营南通与西方的空想社会主义实践，特别是霍华德的田园城市理论与实践进行了比较，认为差不多同时代的东西方实践既有共性也有差异。相同点方面，张謇与霍华德"都是近代城市史中的人物，都致力于城市发展，改善市民生活。霍氏经营'田园城市'，探索社会改革的道路；张謇经营南通，进行系列的城市建设，探索地方自治途径"❷。同时，张謇与霍华德也有显著的不同点，主要是：①与霍华德所处的环境不同。工业革命最初发生在英国，相应的城市问题也最早出现，以英国为代表，当时已经有了相当的城市建设与规划技术基础。而当时的中国科技水平远远落后西方，"在20世纪近代化初期才开始摸索城市建设，武汉、唐山虽有工厂、铁路等近代化建设，但对城市尚无完整的思考。在思想上、历史条件上远远落后于西方的情况下，张謇建设的南通，与霍华德所经营的新城竟能时间相若，互相媲美，这不能不说是奇迹。"②营造城市的思想、文化基础差异。张謇经营南通，体现了许多中国文化、东方哲学思想与方法论。

中华人民共和国成立之前，其他一些较有影响的城市发展实践还包括以下几类：①传统城市受到近代工业、交通的影响发生局部变化，如北京、

---

❶ 吴良镛. 为什么说南通是"中国近代第一城"——近代南通与同时期中外城市的对比[J]. 江南论坛，2003（4）：19.

❷ 吴良镛. 张謇与南通"中国近代第一城"[J]. 城市规划，2003（7）：6-11.

西安、成都、太原等；②因工矿业及铁路交通新兴起的城市，如唐山、焦作、大冶、石家庄、郑州、徐州、蚌埠等；③沿江、沿海为主的一些商埠城市，如南京、九江、重庆、福州等；④因民族工商业发展而兴起的城市，如无锡、内江、自贡等。在这些城市的发展过程中，"可发现有不少杰出人物对振兴实业、建设城市均有不同的贡献。例如，无锡的现代化建设，以至稍后重庆附近北碚附近的试验等，都有不同的贡献。从思想修养和人生境界来说，他们是立足于中国文化传统基础上的务实家，是带有理想色彩的笃行家（如张謇首先作为人文学者，继而又从事实业），其思想渊源、理论基础、杰出创造等，颇值得我们在新时期作进一步研究，并对新条件下中国现代化进程与创造有所启发。" ❶

在本节所述的这些经营、建设活动背后，中国还同步在寻求文化与制度革新。在被动与主动的"开眼看世界"之后，一些胸怀民族存亡的有识之士开始积极探索文化与社会制度的变革之路，从曾、左、李、张到康梁、严复，到孙中山，再到新文化运动中的胡适、陈独秀、李大钊，再到以毛泽东等为代表的中国共产党人，都以极大的努力求索古今中外的思想资源，探求发展之途，在经历了中体西用、维新变法、君主立宪、共和等多种探索，抗日战争、解放战争的洗礼后，最终确立了社会主义道路，开启了奋力补课追赶、翻天覆地的发展进程。这一历程系统、深刻地改变了中国的传统政治、经济、社会及文化结构，正如傅高义先生所作的观察："在共产党执掌政权之前，持久可行的政治秩序是传统的帝国制度。……传统的政府并不致力于管理一般的乡村或城市的事务。地方社区的权力默许给了当地宗族、乡村、行会、兄弟会和秘密社会。……传统的政府更多的是妨碍而不是有助于经济发展的进程。这个制度精致且整合完美，但却严重地不适应现代社会，难以

---

❶ 吴良镛. 科技、人文与建筑——致力于人居环境科学的个人体会[J]. 中国大学教学，2004（1）：53-55.

过渡为一个更具活力的政治结构。……中国政治现代化的发动者只能从头开始创立地方管理的基础结构。……辛亥革命的领袖没能建立新的政治秩序，更不用说真正控制这个国家。……中国共产党在创造中获得政权，以在根据地所建立的政治结构为依托，并逐步把它推广到全国……共产党创立了新的政治制度，从而统一了国家，控制了社会，开始了使国家强盛、人民富裕的物质生产。"❶

二

翻天覆地：中华人民共和国成立后的城市发展跃迁

20世纪上半叶，伴随十月革命的成功，世界上第一个社会主义国家建立，实现了社会主义从理论到实践的跨越。列宁、斯大林领导苏联开展了大规模的、突飞猛进式的工业化和城市化建设。列宁提出"城市是经济、政治和人民精神生活的中心，是前进的主要动力"，莫斯科、斯大林格勒等苏联城市一度成为全世界有识之士包括西方资本主义国家先锋思想家所积极关注之地。但是，苏联的经济、政治体制逐步走向僵化，逐步退出了人类发展的前沿区间。

1921年，中国共产党在上海这座中国近现代史上举足轻重的大都市诞生，从此开辟了中华民族伟大复兴的崭新前景。中共一大、二大、四大在上

---

❶（美）傅高义. 共产主义下的广州：一个省会的规划与政治（1949—1968）[M]. 高申鹏，译. 广州：广东人民出版社，2008：4-9.

海召开，党中央机关也长期驻扎上海领导全国革命运动，前后达 12 年。大革命失败后，经历艰苦摸索，逐步确立农村包围城市的战略道路，工作重心转入农村。经历抗日战争、解放战争，在解放战争中陆续接收国民党统治的大中城市。1949 年，全国解放前夕，在西柏坡召开的党的七届二中全会作出党的工作中心转入城市的战略决策。在开赴北平之前，毛泽东与周恩来进行了历史上著名的"赶考对"，毛主席提出"进城赶考"，中国的城市发展迈入了新的发展阶段。

（一）中华人民共和国成立后的三十年：工业为先、社会主义城市建设起步

中华人民共和国成立后，面对一穷二白、百废待兴的局面，在苏联支持下启动 156 项重大工程，大力推动工业化以及国土空间均衡发展，经过几个五年计划的实施，初步建立起比较完整的以重工业为基础的国民经济体系，一批重要的工业城市、矿业城市发展起来。

1949 年，全国总人口约 5.4 亿，其中城镇人口约 5765 万，城镇化率约 10.6%。❶ 全国（大陆地区）共有建制市 132 个，其中中央直辖市 12 个、地级市 54 个、县级市 66 个。❷ 在这些城市中，城区人口最多的是上海，达到 452 万人，随后是天津（185 万）、北京（165 万）、沈阳（106 万）、广州（104 万），其他城市均在百万以下。其中，50 万～100 万人口城市也仅有 8 座，20 万～50 万人口城市 19 座，剩余多数城市人口均在 20 万人以下❸。

中华人民共和国成立后的初期阶段，有突出影响的城市实践是"八大重

---

❶ 国家统计局综合司. 全国各省、自治区、直辖市历史统计资料汇编（1949—1989）[M]. 北京：中国统计出版社，1990：2.

❷ 陈潮，陈洪玲. 中华人民共和国行政区划沿革地图集[M]. 北京：中国地图出版社，2003：217.

❸ 以上各城市城区人口数字来自李浩著《八大重点城市规划：新中国成立初期的城市规划历史研究》一书第 14 页表格"新中国成立时全国的主要城市及其人口规模（1949 年年底）"。

点城市"规划建设，引入苏联专家帮助开展国民经济规划，由此奠定了城市发展战略、规划、投资、建设、管理、城乡关系、区域关系等方面的基本框架与模式。

关于这一段历程，李浩教授的著作《八大重点城市规划：新中国成立初期的城市规划历史研究》有十分详尽的记述。书中提出："'八大重点城市'是一个相对的概念，并具有突出的政策内涵。中华人民共和国成立初期国家确定以重工业为主的工业化战略，城市建设和城市规划工作因配合工业项目建设的实际需要而得以重视和开展。西安、太原、兰州、包头、洛阳、成都、武汉和大同8个城市，是苏联援建的'156项工程'等重点工业项目分布比较集中的城市，急需城市建设与之配套，从而成为'一五'时期国家重点投资建设的八大重点新工业城市……总的来看，八大重点城市是中华人民共和国成立初期特殊时代背景条件下的产物，它们承载着'变消费城市为生产城市'，建设国家重要的工业基地，进而实现提升国防实力、巩固新生政权和实现民族独立的重要国家使命，并与城市建设方面所实行的'与工业建设相适应，重点建设、稳步推进'的政策方针息息相关。"❶

表6-5列出了八个城市的城市定位及承载的重点项目，从中可见，中华人民共和国成立后最为突出的任务是推进工业化、建立现代生产体系。

八大重点城市的重点工业项目和城市性质 表6-5

城市	重点工业项目（156项工程）	城市性质
西安	西安热电站（一、二期）、西安开关整流器厂、西安电力电容厂、西安绝缘材料厂、西安高压电瓷厂、陕西113厂、陕西114厂、陕西248厂、陕西786厂、陕西803厂、陕西804厂、陕西843厂、陕西844厂、陕西847厂	以轻型精密机械制造和棉纺织工业为主的新工业城市

---

❶ 李浩. 八大重点城市规划：新中国成立初期的城市规划历史研究[M]. 2版. 北京：中国建筑工业出版社，2019: 3-5.

续表

城市	重点工业项目（156项工程）	城市性质
太原	太原化工厂、太原第一热电站、太原第二热电站、太原氮肥厂、太原制药厂、山西908厂、山西884厂、山西763厂、山西743厂、山西245厂、山西785厂	以冶金、机电、煤炭和化工为主的新工业城市
包头	包头钢铁公司、包头四道沙河热电站、内蒙古447厂、内蒙古617厂、包头宋壕热电站	以钢铁工业和机械制造为主的新工业城市
兰州	兰州热电站、兰州石油机械厂、兰州炼油厂、兰州氮肥厂、兰州合成橡胶厂、兰州炼油化工机械厂	以石油化工和机械制造为主的新工业城市
洛阳	洛阳矿山机械厂、洛阳拖拉机厂、洛阳滚珠轴承厂、洛阳有色金属加工厂、洛阳热电站、河南407厂	以机械工业为主的新工业城市
武汉	武汉钢铁公司、武汉重型机床厂、青山热电厂	以钢铁工业和机械制造为主的新工业城市
成都	四川715厂、四川719厂、四川784厂、四川788厂、成都热电站	以精密仪器、机械制造和轻工业为主的新工业城市
大同	山西616厂、大同鹅毛口立井	以煤炭和电力工业为主的新工业城市

资料来源：李浩.八大重点城市规划：新中国成立初期的城市规划历史研究[M].2版.北京：中国建筑工业出版社，2019：58.

表6-6展现了中华人民共和国成立初期八大重点城市的人口规模及发展规划，从"基本人口"这一独特指标可以看到苏联规划模式的显著影响。

八大重点城市现状及各规划期的人口规模一览表　　表6-6

城市		西安	太原	包头	兰州	洛阳	武汉	成都	大同
现状（1953年）	城市总人口（万）	68.7	44.0	11.1	35.8	11.0	144.7	59.8	9.7
	基本人口（万）	14.4	14.2	1.13	8.3	1.7	31.2	9.2	1.1
	比例（%）	22.2	32.3	11.2	23.0	15.7	21.5	15.5	11.8

续表

	城市	西安	太原	包头	兰州	洛阳	武汉	成都	大同
第一期	期限	1957年	1958年	1962年	1960年	1960年（涧西区）	1960年	1959年	1972年
	城市总人口（万）	100.0	66.0	31.0	63.6	7.5	176.0	66.1	29.8
	基本人口（万）	27.8	22.8	12.9	17.2	3.29	40.5	14.2	8.6
	比例（%）	27.8	34.8	41.7	27.0	40.0	23.0	21.5	29.0
第二期	期限	1972年	16~20年	1962年以后	1972年	1972年（涧西区）	1972年	1967年	1992年
	城市总人口（万）	122.0	80.0	60.0	81.6	13.3	197.7	77.0	32.0
	基本人口（万）	36.7	26.3	19.8	24.5	4.4	47.4	21.4	9.6
	比例（%）	30.0	33.0	33.0	30.0	33.0	24.0	28.0	30.0
远景	期限	1972年以后	远景	—	1973年以后	—	—	远景	—
	总人口（万）	—	90.0	—	88.0	—	—	85	—
国家批准远景城市人口规模（万）		120.0	70.0（草案）	60.0	80.0	15.0（涧西区）	—	85.0	32.0（考虑50.0）

资料来源：李浩．八大重点城市规划：新中国成立初期的城市规划历史研究[M]．2版．北京：中国建筑工业出版社，2019: 65．

经过这一阶段的发展，初步建立起了相对完整的工业体系、交通运输体系以及相对均衡的区域发展格局。然而，在发展探索过程中也出现了缺陷与曲折，在城市化和城市建设方面体现为重生产、轻生活，"在高度集中统一计划体制下，城市只是国家经济全盘中的一个'棋子'，它的功能是由全国或区域分工来决定，它的主要建设是由国家来投资"❶，这就导致城市化速度较慢并一度出现反复，居住、商业、休闲娱乐、公共服务等功能与设施发展相对滞后。

（二）改革开放以来的四十年：城市视角的"四次循环"

1978年的改革开放重新树立了解放思想、实事求是的思想路线，中国经历了又一次从农村到城市的广泛而深刻的历史变革。

改革开放初期，根据《中国城市统计年鉴2016》数据，1978年全国共有193座城市（其中地级市98座，县级市92座），全国城市人口7682万，建成区面积约7438km²（1981年数据），城镇常住人口1.7亿，以城镇常住人口衡量的城镇化率为17.9%，比1949年提升了7个百分比左右。在个体城市层面，1981年中国大陆城市城区人口前十名的排名是：上海（608万）、北京（466万）、天津（382万）、沈阳（293万）、武汉（266万）、广州（233万）、哈尔滨（209万）、重庆（190万）、南京（170万）、西安（158万）。❷

改革开放从农村起步，农村联产承包责任制取得成功后，20世纪80年代初期把农村改革的经验移植到城市里来，即"包字进城"。随后，持续推动企业制度改革、城市改革、资源要素配置改革。在开放方面，从4个特区到14个沿海城市，再到沿江开放、全面开放，再发展到自贸区、一带一路这样的更深层次开放、双向开放格局。

城市的经济发展逐步与市场经济规律步入相互适应的轨道，正如邹德慈先生所总结的那样："经济的兴衰直接影响城市居民的工作和收入，影响他们的衣、食、住、行（基本生活需要），并必然地影响着城市社会的安定等。

---

❶ 邹德慈. "理想城市"探讨 [J]. 城市，1989（1）：5-7.

❷ 数据引自《1981—2017年中国城区人口20强城市变迁》一文，网址：https://baijiahao.baidu.com/s?id=1628351117261118387&wfr=spider&for=pc。

同时，城市经济发展决定了城市的财政收入，影响着城市发展和进行物质形体环境建设的能力。一个'多样化的、有活力、有创新的经济结构'，是城市经济发展的理想目标。……过去我们强调生产力的合理布局，专业化生产与分工，因而形成一些职能较为单一的城市如钢铁城市、煤矿城市、化工城市等。这些城市在商品经济条件下难免要经历经济结构的适当调整和变革。哪个城市最能够依据自身的各种条件，扬长避短，灵活地调整结构，适应区域、国家以至国际经济和科技发展的趋势，就可能保持经济的优势，带来城市的繁荣和活力。……这就是为什么今天的理想城市必须把经济活力作为主要目标之一的原因。"❶

改革开放以来，中国的经济发展创造了奇迹，成就举世瞩目，而城市经济发展构成了宏观经济奇迹的主要支撑，运用本书提出的城市进化的三层次整体分析框架，可以将这40多年的发展总结为"四个循环"（表6-7）。

改革开放四十年经历的"四个循环"　　表6-7

时间线	产业线	市场均衡特征	企业特征	城市（体系）	整合机制	制度、文化、精神特征	企业家素质（市场）	城市管理者素质（政府）	劳动者
改革初期，工业化初期	轻工产品，食、衣	短缺经济，卖方市场	组织初级要素"to C"	城市国有企业体系＋乡镇企业发育	劳动密集、制度松动，产品不愁市场，局部市场，农工过渡	禁锢初开	敢闯、胆子大	管制、执行	体力劳动
工业化中期	家电等	短缺经济缓解	规模扩大"to C"	世界工厂，珠三角典型	市场取向，出口导向	消化吸收外来经验	营销	招商引资	体力劳动、技术技能

---

❶ 邹德慈."理想城市"探讨[J]. 城市，1989（1）：5-7.

续表

时间线	产业线	市场均衡特征	企业特征	城市（体系）	整合机制	制度、文化、精神特征	企业家素质市场	城市管理者素质（政府）	劳动者
工业化中后期、局部后工业化	重化工、汽车、房地产、基建	工业化、城镇化循环，消费互联网	资本扩张、平台经济"to C+to G+to B"	大扩张，总部型、金融型崛起	资本密集	初步具备国际视野、制度自信	整合	基建、公共服务	体力劳动、技术技能、服务意识
新时代	持续创新，迭代能力	供给侧，产业互联网	平台+创新，"to C+to B+to G"	科学中心，资源配置枢纽	自然、人居、创新生态叠加	向更高层次跃迁	预判	创新生态	专业能力，团队合作，人机协同

在改革初期，基于农村改革的成果，逐步启动了城乡循环，开始从计划到市场的转型，经由社会、文化、制度方面的改革，调整了发展的动力结构，这一时期小城镇"异军突起"，成为城乡联系的重要节点，现代化技术、管理的内生性激励加大；随后，加入 WTO 前后，以珠三角为代表的区域通过系统引进国际资本、技术、管理要素，依托大规模进出口循环拓展了市场的广度，一批出口导向型、生产型的城市崛起；进而，以基建、房地产、重化工为代表，启动了工业化、城镇化的深层次循环，大大提升了市场的深度，一大批中国企业、产业、城市开始在全球经济、创新和城市网络中具备重要地位，这一阶段的明星城市主要是那些具有强大资源配置能力的枢纽型城市；当前，随着中国若干产业和科技领域开始进入"无人区"，开始启动"未知—已知"循环，用基础研究的源头创新赋能深层次的创新驱动，这是城市发展进化所面临的"功能升维"，这也是国内顶尖城市谋求建设"科学

城"❶与"未来城市"的宏观逻辑。

在此期间，2011年中国城镇化率超过50%，标志着中国城乡、社会结构的历史性变革，"城市中国"成为重要治理维度。同时，根据世界城市研究网络发布的世界城市排行榜，中国城市体系已经在世界城市网络中占据重要地位。随着迈入城市社会，城市治理逐步成为国家治理体系的主要组成部分。2015年年底召开的中央城市工作会议提出："城市发展带动了整个经济社会发展，城市建设成为现代化建设的重要引擎。城市是我国经济、政治、文化、社会等方面活动的中心，在党和国家工作全局中具有举足轻重的地位。"预计到2035年，中国城镇化率将基本达到发达国家成熟城镇化水平，"可以预见，在当前及未来一定时期内，城市特别是中心城市在国家治理体系中的突出地位，以及城市在中华民族伟大复兴中的主体地位，将在相当程度上决定城市规划在国家规划体系中的独特作用。城市规划，更严格地说，面向城市治理的城市规划，将成为社会经济发展、国土空间格局、人居环境建设的共同需求。"❷

---

❶ "科学城"作为一类特定城市功能，近年来开始成为国内顶尖城市的重要升级方向。2016年，北京提出统筹规划建设三大科学城——中关村科学城、未来科学城、怀柔科学城。2017年5月，上海市第十一次党代会提出推进张江综合性国家科学中心建设，建设张江科学城，实现产城融合。2017年9月，安徽省印发的《合肥综合性国家科学中心实施方案（2017—2020年）》中提出规划建设合肥滨湖科学城。2018年4月，深圳市委、市政府决定在光明区集中布局大科学装置群，建设光明科学城。

❷ 武廷海. 中国城市规划的历史与未来[J]. 人民论坛·学术前沿，2020（4）：65-72.

三

营造未来：探索人类城市发展新前沿

回溯中国近现代化城市发展的历程，可以发现两组有趣的"两轮"现象，即"产业—城市""农村—城市"两组重要关系都呈现出"两轮"现象。在产城关系方面，洋务运动侧重发展产业，张謇经营南通出现产城的整合实践，中华人民共和国成立后，在发展道路上选择工业特别是重工业优先道路，近20年来逐步探索产城融合的发展路径。在城乡关系方面，在革命时期确立农村包围城市的战略，实现了从农村到城市的胜利，改革开放后，改革从农村起步，进而拓展到城市，此后经由统筹城乡发展，目前已进入城乡融合发展阶段。

在百年尺度的时空压缩式发展基础上，如前所述，随着中国若干产业和科技领域开始进入"无人区"，需要启动"未知—已知"循环，用基础研究的源头创新赋能深层次的创新驱动，这是城市发展进化所面临的"功能升维"。在此背景下，京津冀、长三角、珠三角、成渝地区等国土空间头部区域，北京、上海、深圳、成都等国家中心城市，一方面提出建设科技创新中心的战略方向，另一方面也在积极创新营城策略，纷纷提出建设"未来之城"。

（一）建设未来城市的时代背景

城市就像一类独特的生命物种，在长远的岁月中持续进化，中华文明曾经创造了辉煌的城市及其营造思想。今天，人类社会向智能化方向演进，未来城市、新文明城市等概念已经成为国内外热议的话题，智能化城市治理所面对的问题中有许多是人类社会前所未有的。近年来，中国若干前沿城市在世界城市体系中的地位与作用持续跃升，以雄安新区为代表，中国开始综合性推进面向未来城市的规划、建设与治理的探索。正如本书第三章的梳理所示，建设未来城市已经成为中国一些头部区域、前沿城市的共性选择。这一重要趋势可以总结为这样一个公式：

科技变革＋中国深度城镇化＝未来城市（新的城市物种）

当前，中国的发展已从高速度转向高质量，需要科技创新成为核心动力。高质量发展意味着需要产出高质量的产品与服务，背后是高质量的经济和商业思想的支撑。同样，城市可以看作一个扩大了的"空间产品"，因此也呼唤高质量的城市发展模式及其治理思想，未来城市为此提供了展望方向和想象空间。回顾城市发展历史，能量、信息和物质流动是城市进化中的关键因素，城市能否成为能量、信息的"聚变场"和"放大器"，始终是城市竞争的主赛道。当前，全球前沿城市的枢纽功能更多表现为吞吐货物贸易品、吞吐财政金融资源等，未来则需更多吞吐知识产权、高端软件、工程技术、文化艺术、时尚品位、时代先声等具备更高"信息、能量密度"的产品。面对智能社会的城市"突变"前景，需要用建设未来城市的整合思维推动系统升级，整合国内外城市、产业、科技、人文等领域的前沿经验，通过新的组合效应创造城市新价值。

历史地看，中国探索"未来城市"发展新路径是天时、地利、人和的综合效应。首先，探索未来城市的最大机遇是新一轮科技和产业革命孕育兴起，这将带来交通、通信、能源、产业、教育等领域的颠覆性变化，这些领域的形态变化将会极大地放松城市营造所面对的各项根本性、前提性"局限条件",带来创新空间。其次,探索未来城市的最大优势是中国的综合国力提升与独特制度环境。如前所述,城市的进化遵循"整体律",作局部零件的革新,显然不如在城市整体层面进行创新能够产生更大的作用,中国前沿的新城新区有机会发挥制度优势,通过党的领导、政府管理、市场主体、社会融合形成发展合力,集成古今中外的城市开发与管理经验,构建高效运行的治理体系。

在科技发展方面,著名科技杂志《连线》的2020年11月、2021年1月刊连续发表了题为《华为、5G与征服"噪声"的人:一位土耳其科学家的理论突破助力中国科技巨头华为掌握未来》(*Huawei, 5G, and the Man Who Conquered Noise: A Turkish Scientist's Obscure Theoretical Breakthrough Helped the Chinese Tech Giant Gain Control of the Future*)的文章。该文的末尾处有这样一段话:"或许是千年以来的首次,中国正在最前沿科技领域与世界其他国家展开竞争。艾尔肯教授提出:'极化码技术本身没有那么重要,但它是个重要技术标志。5G技术与互联网技术完全不同,它更像是全球尺度的神经系统。华为是5G技术的领头羊,而在该领域,美国公司将很难在10年、20年甚至50年内达到这一地位。在互联网时代,美国产生了几家万亿市值的公司。因为5G,中国将会产生10家或更多这样规模的公司。华为和中国目前领先。'"❶

---

❶ LEVY S. Huawei, 5G, and the Man Who Conquered Noise: A Turkish Scientist's Obscure Theoretical Breakthrough Helped the Chinese Tech Giant Gain Control of the Future[Z/OL], The December 2020/January 2021 Issue. 网络版: https://www.wired.com/story/huawei-5g-polar-codes-data-breakthrough/. 这段话的原文为: Maybe for the first time in a thousand years, China is showing they are competing head to head with the rest of the world in technology. "Polar codes itself is not what's important," he continued. "It is a symbol. 5G is totally different than the internet. It's like a global nervous system. Huawei is the leading company in 5G. They will be around in 10, 20, 50 years—you cannot say that about the US tech companies. In the internet era, the US produced a few trillion-dollar companies. Because of 5G, China will have 10 or more trillion-dollar companies. Huawei and China now have the lead."

在城市发展机制方面，根据厦门大学赵燕菁教授的相关研究，发展中生成的投融资机制是非常有优势的一套体制，因其资本创造功能是人类历史上所罕见的。当然，学术界也普遍认为这套体系需要根据新的形势持续调整优化。著名城市研究学者 Chris Hamnett 教授也认为，中国自 1980 年左右以来经历的改革后城市化构成了一个完全独特的案例，或许是独一无二的，肯定不容易被纳入关于城市发展和变革的（西方）标准讨论之中。❶ 在这一方向上，笔者在《论城市的合约性质》（中国人民大学出版社，2016）一书中也有相应的解释和阐述，主要观点为：城市是一组要素合约的系统集成，由政府提供共用品并与企业家、人力资本、土地等市场要素合作生产出来。在城市发展过程中，各类要素以结构性合约的形式参与合作生产并获取回报。城市化进程的根本动力是改善合约结构、降低制度费用。

从更深层次的文化层面看，正如历史学家许倬云先生所说："'现代'的竞技，西方参与，而中国长期缺席，乃是由于在文明开始的枢纽时代，东和西的曲调，有不同的定音。人类在提出超越的课题时，无论东、西圣人，基本上都假定有一个超越的理性，在东方谓之'道'，在西方谓之'圣'。儒家阐述的'道'，要兼顾个人的意志和全体人类的福祉，西方提出的'圣'，乃是盼望个人能力和意志的发挥，能尽其'至'，才配得上神的恩宠。假如这无穷无尽的宇宙中，一个小小的星云群，其中有一个小小的银河系，银河系中又有一个小小的太阳系，其中又有一个更微细的地球。对于这个微小的个体，有一位'造物主'，亦即人格化的'道'和'圣'，发下两条指令，写在同一页的两面，东边和西边各看了一半；于是，东边尽力在神赐给的环境中，求得最大的平衡和稳定，以安其身，以立其命；西方从犹太教以来，

---

❶ HAMNETT C. Is Chinese Urbanisation Unique?[J]. Urban Studies, 2020, 57（3）: 1-11.

始终是尽力求表现、求发展，甚至于不惜毁损自己寄生的地球。"❶面对科技层面的突变，面对经济、社会、生态等方面错综复杂的问题，或许结合东西方文化优点，更加发挥东方文化的平衡、整合特点，求得"自存—共存"平衡，才是未来的出路所在。

（二）探索"双重整合"的理论路径

面对纷纷开展的"未来城市"实践，正如张庭伟先生的深刻观察那样，"城市政策具有全局作用，带有历史影响"，不可不慎，因而我们比以往更加需要理论创新和政策创新的指引。科技、产业和城市之间的互动逻辑发生深刻变化，产业、规划、治理之间越来越相互影响，密切互动。要想走在这一历史进程的前列，必须站在人类城市文明和科技文明融合的视野，努力创造首创性、集成性、引领性的规划方案和改革措施。首先，科学前瞻技术进步前景，通过规划、建设与治理能力的提升，让各类新技术、新基建加快形成新的"组合效应"。诚如梁鹤年先生所说，分析是剥洋葱，剥到最后可能是空白，而设计则要善整合、善取舍。从这个意义上来说，未来之城的设计远超空间形态层面，需要科技、产业、空间、治理乃至文化与哲学层面的整合，需要深厚的理论支撑与实践判断，方能形成贡献人类的"21世纪考工记"。

因此，面向未来城市，需要理论创新并在理论创新的基础上实现治理创新和政策创新。需要努力构建比较系统的"未来城市"理论体系，明确重要研究方向与议题，探索兼收并蓄而又植根中国的城市治理体系。根据本书第四章提出的"城市进化"分析框架，面向未来城市的理论体系应当包含两个层面：一是关注技术突变对城市的影响，梳理技术突变的整体图景，整合分

---

❶ 许倬云. 现代人的天问 [M]// 杜君立. 现代的历程：一部关于机器与人的进化史笔记. 上海：上海三联书店, 2016: 2-3.

析其对城市形态、结构与运行的潜在影响；二是关注技术变革可能带来的挑战，结合文化基因演变，整合分析城市治理层面的应对与变化，构建面向未来的城市规划与治理理论，从而促进城市进化过程的顺畅、低冲击。笔者将这一研究思路总结为"双重整合"的理论路径。

毫无疑问，这一理论路径的展开需要想象力、需要基于国内外的前沿实践。这种"想象力"应该是比较开阔、跨学科的想象力，重点处理"科技约束条件"，因为"科技进步会对生产组织、生活方式、城市空间产生全局性的影响；生产组织会影响生活方式；生产方式和生产组织又作用于城市空间。"❶当前，以人工智能、物联网、新能源、新材料等为代表的前沿技术相互渗透，正在以令人耳目一新的方式重塑城市发展的机理。传统的城市规划更多是功能、形态、景观上的优化，而未来则更需要对技术、对人类生活各方面的基本形态给予想象力与判断力，区分出"纯想象"与"有可能实现的想象"。同时，城市治理的理论创新应该源于前沿实践，重点处理"制度、文化约束条件"，在传承历史优秀基因的基础上谋求创新、兼容并包。

上述"双重整合"的理论路径，其重点任务是明确一些重要的研究方向与议题，包括：

第一，构建更具包容性的城市理论模型。新的模型应该能准确、高效率地描摹城市的本质特征，特别是制度本质上的特征，并具有相当的稳定性。面对日新月异的科技进展，要能够平衡好理论的稳健性和包容度，使其具有较好的开放性，能用以分析多个领域的关键问题。在这方面，笔者认为梁鹤年先生提出的"城市人"理论最具适用性。此外，笔者此前提出的城市合约理论等也是在制度层面的探索。

第二，区分百年尺度的"变与不变"。科技、产业更迭加速意味着城市

---

❶ 杨保军. 城市创新与规划创新——第十四届中国城市规划学科发展论坛上的报告[R/OL]. http://mp.weixin.qq.com/s/EysyTDUidsAFTPrj-rfibA.2017-10-29.

形态、城市功能的更迭加速，但不管如何加速，城市规模与体量的公共决策，必须用百年以上的尺度去分析各方面因素的变与不变，把握不变之处、大胆投资建设，同时也为变动之处预留空间。用"变与不变"的框架去分析产业、交通、教育、住房、医疗、生态等领域，更好地处理分散与集中、新与旧、刚性与弹性等基本矛盾。例如，从城市经济学基本原理来看，大城市的好处是各类要素集聚、能够深化分工。大城市的吸引力之源是各类教育、商业、文化、医疗设施的集聚，造就了向心性和黏性，这就是几十年乃至百年的不变之处。而分析变化之处的想象空间很大，比如混合现实技术使得人与人的关系可能改变，远程的交流更加方便、逼真，降低人与人见面的必要性；无人机、自动驾驶技术，使得人与物、人与通勤的关系也发生过改变，相对更加支撑分散式布局，这些会对城市形态的变迁带来深远的影响。

第三，构建新型城市治理体系。这个治理体系应当来源于各类前沿实践探索，与各方面基础制度相融并互相促进，同时也要具有持续演进与进化的品质。在这方面，有条件的前沿城市可以启动面向未来城市的研究与探索，至少要有意识地用未来城市的思维来规划建设和谋划城市治理。

展望未来，如果以雄安新区为代表的中国未来城市建设持续发展，面向"未来城市"的理论体系也能够不断完善，那么，这将对进入城镇化下半程的"城市中国"产生巨大影响，也有潜力对世界城市发展的进程产生重大影响。

按照"双重整合"的理论路径，接下来的两章分别展开面向未来城市的第一层整合分析与第二层整合分析。

第七章

技术变革：科技产业革命的城市影响

科技变革会使城市营造的诸多约束条件出现边界拓展，技术突变促进城市空间中的人与物质的能量、信息流动带来新的可能性与组合模式，带来各个方面的新场景，促进城市的交通、产业、公共服务、社区、人居等领域出现新的变化。

一

鉴往知今：历次科技产业革命对城市发展的重要影响

纵观近现代以来的发展历程，城市的变迁与科技产业革命有非常密切的关系。从前面梳理出来的关键性的城市生命体指标中可以看到，合理人居密度、单位面积能量密度、信息密度是一些表征和影响城市功能的主要指标。历史是一面镜子，通过回顾历史上的科技变革对城市生命体关键指标的影响，能够给展望未来带来很多启示。

第一次科技产业革命导致工业城市的兴起，城市作为一类空间"物种"开始出现深度分工。此前的城市都是农业经济状态下的集中交换物品的场所或治理、防卫功能集聚地。大工业生产型的城市是从工业革命开始，工业项目的后面是一个更大的配套体系，市场范围不断扩大，出现了港口城市、资源型城市的功能分化，城市分工进入了工业化体系的时代。这套体系能够支撑就业大规模扩展，所以城市化大大加速。但与此同时，这些变革也带来了一系列城市病，像恩格斯所写的工人居住状况所呈现的那样。也正是在那个时候，一系列理想城市的模型出现了，例如前文所述的欧文、傅里叶的设想与实践。同时，现代城市规划也走上了历史舞台。通常认为，现代城市规划是诞生于英国的《卫生法案》，因为当时的城市环境是影响人的切身健康的，所以这部法案创造功能区隔、容积率管制、光照要求、卫生住房等内容，以适应这些大的变革冲击，带来城市聚居行为的一系列治理和政策演进（表7-1）。

工业革命后历次科技产业革命对城市进化的影响　　表 7-1

阶段	时间	典型技术	城市进化的表现
第一次科技产业革命	18世纪60年代至19世纪中叶	蒸汽机	工业城市兴起，城市分工细化：配套的港口城市、铁路城市、资源型城市等兴起。 城市化加速、集聚水平提升，城市健康设施与规则滞后，出现城市病（经济、社会、环境、健康等方面）。 理想城市设想：接续乌托邦思想，欧文、傅立叶等提出新协和村、法郎吉、太阳城等模型。 现代城市规划出现：英国《公共健康法》
第二次科技产业革命	19世纪下半叶至20世纪初	电气革命，内燃机、汽车	城市化进一步加速，城市分工深化、联系更为紧密，城市群涌现。 交通、通信变迁，总部、金融中心型城市出现。 汽车、电梯、钢结构、地铁、高速公路等促进城市向地下、地上、广域拓展。 理想城市设想：《雅典宪章》、柯布西耶明日城市、赖特广亩城市、沙里宁有机分散
第三次科技产业革命	20世纪40、50年代至21世纪初期	计算机、原子能、信息、材料技术	城市迅猛发展，人类进入城市时代，城市分工进一步细化。 大城市郊区化，大都市区和城市群渐成主要空间载体。 互联网等技术推动全球化互联互通加深、全球城市崛起。 生态环境、气候变化。 理想城市设想：精明增长、新城市主义、生态城市、海绵城市等
第四次科技产业革命	21世纪	人工智能、量子计算、物联网……	自动驾驶、飞行汽车、新能源、产业互联网、虚拟现实、通用机器人…… 城市：立体化、数字化、智能化、生态化、场景化。 治理：感知密度、决策敏捷度、高效便捷

到了第二次科技产业革命阶段，城市化进一步加速，城市体系分工进一步深化，城市群开始涌现。电力的普及、交通通信技术的发展也允许分工范围更大、程度更深，因而一些资源调配型的、总部型的、甚至金融型的城市开始出现。格迪斯 1915 年出版的《城市的进化》一书中就注意到了城市的集群现象。格迪斯善于从生物学角度开展城市研究，或许他当时也注意到城市的集群和生物的种群有类似之处。同时，又出现了一些新的城市问题，面对这些问题，又有一批理想城市的设想出现了，也就是城市规划专业领域的若干经典模型，比如前文中提到的柯布西耶的明日城市、赖特的广亩城市等。

第三次科技产业革命的影响更大、更迅猛，人类在这个时期作为一个整体进入了城市时代，全球超过 50% 的人居住在城市当中。这个阶段有一个大的进展，就是全球化的体系整体生成，全球城市网络成为影响人类发展的重要空间节点。当然，同样也涌现出无序扩张、能源危机、交通拥堵等一系列的新问题，又出现了一批理想城市的模型。比如，精明增长、新城市主义等。

这些历史回溯展现出如下规律：科技产业新变化给城市带来新机遇的同时也会带来系统性的冲击，出现一些当时条件下的"城市病"，针对这些病症，一些有识之士看到变化、预判发展，提出一些新的理想城市的应对模型，其实这些都可看作是当时条件下的"未来城市"设想。

二

变革潜力：当前新一轮科技产业革命的发展图景

当前，新一轮的以人工智能、物联网、量子计算、新能源、新材料等为代表的科技产业革命，又将会给城市带来哪些方面的变化呢？这些变化又将引发怎样的冲击呢？面对新的发展机遇与可能的冲击，今天的我们又将提出怎样的"未来城市"或"理想城市"的模型呢？这是全人类的时代性课题，也是未来城市建设的探索方向。

（一）未来变化是否可预测？

卡尔·波普尔在《历史决定论的贫困》中提出我们无法通过理性或科学方法来预测科学知识的未来发展，巴蒂在《创造未来城市》一书中也认同这样的观点，认为未来的城市发展不可预测，但可以通过当下的创造活动去实现。然而，正如凯文·凯利在关于《必然》一书的演讲中所说的那样："技术都会有一个前进的方向，我把它叫作必然，就是这个趋势像重力一样，一定会发生。比如有了芯片、电波等，必然会出现互联网，会出现手机……我相信这些趋势是可以预测的，但是它的细节无法预测，比如电话一定会出现，但苹果不是；网络一定会出现，但 Twitter 不是。我想讲一些长期的趋势，这种必然的趋势都是交织在一起的、互相依赖的，但最后朝同一个方向前进。"❶ 库兹韦尔则认为技术预测的关键是更好地掌握技术的指数变化规律："大多数技术预测和预测者都忽略了技术以指数趋势增长这一事实。的确，几乎我见过的所有人都以线性发展观看待未来。这就是为什么人们往往高估短期能够达到的目标（因为我们常常忽略必要的细节），却容易低估那些需要较长时间才能到达的目标（因为忽略了指数增长）。"❷

同理，今天我们研究未来城市，的确有很多细节无法预测，但是某些大的趋势可以进行分析推演。首先，这个过程需要整合描摹科技、产业新趋势

---

❶ 凯利. 通向未来的十二个趋势 [EB/OL]. "原子智库"公众号. https://mp.weixin.qq.com/s/jrrgKS9BTHjXiwUM41QUSw.

❷ （美）库兹韦尔. 奇点临近：2045 年，当计算机智能超越人类 [M]. 董振华，李庆成，译. 北京：机械工业出版社，2011：5.

的总体图景，分析其对城市磁体、容器功能的系统影响；其次，根据从历史回顾中汲取的经验，新科技、新产业带来的冲击最好能够提前思考治理应对，发挥中国传统文化的精神，做到"治未病"。

可以确定的是：第一，作为前提性的约束条件，科技产业创新将引起系统性的变动，带来机遇也带来挑战；第二，重大的技术，特别是交通领域的新型技术、新型基础设施会对城市形态带来重大的影响。这些趋势提醒我们要回到城市的基本模型，寻找更有包容性的理论路径。如前所述，新一轮科技、产业创新的趋势，对于今天的城市认知而言是一些外生性的变化，会放松城市营造与运行的各类局限条件，包括硬件、也包括软件。如何构建一个简明的框架来分析新一轮科技产业革命对城市的影响呢？需要寻找学术上比较有包容性的概念去对应。

通过理论扫描，著名城市学家、思想家芒福德提出的城市作为"磁体&容器"的概念为我们提供了理论上的武器，他认为城市可以作为磁体，也可以作为各类活动的容器。基于这一组概念，可以搭建科技产业映射城市的一个简要的分析框架。如图 7-1 所示，分隔线左面分析科技变动趋势，分隔线右面映射分析城市在磁体与容器两个方面的变化。容器对应狭义的城市空间，城市的物理形态，承载各类活动，城市各类空间和功能体现出"点线

科技产业创新趋势	城市
"未来已来、奇点来临"……	芒福德：磁体 & 容器
一些外生性变化，放松空间上的各类局限条件，可能影响城市特别是影响空间形态	容器本身 + 容纳的活动（磁体） 狭义　　　　广义 功能（居住、交通、产业、管理、消费、休闲、文化） 空间：点、线、面、空

图 7-1　科技产业创新对城市影响的主要维度

面"的一些变化，特别是未来"空"的变化巨大，未来的一些交通技术变革，如飞行汽车等将会使得城市空间的立体化程度进一步提升。同时，城市功能的许多变化则是对应于磁体的。容器满足城市人的物性，磁体对应于我们的理性。"磁体"和"容器"两大功能之间的矛盾也构成城市演进的一条重要主线。

当前科技创新与产业创新呈现密切互动关系。第一，科技创新引发产业创新。主要机制是：①改造提升原有产业。路径是降低生产成本、提高产品质量。②创立新的产业。表现为科技创新带来新材料、新工艺、新的能量信息处理方式等发明，带动新产品和新领域的出现。③通过新旧产业的更迭，带动产业结构不断演进。第二，产业创新呼唤科技创新。存在于各个产业门类中的企业在市场中竞争，与消费者互动，对于市场需求非常敏感，持续产生对科技创新和研发转化的需求。因此，科技创新和产业创新共同服务于满足不断变迁的市场需求，二者互相促进、相互影响。

（二）技术变化的未来图景

首先需要聚焦的是整合描摹科技、产业发展的趋势，有一个总体图景式的认知。在这方面，近年来笔者持续做了一项工作，把能够收集到的国内外一些权威研究机构、学者发布的科技产业中长期趋势研究报告及相关著作汇总起来，在此基础上再作趋势整合判断，并思考对城市的影响。在这些趋势性报告中，有一些综合性较高的成果带来很大启发。

凯文·凯利的《必然》一书将未来科技变革总结为十二个趋势：形成、知化、流动、屏读、使用、共享、过滤、重混、互动、追踪、提问、开始，实际上是从十二个角度描摹了科技发展的总体图景，一经提出就引起科技、商业领域的重视和讨论。

奇点大学创始人之一彼得·戴曼迪斯及其合作者史蒂芬·科特勒在《未来呼啸而来》一书中提出，当前人工智能、云计算、基因编辑、纳米技术、先进制造等领域科技突破蓬勃展开，每个领域的技术进步都出现了类似摩尔定律的指数级增长现象，某些独立加速发展的技术与其他独立加速发展的技术融合会导致新的"奇迹"产生。在此前的《富足》和《创业无畏》两本书中，彼得·戴曼迪斯与史蒂芬·科特勒提出了指数型技术加速的概念，这一概念指的是：一种技术，只要其"功率"翻倍，而价格却在不断下降，就可以称为指数型技术。摩尔定律就是一个经典的例子。该书梳理了当前指数型技术的发展趋势，这些技术包括：量子计算机、人工智能技术、机器人技术、纳米技术、生物技术、材料科学、网络技术、传感器、3D打印、增强现实、虚拟现实、区块链等。在此基础上，推演上述技术的融合图景，展望了未来可能被重塑的八大行业：零售业、广告业、娱乐业、教育业、医疗保健业、长寿业、商业和食品业。

美国陆军研究机构发布的《2016—2045年新兴科技趋势报告》综合分析了此前五年内由美国相关政府机构、科研机构、咨询机构、国际研究所、工业界、智囊团和智库等发布的32份科技预测报告及这些报告提到的690项科技趋势，以识别出可能带来变革性或颠覆性影响的科技趋势。报告最终提炼出20项值得关注的新兴科技趋势（图7-2），包括：机器人与自动化系统、增材制造、大数据分析、人类增强（Human Augmentation）、智能手机与云计算、医疗进步、网络安全、能源技术、智慧城市、物联网、食物与淡水科技、量子计算、社交网络（Social Empowerment）、先进数码设备、混合现实（即虚拟现实与增强现实）、对抗全球气候变化技术、先进材料、新型武器、太空科技、合成生物科技等。该报告提出，这些技术进展体现出五大趋势：①数字技术和网络科技的地位不断提升。②物联网迅速扩张，生物和物理硬件不断提升人体机能，使得人类与技术之间的隔阂在未来30年里将可能进一步缩小。③科技为改变物理环境提供了新工具，强化了个人与企业的能力。社会技术的革新也使个人拥有了创造微文化、社群文化的能力并可能重新定义传统的阶层划分。④合成生物科技的发展体现了人类在基因工程上修改生物基

图 7-2　美国陆军《2016—2045 年新兴科技趋势报告》判断的 20 项新兴趋势❶

因的可行性。⑤随着世界人口扩张以及因气候变化而造成的食物和饮水压力不断增加,技术将成为全人类健康、安全以及生产运作的保障。

2019 年华为公司发布了《智能世界、触手可及：2025 十大趋势》报告,该报告提出 5G、云、IOT、AT 的融合应用正在塑造一个万物感知、万物互联、万物智能的世界,展望了未来的十项科技产业变革趋势（图 7-3）。

著名的信息技术研究和顾问公司高德纳（Gartner）公司每年发布的十大战略技术发展趋势和基于技术成熟度曲线的技术发展趋势是受到广泛关注的趋势成果,表 7-2 展示了 2011—2020 年间其所提出的战略技术。

---

❶ Office of the Deputy Assistant Secretary of the Army (Research & Technology). Emerging Science and Technology Trends: 2016-2045, A Synthesis of Leading Forecasts[EB/OL].(2016-04).http://www.futurescoutllc.com/wp-content/uploads/2016/09/2016_SciTechReport_16June2016.pdf.

1 是机器,更是家人
全球 14% 的家庭将拥有家用智能机器人。

2 超级视野
采用 VR/AR 技术的企业将增长到 10%。

3 零搜索
全球 90% 的人口将拥有个人智能终端助理。

4 懂"我"道路
C-V2X(蜂窝车联网技术)将嵌入到全球 15% 的车辆。

5 机器从事三高
每万名制造业员工将与 103 个机器人共同工作。

6 人机协创
97% 的大企业将采用 AI。

7 无摩擦沟通
企业的数据利用率将达 86%。

8 共生经济
基于云技术的应用使用率将达到 85%。

9 5G,加速而来
全球 58% 的人口将享有 5G 服务。

10 全球数字治理
全球年存储数据量高达 180ZB。

图 7-3　华为公司展望的 2025 十大趋势 ❶

高德纳公司 2011—2020 年十大战略技术汇总　　表 7-2

年份 序号	2011年	2012年	2013年	2014年	2015年	2016年	2017年	2018年	2019年	2020年
1	云计算	媒体平板电脑及更多	移动设备大战	移动设备的多样性及管理	无处不在的计算	终端网络	应用型人工智能和高级机器学习	AI 基础	自主物件	超自动化
2	移动应用和媒体平板	移动设备为中心的应用程序和界面	移动应用和 HTML5	移动应用和应用程序	物联网	环境用户体验	智能应用	智能应用和分析技术	增强分析	多重体验

❶ 华为公司. 智能世界、触手可及:2025 十大趋势 [EB/OL]. (2019-08). https://www.huawei.com/minisite/giv/Files/whitepaper_cn_2019.pdf.

续表

年份\序号	2011年	2012年	2013年	2014年	2015年	2016年	2017年	2018年	2019年	2020年
3	社交交流和协作	文本内容和社交用户体验	个人云	互联全部事物的网络	3D打印	3D打印材料	智能物件	智能物件	AI驱动的开发	专业知识的民主化进程
4	视频	物联网（IOT）	物联网	混合云和IT即服务	无所不在却又隐于无形的先进分析技术	万物联网信息	虚拟现实与增强现实	数字孪生	数字孪生	人类增强
5	下一代分析技术	应用商店和市场	混合IT与云计算	云/客户端架构	充分掌握情境的系统	高等机器学习	数字孪生	从云到边缘	拥有自主权的边缘计算	透明度与可追溯性
6	社交分析	下一代分析	战略性大数据	个人云时代	智能机器	自主代理与物体	区块链和分布式账本	对话式平台	沉浸式体验	边缘计算
7	背景感知计算	大数据	可转化为行动的分析	软件定义一切	云/用户端计算	自适应的安全架构	会话系统	沉浸式体验	区块链	分布式云
8	存储级内存	内存计算	内存计算成为主流	Web-scale IT	软件定义的应用程序和基础架构	高级系统架构	网络应用和服务架构	区块链	智能空间	自主物件
9	普适计算	极低能源的服务器	集成生态系统	智能机器	网络规模IT	网络应用程序与服务架构	数字技术平台	事件驱动	数字伦理与隐私	实用型区块链

续表

年份 序号	2011年	2012年	2013年	2014年	2015年	2016年	2017年	2018年	2019年	2020年
10	基于结构的基础设施和电脑	云计算	企业应用商店	3D打印	基于风险的安全与自我防卫	物联网架构及平台	自适应安全架构	持续自适应风险和信任	量子计算	AI安全

资料来源：根据高德纳 2011—2020 年十大战略技术发展趋势报告整理而成。https://www.gartner.com/en/search?keywords=the%20Top%2010%20Strategic%20Technology%20Trends。转引自：金珺，李猛. Gartner 十大战略技术发展趋势分析（2010—2020 年）[J]. 创新科技，2020（11）：9-16

在最新的预测报告中，高德纳公司提出了 2021 年的重要战略科技趋势，如表 7-3 所示。

高德纳公司 2021 年重要战略科技趋势预测　　表 7-3

技术趋势	内涵	预测
行为互联网 （Internet of Behaviors）	技术捕获并使用人们日常生活中的"数字尘埃"。汇集面部识别、位置跟踪和大数据等关注个人的技术，并将结果数据与现金购买或设备使用等相关的行为事件相关联	到 2025 年年末，全球一半以上的人口将至少参加一项商业或政府的 IoB 计划。社会各界将对各种影响行为的方法展开伦理和社会学讨论
全面体验 （Total Experience）	全面体验（TX）将多重体验与客户、员工和用户体验相联系。由于新冠疫情，移动、虚拟和分布式互动日益盛行，TX 将改善体验的各个组成部分，实现业务成果的转型	未来三年中，提供 TX 的企业机构在关键满意度指标方面的表现将超越竞争对手
隐私增强计算 （Privacy-Enhancing Computation）	随着全球数据保护法规的成熟，不同于常见的静态数据安全控制，隐私增强计算可在确保保密性或隐私的同时，保护正在使用的数据	到 2025 年将有一半的大型企业机构使用隐私增强计算在不受信任的环境和多方数据分析用例中处理数据

续表

技术趋势	内涵	预测
分布式云（Distributed Cloud）	分布式云将公有云分布到不同的物理位置，但服务的运营、治理和发展依然由公有云提供商负责。它为具有低延迟、降低数据成本需求和数据驻留要求的企业机构方案提供灵活的环境，同时还使客户的云计算资源能够更靠近发生数据和业务活动的物理位置	到2025年，大多数云服务平台至少都能提供一些可以根据需要执行的分布式云服务。分布式云可以取代私有云，并为云计算提供边缘云和其他新用例
随处运营（Anywhere Operations）	为全球各地客户提供支持，赋能全球各地员工并管理各类分布式基础设施业务服务部署的IT运营模式。它所涵盖的不仅仅是在家工作或与客户进行虚拟互动，还能提供所有五个核心领域的独特增值体验，分别是：协作和生产力、安全远程访问、云和边缘基础设施、数字化体验量化以及远程运营自动化支持	到2023年年末，40%的企业机构将通过随处运营提供经过优化与混合的虚拟/物理客户与员工体验
网络安全网格（Cybersecurity Mesh）	使任何人都可以安全地访问任何数字资产。通过云交付模型解除策略执行与策略决策之间的关联，并使身份验证成为新的安全边界	到2025年，网络安全网格将支持超过一半的数字访问控制请求
组装式智能企业（Intelligent Composable Business）	静态业务流程非常脆弱。智能组合型业务通过获取更好的信息并对此作出更敏锐的响应来彻底改变决策。依靠丰富的数据和洞见，未来的机器将具有更强大的决策能力	智能组合型业务将为重新设计数字化业务时刻、新业务模式、自主运营和新产品、各类服务及渠道铺平道路
人工智能工程化（AI Engineering）	为将人工智能转化为生产力，必须转向人工智能工程化这门专注于各种人工智能操作化和决策模型（例如机器学习或知识图）治理与生命周期管理的学科。三大核心支柱：数据运维、模型运维和开发运维	强大的人工智能工程化策略将提高人工智能模型的性能、可扩展性、可解释性和可靠性，完全实现人工智能投资的价值

续表

技术趋势	内涵	预测
超级自动化（Hyperautomation）	可用于快速识别、审查和自动执行大量获准业务和IT流程的严格方法。因为疫情，一切事物都被突然要求首先实现数字化，这大大增加了市场的需求	超级自动化是一股不可避免且不可逆转的趋势。一切可以而且应该被自动化的事物都将被自动化

资料来源：根据高德纳公司发布的2021年重要战略科技趋势整理。https://www.gartner.com/cn/newsroom/press-releases/2021-top-strategic-technologies-cn。

在创新型城市（区域）以及创新型研究机构等方面，也有一些前沿经验值得关注。创新型区域中，一些代表性地区如美国硅谷、日本筑波科学城、新加坡纬壹科学城、美国北卡三角研究园、荷兰埃因霍温高科技园区等。创新型研究机构如美国国防部预先研究计划局（DARPA）、美国国家转化科学促进中心（NCAT, National Center for Advancing Translational Sciences）、德国弗劳恩霍夫应用研究促进协会等。美国硅谷是信息时代的创新型区域代表，关于硅谷的研究汗牛充栋，《硅谷百年史》这部著作堪称代表性成果，这部书对硅谷的发展进行了全景式回顾和分析，将硅谷的成功总结为七项要素："引擎"公司，智力资本的供应者，风险投资、天使投资和法律服务基础，晴朗、温暖的气候，移民涌入，创业与容忍失败的文化，追随梦想及改造世界的灵感。近年来，硅谷创业的一些新方向是：①新芯片与生物模拟，主要是味觉和嗅觉的生物化学模拟芯片；②人工智能与服务机器人；③纳米技术、新材料与新能源；④虚拟现实、增强现实与新社交；⑤新软件与新IT等。

持技术乐观主义观点的未来学家雷·库兹韦尔更是在《奇点临近》一书中将技术推演上升到了思想层面。他认为，技术发展并非线性前行，而是具有指数级增长特征，大约在21世纪中期将会到达一个技术上的"奇点"。届时，在生存状态上人类能够突破基因法则掣肘、突破寿命的极限，在智能方面将与机器融合，通过脑机接口、智能嵌入等技术重塑认知能力，进而推动人类社会达到前所未有的智能水平和高度的物质文明。与大历史观的研究相类似,库兹韦尔从生物与技术结合的角度提出了人类发展"六大纪元"的进化图景(图 7-4、表 7-4)。

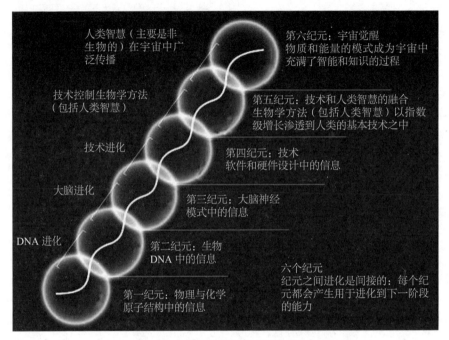

图 7-4 库兹韦尔提出的技术发展"六大纪元"图景

(资料来源:(美)库兹韦尔. 奇点临近: 2045 年,当计算机智能超越人类 [M]. 董振华,李庆成,译. 北京: 机械工业出版社,2011: 6.)

库兹韦尔提出的技术发展六大阶段主要特征 表 7-4

技术进化阶段	主要特征与传承机制
第一纪元:物理与化学	宇宙中的各种规律和物理常数(用于保持各种基本力之间的平衡)非常精妙而又错综复杂,原子、分子相继产生,它们为信息的编撰和进化创造了可能
第二纪元:生物	始于几十亿年前,由碳元素形成的化合物趋于复杂化,形成可自我复制的分子聚合物,生命随之诞生。最终,生物系统进化出了一套精密的数字机制(DNA)用以对更高层次的分子信息进行存储,使得第二纪元的进化信息得以保存

续表

技术进化阶段	主要特征与传承机制
第三纪元：大脑神经	进化产生可以感知、存储、加工信息的生物。第二纪元的机制（包括DNA、蛋白质外向信息以及能控制基因表达的RNA片段）使得第三纪元的信息处理机制（大脑及神经系统的各个器官）得以运作并发挥功效。 人类这一物种进化获得了对世界进行思维抽象并进行理性推演的能力，并将这些思想付诸实践
第四纪元：技术	人造技术的进化：简单机械化—制造精妙的自动化设施—通过成熟的计算和通信设备实现对不同类型复杂信息的感知、存储和评估
第五纪元：技术和人类智慧的融合	奇点将从第五纪元开始，这是人脑中大量知识与人类技术相结合的结果。 这时人类技术的典型特征是：更大容量、更快速度、更强的知识分享能力。 人机文明超越人脑限制（数百兆缓慢连接）、克服生物进化限制，极大地解放人类的创造力，但也将提高人类从事破坏行为的可能性
第六纪元：宇宙觉醒	需要为最优级别的计算重新组织物质和能量，继而将这种最优的计算由地球推广至宇宙，"无智能"物质和宇宙机制将转变为精巧且具有高级形式的智能

资料来源：根据《奇点临近》相关内容整理。

（三）技术发展的几项规律性认识

在梳理上述趋势性研判与发展经验的基础上，梳理出以下几项共识度较高的演变规律：

（1）智能前景。在技术指数级发展趋势的影响下，以"智能＋数据"为代表的智能革命持续走向深入。大数据、人工智能、云计算、物联网等技术逐步深入产业场景，成为新时期的新型基础设施。未来产业互联网趋势加速，数字产业化和产业数字化共同推进，人与物、人与数据、人与机器将更为密切地连接甚至融合起来，实现万物互联的场景变革。

（2）人本导向。围绕人的健康、物理增强和体验需求成为重要的创新领域。未来科技、产业创新的一大主题和源头是围绕"人"，即围绕拓展人的能力、满足人的多种需求展开，人的健康、物理增强、情感娱乐需求等成为重要的创新主轴。总的发展趋势是：人和机器的界限逐步模糊、现实和虚拟的界限逐步模糊，人与技术将深度融合。新技术还将大规模提升生产力，提高资源利用效率，将人从繁重的劳动中解放，让人类有更长的寿命、更多的自由时间追求创造性、追求快乐、追求自我实现。AR、VR、精准医疗、人体外骨骼、纳米医疗机器人等先进科技方向都是重要体现。

（3）创新无界。其中，"界"既是指空间上的范围、界限，也是指不同领域之间的界限。空间上看，世界越来越形成一体化的市场，未来城市真正可持续的竞争力是创新能力，并且，根据城市经济学中"基本部门"的概念，哪怕是在一个很小的产业方向上，城市的基本部门所面对的就是全球市场。领域角度看，"即将到来的全球化时代会掀起一波影响科技、经济及社会的浪潮。……这次的浪潮也会彻底地改变人们的经济生活。在商业领域，甚至在并不相干的领域，例如生命科学、金融、战争与农业，只要你能想到的领域，都已经有人在尝试着去发展和进行商业化了。创新开始在越来越多的地方被商业化。……在不远的将来，人们将看到机器人帮助瘫痪的病人走路，可以彻底治疗某些癌症的药物被设计出来，而计算机编码将会被用作国际货币，以及足以毁灭半个世界物质基础设施的武器问世。"❶ 波士顿咨询公司的一项研究提出，未来的产业演进方向将形成五大主题，分别是智能、高效、健康、绿色、求知，并且每个主题之间都有相互的交叉影响。

（4）军民融合。历史上，诸多尖端技术是首先满足军队需求而孵化的。经考证，"engineer（工程师）这个词通常被认为起源于拉丁语的 ingenium 或 ingeniatorum，意义分别为'独创性'和'拥有或运用独创性的人'。……在中世纪，在军队中与石弩或其他战争装置打交道的工匠被称为 ingeniator。……在中世纪和近代早期，ingeniator 之所以得此称呼，是因为他们在军队工作，与战争'发动机'打交道，这些战争'发动机'是包括石

---

❶（美）罗斯. 新一轮产业革命：科技革命如何改变商业世界[M]. 浮木译社，译. 北京：中信出版社，2016：12-14.

弩、大炮在内的所有早期战争技术装置，ingeniator 负责设计、制造和维护这些装置。……英语单词 engineer 是通过法语词 ingénieur 直接引入英语中的。在法语中，这个词最初同样用于战争。法国军队中的 ingénieur 仍然是那些处理和维护战争武器的军人。"❶ 进入现代时期，一些军用技术同样促进了社会经济的发展，如美国的 DARPA 孵化了我们今天熟知的许多技术。中国已经在中央层面成立了军民融合委员会，中央军委则设立了科技委。

（5）聚焦研发。硅谷非常强大的能力是研发，如果未来的城市把这个关键环节做好，再加上基础创新，就很可能形成具有可持续性的创新生态。

（6）治理缺口。正如亚力克·罗斯所观察到的那样，科技与产业革命带来创新机遇，也带来新的挑战，创新可能"加剧财富与福利分配两极分化的力量，也可以被黑客所利用，用于盗取你的信息甚至财产。在计算机能加速分析合法文件的同时，市场对于律师数量的需求也会减少。社交网络为我们提供了新的交流平台，却也造成了前所未有的社会焦虑。而电子化的支付方式虽然促进了消费，却也让新型犯罪有了可乘之机"❷，鲍里斯·巴比奇等也敏锐地提出"机器学习与之前的数字技术最大的区别在于，它能够独立地作出越来越复杂的决策——比如交易哪种金融产品、车辆对障碍物作出什么反应、病人是否患有某种疾病等——并根据新的数据不断调整。但算法有时会出问题，不一定能作出合乎道德的正确选择。根本上的原因有三个：一是算法依靠的通常是概率，因而预测很可能会出错；二是机器学习的运行环境本身可能会发生变化，或者与算法开发时的环境有所不同，比如概念漂移和协变量漂移；三是系统整体的复杂性问题。此外，除了不准确决策的风险，还

---

❶（英）麦卡锡. 人人都该懂的工程学[M]. 张焕香，宁博，徐一丹，译. 杭州：浙江人民出版社，2020：6-7.

❷（美）罗斯. 新一轮产业革命：科技革命如何改变商业世界[M]. 浮木译社，译. 北京：中信出版社，2016：12-14.

存在代理风险和道德风险"❶。延伸这些逻辑到城市治理层面，许多城市现行的治理体系和呼啸而来的未来科技产业变动之间存在显著的缺口。很多城市管理者对科技、对科学的认识，在政策制定过程中对科学的考虑，需要进入一个更新换代的阶段。

三

城市影响：重要领域的变动趋势及应对策略

在上述科技产业变革总体图景认知的基础上，可以分领域刻画科技产业新趋势可能对城市带来的影响。武廷海等基于 Web of Science 引文数据，通过对 2000—2019 年未来城市研究与实践有关的 5000 多篇文献进行可视化分析，将大数据、人工智能、互联网等新兴技术影响的未来城市变化聚焦于交通、能源、通信（ICT）、环境（生态）、健康和城市公共服务等领域。❷

在技术本身的演变逻辑基础上，还需进一步考虑相应的社会影响。物理学家理查德·费曼曾言："科学最明显的特征是其应用特性，使我们有能力做许多事情……科学带来的做事能力本身是有价值的，至于结果之好坏取决于它如何被运用，这是所有社会与科学之间关系问题的根源。"这段话对研

---

❶ 巴比奇，科恩，叶夫根尼奥，格克，等. 当机器学习脱离正轨[J]. 刘隽，译. 哈佛商业评论（中文版），2021（1）：95-102.

❷ 武廷海，宫鹏，等. 未来城市研究进展评述[J]. 城市与区域规划研究，2020，12（2）：5-27.

究未来城市很有启发，启发我们要将科学的应用特性与社会发展、城市发展结合起来思考。以下从三个重要领域讨论未来城市的演变趋势。

1. 交通与能源变革

能量的使用方式变化以交通、能源领域最为突出。当前，渐趋成熟的无人驾驶、飞行汽车、新能源体系等变化必将对城市带来深刻的影响，对城市容器的"点、线、面、空"等维度都有影响，可能导致城市走向更加广域化、均质化、立体化，进一步缩小物理空间距离的约束。

无人驾驶将对城市空间格局及人们的通勤、生活带来深远影响。梳理无人驾驶的历史发现，早在1939年的纽约世博会上通用公司就提出了"无人驾驶汽车"的设想，当时的设想是"一个由无线电指挥，可以与现代高速公路系统一同研发的汽车。随后，1958年通用汽车开发了第一辆无人驾驶汽车——火鸟。它可以与一种电线轨道相连。当有其他车连入这条轨道时，系统会检测到车与车之间所需的安全距离，并发出信号。这和旧金山著名的有轨电车有些相仿，它们采用同样的原理来确保车辆之间的安全距离。不过在21世纪以前，无人驾驶汽车不过就是一个未来主义的概念。谷歌汽车项目的创始人塞巴斯蒂安·特龙解释道：'在2000年前，根本不可能生产出任何实质性的东西。因为当时没有传感器，没有所需要的计算机，没有电子地图，雷达也只不过是个造价高达两亿美元的山顶上的设备，不像今天在无线电屋（Radio Shack）就能买到。'……然而今天，几乎所有的汽车公司都在研究建造自己的无人驾驶汽车。但这些公司中排在最前面的却不是一个传统意义上的汽车公司，而是谷歌。……以下就是其中运用到的一些科技：确保车辆行驶在车道内的雷达和相机、光感系统、测距系统、红外线、3D成像、一个先进的GPS（全球定位系统）以及车轮传感器。" ❶

---

❶（美）罗斯. 新一轮产业革命：科技革命如何改变商业世界 [M]. 浮木译社，译. 北京：中信出版社，2016：19-20.

在轨道与城际交通方面，当前的地铁通行速度及接驳体系决定了30km左右是同城化的范围，而未来飞行汽车时代，很可能通勤范围百公里都是可以接受的。"几千年来，拥有像电影《银翼杀手》（*Blade Runner*）中的悬停汽车和《回到未来》（*Back to the Future*）中的时光车，一直是人类的最高梦想之一。造一辆'能够飞行的车'的想法，至少可以追溯到印度史诗《罗摩衍那》中的'飞行战车'。即便是更现代的版本，也就是以内燃机技术为基础建造飞行汽车的想法也已经存在了相当长的一段时间。1917年的柯蒂斯自动飞机（Curtiss Autoplane）、1937年的'箭头'（Arrowbile）、1946年的陆空两用机（Airphibian）等，这样的例子还有很多。在美国，有100多种不同的'可上路飞机'专利申请，有一些已经飞起来了，但大多数则没有。……现在，漫长的等待终于行将结束。飞行汽车真的来了！基础设施建设的进展也非常迅速。"❶

近期，贝尔、优步、空中客车、波音和巴西航空等公司纷纷准备推出可商业化的飞行汽车，为何飞行汽车在最近几年具有了现实应用的可能？关键在于多种技术进步的融合，这些技术的融合体现在三个层面：产品设计、飞行控制以及大规模量产。

在产品设计层面，"电动垂直起降汽车必须满足的三个基本要求：安全、低噪声和价格便宜。……直升机之所以噪声大且不安全，是因为它们需要使用一个巨大的旋翼来产生升力。……如果直升机不是只有顶上那个主旋翼，而是装了一组更小的旋翼，就像在机翼下装一排小风扇那样，那么它们组合起来产生的升力也足以让飞机飞起来，但产生的噪声则要小得多。……但由于可怕的功率重量比，汽油发动机会使这一切都不可能成为现实。……这种情况促使机器人专家构想了一种新型电磁马达，它本身的重量非常轻，工作时悄无声息，而且能够承载重物。要设计出这样的马达，工程师必须依靠技

---

❶（美）戴曼迪斯，科特勒. 未来呼啸而来[M]. 北京：北京联合出版公司，2021：11-12.

术融合的'三部曲'：第一步，机器学习的进步让工程师能够运行非常复杂的飞行模拟；第二步，材料科学的突破，让工程师可以制造出各种各样的既足够轻（可以飞）、又足够牢固（保证安全）的部件；第三步，新生产工艺的出现，例如，运用 3D 打印技术，打印任意大小的马达和旋翼。"❶

在飞行操控方面，"每隔一微秒就要调整十几个发动机，对人类飞行员来说是不可能完成的任务。……答案是另一组融合起来的技术。首先，人工智能革命给我们带来了强大的计算处理能力，让我们能够接收大量的数据，在微秒之内就可以'理解'这些数据，以便同时实时操控许多个发动机和飞行操纵面板。其次，要想获取所有这些数据，需要把飞行员的眼睛和耳朵换成在瞬息之间就能够处理千兆比特信息的传感器。而这又意味着全球定位系统、激光定位、雷达、先进的视觉成像套件和大量的微型加速度计，这其中许多都是 10 年来智能手机'战争'带来的红利。最后，你还需要电池，它们必须能够连续工作足够长的时间才能克服'里程焦虑'（担心在行至中途时没电）。同时，电池还要能产生足够强劲的动力，或者用工程师的术语来说，要有足够高的'功率密度'。……由于太阳能和电动汽车的爆炸式增长，现在对更好的能量存储系统的需求更大了，从而导致了新一代锂离子电池的出现，它们有更长的续航里程，而且，它们有足够的动力抬起飞行汽车。"❷

在大规模量产方面，需要另外三种技术的融合："首先，计算机辅助设计和仿真需要变得足够灵活，不然无法设计出商业飞行所需的翼型、机翼和机身。其次，材料科学必须足够发达，以生产出碳纤维复合材料和复杂的金属合金，这些材料要轻到飞得起来，同时又要坚固耐用，保证安全。最后，3D 打印机的速度必须足够快，才能将这些新材料转换成可用的部件，进而

---

❶（美）戴曼迪斯，科特勒. 未来呼啸而来 [M]. 北京：北京联合出版公司，2021：14-15.
❷ 同 ❶：15-16.

打破以往所有的飞机制造纪录。"❶

在上述这些技术融合的支撑下,新的交通场景将带来新的生活、工作场景。同时,这些变化在带来便捷、机遇的同时,也会对城市治理带来冲击,再次说明技术进步必须与治理的完善同步。例如,无人驾驶汽车及无人机送货未来能否普及,不仅取决于技术本身的完善程度,同时还由社会认知与法治等因素来决定,"在于人类是否能够接受它们所带来的这些改变。在朋友、父母、任何一个人或者一个你无法掌控的黑匣子之间,你更愿意相信谁来控制?虽然有关车辆的交通事故每天都在发生,可是如果是软件故障所引发的事故,我们还能否坦然接受呢?是仔细审查每个空难,还是不审查?如果因为软件故障而导致在高速上发生了追尾事故,应该会有人要求即刻把系统下线,但这样的追尾事故每天都发生在人类司机身上。我们逐渐接受这样一个事实,每年有超过 100 万人因为车辆驾驶而死亡。那么,我们能够接受基于计算机系统的无人驾驶汽车所制造的成千上万的事故吗?也许不会。在无人驾驶系统投入规模生产以前,它必须证明自己是近乎完美的。"❷

共享经济的提出者罗宾·赛斯女士认为,未来的汽车就是稀缺道路资源上移动的一些金属盒子。未来真正稀缺的是街道资源、空间资源,这个资源如何高效而公平地分配是一个问题。同时,当前很多城市修建、维修、养护道路的资金来源于汽车、汽油的税收,但在未来新能源体系下、共享经济模式下,会对政府的此类税费收入带来冲击。政府的收入没有了,怎么去更好地维护我们的空间设施?因此,必须从系统治理的角度,统筹思考未来的路权分配、无人车监管、能源体系、税收、数据运用等。同时,在自动驾驶、共享经济的环境下,车辆成为工作和居住场所之外的"第三空间",会带来

---

❶（美）戴曼迪斯,科特勒. 未来呼啸而来 [M]. 北京:北京联合出版公司,2021:16.
❷（美）罗斯. 新一轮产业革命:科技革命如何改变商业世界 [M]. 浮木译社,译. 北京:中信出版社,2016:23.

城市空间的释放和再配置。节省出来的城市空间怎么变？转做哪些功能？也需要去思考。还有郊区化的新挑战，随着可移动性的进一步增强，许多人可能会选择住到离市中心更远的地方，未来交通条件可以支撑，但是对更大范围的高水平空间管制提出了重大考验。此外，未来新的设施、街道、场景都需要开放性的思考。比如，未来规划新城或者在老城的存量更新中，是不是可以把通风廊道也预留作飞行汽车的通道？因为即便飞行汽车技术成熟了，也不可能在整座城市上空自由飞行，需要空中的一整套通行规则来进行管制。

2．数字化发展变革

从信息的角度看，算力、算法、传感、通信等一整套相互融合、相互促进的数字化"技术集群"的发展，正在推动人类进入智能化的新阶段。在此背景下，新型基础设施成为重新定义城市的重要机遇。

对未来城市影响最为广泛的技术是物联网的生成与深化。在5G技术以及可以展望的进一步的信息技术支撑下，我们正在进入泛在传感的阶段，各类智能化的城市基础设施持续涌现，"数字孪生城市"成为发展方向。如果说工业时代的城市基础设施是为城市生命体搭建了完整的"骨架"，那么今天的数字化、智能化基础设施就是正在为城市铺设"神经网"。

此外，数字化趋势下的在线生活、虚拟现实、混合现实等技术会打破空间、时间限制，这些技术与趋势已经对人类在新冠疫情下的生活产生深刻的影响。更重要的是随着数据采集的丰富度提升，未来会出现"虚拟人生"。如同"数字孪生城市"的概念那样，未来城市会有一个在云端的映射，未来的"人"也是一样，将拥有数字孪生身份。例如，世界经济论坛曾发布题为《数字世界里的身份》的报告，主要结论是网络上关于每个人的多源数字资产如果能够整合起来，那就是一个虚拟空间的"你"，它甚至比你自己还了解你自己。这就会带来治理挑战，这些个人数字资产如何确权？是否需要征税？如何保证安全？以欧盟出台的《通用数据保护条例》(*General Data*

Protection Regulation，GDPR 法案）为代表，各个国家已经开始对这套体系探索治理框架。

3. 超级自动化变革

以机器人与智能制造技术的快速发展为基础，未来将可能进入高德纳公司在科技趋势展望中所提出的"超级自动化"阶段。超级自动化对城市最大的影响在于是否会导致"平行城市"的出现。平行城市是指未来可能出现和生活城市分开的以制造功能为主的城市，因为越来越多的技术能够支撑一个由机器人、自动物流系统构成的生产型城市，这也可能导致城市规划经典的"功能分区"思想进一步迈向"功能分城"。

"机器人"一词是"捷克科幻小说家卡雷尔·恰佩克在1920年的戏剧《罗素姆万能机器人》(*Rossums Universal Robots*) 里创造出来的。……在词源学上，'机器人'来自两个捷克词语，rabota（义务工作）和 robotnik（冲浪），在恰佩克的观念里它用来形容被人类创造出来、服务人类的一个新的阶级。机器人本质上代表着两种长久以来的趋势的融合：逐渐代替我们去工作的科技的进步，以及对一个可以为高等社会阶层提供廉价劳动力的服务阶层的使用。……下一代机器人将会以持续下降的成本被大规模批量生产，这使它们即使与挣最低薪的工人相比也越来越有竞争力。它们将会显著地影响就业模式以及更广泛的经济、政治和社会趋势"❶。

应该说，工业革命发生之后，人与机器、技术的关系构成了人类社会发展中的独特张力。"机器和技术以几何级数在迅速飞跃，而人却只能以算术级数缓慢地进步。机器进化的速度远远大于人的进化速度……现代人并不比古人更聪明，但机器却一直以摩尔定律在进化，机器因此在很多方面超越人

---

❶（美）罗斯. 新一轮产业革命：科技革命如何改变商业世界[M]. 浮木译社，译. 北京：中信出版社，2016：28.

类"❶，以至于尤瓦尔·赫拉利在《人类简史》一书中预测未来多数人将成为"无用之人"。因此，机器人、智能制造、人工智能等是否会带来大规模失业，带来人的价值、尊严的丧失，这是当前被广泛关注的热点话题。关于这一点，2018年世界银行就关注到并发布了年度旗舰报告《工作性质的变化》，分析了技术冲击对工作的影响，并且提出了政策应对的主轴在于教育体系、社会保障体系的变革。"这就是为什么中国不仅仅通过城市化来降低劳动力成本，同时也在未来有潜力的产业上投入了大量的资金。这些不断发展和扩大的产业，不仅需要投资，还需要一个合适的社会构架，来保障那些被新技术抢了饭碗的人可以有足够的资金周转，直至转行到新的产业中。很多北欧国家，正在通过巩固和加强他们的社会保障网，让那些被新技术淘汰的工人仍有希望在新领域重新就业。要做到这一点，就意味着要从机器人产业创造的几十亿财富中，拿出一部分来提升那些下岗的出租车司机和服务员的受教育水平和工作技能。关于机器人产业有个假设：它们只有资本开支，而没有相应的运营成本，然而你用在机器人身上的资本开支依然无法完全规避运营劳动力所需的成本。我们需要保障人们拥有参与未来经济的竞争力，考虑到这么一笔如流水般的开销，我们也需要修改原本的假设，毕竟经济产业的转型远不像软件升级那样简单。"❷

再如，人工智能会带来全新的治理挑战，从底层逻辑来看，"机器学习是一类会吸收新信息、随之改变决策方式的计算机程序。如果机器学习导致投资损失、招聘和贷款偏见或车祸，那会怎么样？企业应该让智能产品和服务自主进化，还是应该'锁定'其算法并定期更新？如果选择后者，那么应该在什么时候、以什么频率更新？企业又该如何评估和降低诸如此类的各种

---

❶ 杜君立. 现代的历程：一部关于机器与人的进化史笔记[M]. 上海：上海三联书店，2016：677-678.

❷ （美）罗斯. 新一轮产业革命：科技革命如何改变商业世界[M]. 浮木译社，译. 北京：中信出版社，2016：36.

选择带来的风险？在商业世界，随着基于机器学习的人工智能渗透到越来越多的产品和流程中，高管和董事会必须准备好回答这些问题"❶，事实上，类似治理挑战已经跨越了传统的商业与公共治理领域，带来复杂挑战。

综上，未来的技术变革将会给城市的运行与治理提出新的需求，诸如空中交通条件下空域资源的规划利用和管理，城市广域化的管制策略和规则，新型基础设施的研发创新，创新生态体系的优化迭代，人工智能带来的治理挑战等，目前都走到了需要系统谋划的阶段。同时，在系统谋划新经济、新基建的同时，还要前瞻谋划能够更好驾驭未来新格局的治理体系与治理能力。既考虑新技术提供的治理赋能，推进综合治理、敏捷治理、智能治理，构建新型管理体制和开发运营模式，也要对新技术带来的新挑战，如就业冲击、科技伦理、隐私保护、社会分化等问题有所考虑，将上述正反两方面趋势统一于构建面向未来的城市治理"操作系统"。

---

❶ 巴比奇,科恩,叶夫根尼奥,格克,等. 当机器学习脱离正轨 [J]. 刘隽,译. 哈佛商业评论（中文版）,2021（1）: 95-102.

第八章

治理变革：
探索新型城市治理模式[1]

---

[1] 本章主要内容来自焦永利，史晨. 从数字化城市管理到智慧化城市治理：城市治理范式变革的中国路径研究[J]. 福建论坛（人文社会科学版），2020（11）：37-48.

营城技术方面约束条件的变迁为未来城市营造与运行打开了新的想象空间，而这一进程不仅是单纯的技术应用，同时需要前瞻、系统的营城理念变革与治理应对。"工程师可能改变了世界，但社会和个人的选择在塑造世界未来方面发挥着至关重要的作用"❶，而社会与个人的选择深受制度、思想、文化的影响。正如彼得·霍尔在《文明中的城市》一书的尾声所作的总结："技术变化的力量给社会带来了不得不面对的挑战；但是，社会构建自身的方式并不是必然的。在同样的过程中，技术在它向前发展的道路中也会创造出选择和机遇：当面对这些选择和机遇的时候，城市社会要能够并且必须决定自己的发展方向。以前经常出现的技术进步是一个矛盾体，既是坏人也是英雄：一方面消灭工作岗位、工厂和整个工业以及生活方式；另一方面，创造出巨大的新的经济机遇以及解决城市社会出现的棘手问题。但是使用它的方式将在于我们自己。"❷

纵观人类的发展进程，有一条清晰的线索，新的技术会引发一些场景变革，带来新的问题，然后作出政策应对，随着经验积累，这些对策不断体系化、系统化，进而形成一个阶段相对稳定的治理体系。这一历程可以拆分为两条线：一条是问题线或冲击线，另一条是应对线或治理线。两条线彼此交织、此消彼长、动态演进。新变动带来新问题，但与此同时，新技术也会带来人们思维观念的调整与解放，带来新的理念与制度规则，从而提升我们应对问题、化解问题的治理能力，这就是优化治理的辩证法。在思想文化层面，可以确定的是当前的技术变化呼唤更加注重综合、统筹、整体的营城思维与模式，从而更好地实现自存与共存的平衡。因思想文化层面变化需更长

---

❶ （英）麦卡锡. 人人都该懂的工程学 [M]. 张焕香，宁博，徐一丹，译. 杭州：浙江人民出版社，2020：4-5.
❷ （英）霍尔. 文明中的城市 [M]. 王志章，译. 北京：商务印书馆，2016：1408-1409.

历史尺度的积累和观察，本章内容集中于城市治理层面的变化分析。

正如前文所分析的，未来城市会形成一个与物理环境镜像的数字孪生城市，未来许多企业、政府会运用数字资产去开展很多的商业活动和公共服务。这就要求治理上的变革，明确这些数字资产的权属与运用规则。因此，数字孪生城市不只是技术问题，后面还有大量的治理问题，也就是说这个云端虚拟的城市本身也是需要治理的，也需要一套治理规则。未来城市的发展与治理需要理论的重构、理念的转变、领域的拓展、方式的转型、手段的革新，在对城市生命体及其进化规律的认知基础上，推动营城理念创新和治理能力提升，在短期框架的积累基础之上，进一步实现系统整合与升级。

本章尝试从这一角度对当前的前沿城市治理创新实践进行梳理并进行展望。从社会的演进脉络来看，中国改革开放以来的高速城镇化进程恰逢工业化、信息化社会的接续转型期。2004年开始，以北京东城区、朝阳区为代表，通过将信息化技术引入城市管理，实现技术创新与制度创新的融合，推动城市管理领域的流程再造，探索出了以网格化为基础的数字化城市管理新模式，并且迅速在全国得以推广。近年来，随着新一轮科技产业革命的发展，特别是5G、人工智能、物联网、云计算、大数据等技术的应用，又兴起了以上海的"两张网"（一网通办、一网统管）、杭州等地的"城市大脑"、雄安新区的数字孪生城市等为代表的新一轮城市治理模式变革，这些探索在抗击新冠肺炎疫情的过程中已经初露锋芒，显现出强大的治理效能，可以初步总结为"智慧化城市治理"的新模式。

如果说数字化城市管理阶段是借鉴国外经验，依托信息化技术，与我国城市管理体制进行初步的融合创新，那么目前正在探索完善的面向智能社会的城市治理新模式就具有了更突出的"中国原创"属性。

一

国内外城市治理及新型治理模式研究进展

（一）国内外城市治理研究进展

在城市治理理论层面，从 20 世纪 80 年代开始，西方许多国家和地区开始尝试重新配置公共权力，试图通过向社会组织、私营部门等开放权力的方式来提高治理的弹性与韧性，这股潮流被学术界总结为由"统治"向"治理"的转变❶，其中，增长机器理论和城市政体理论是影响最大的解释视角。面对新自由主义视野下城市权力结构向多元转型，莫罗奇（Molotch）提出了城市增长机器理论❷。斯通（Stone）等西方学者提出了城市政体理论❸，强调解决问题的行动力，关注对城市新型治理联盟进行分析。城市政体理论为城市治理研究奠定了一套全新的理论话语体系，已成为西方分析城市治

---

❶ STOKER G. Governance as Theory: Five Propositions[J]. International Social Science Journal, 1998, 50(15): 17-28.

❷ MOLOTCH H. The City as a Growth Machine: Toward a Political Economy of Place[J]. American Journal of Sociology, 1976 (2): 309-332.

❸ STONE C N. Urban Regimes and the Capacity to Govern: A Political Economy Approach[J]. Journal of Urban Affairs, 1993: 1-28.

理的主流理论❶。20世纪末，治理理论发展进一步从新公共管理导向的结构性分权、机构裁减和单一职能机构转向整体政府的方向（WOG, whole-of-government）❷，开启了后公共管理背景下政府改革的新方向。

国内城市治理研究长期以来主要关注治理主体及其相互关系。例如，王佃利等提出的城市治理分析框架包括了治理的自主性空间、治理范围、治理能力、治理关系等内容，开展了城市治理伙伴的利益定位、利益关系、利益互动等维度的分析。❸ 社区是城市基础治理的重要依托，正在形成政府、市场和社会的新型互动机制。❹ 总体而言，对多元主体治理关系的研究集中在合作共治层面❺，而对治理结构和具体的运行机制缺乏理论升华❻。由于中西方国家在政治体制、历史路径、治理机制等方面的巨大差异，需要探索具有中国特色的城市治理体系和治理能力现代化之路❼。同时，面对各类新技术对城市治理的赋能潜力，需要能够容纳制度与技术两大领域的分析框架。因此，当前亟须建构包括治理主体、结构、过程在内的整体性城市治理分析框架，积极纳入新治理理念和技术驱动的治理工具。在这一方向上，中国城市治理经历了信息化赋能，产生了网格化、数字化城市管理这一创新模式，也产生了较为丰富的研究成果。当前，正在经历智能化赋能，走向全周期、智慧化的城市治理新阶段，相关研究已经起步。

---

❶ 于洋. 西方城市政体理论的源起、挑战及其演变 [J]. 中国人民大学学报, 2019（6）: 132-139.

❷ CHRISTENSEN T, LEGREID P. Rebalancing the State: Reregulation and the Reassertion of the Centre, Autonomy and Regulation[Z]. Coping with Agencies in the Modern State, 2006.

❸ 王佃利. 城市管理转型与城市治理分析框架 [J]. 中国行政管理, 2006（12）: 97-101.

❹ 葛天任. 建国以来社区治理的三种逻辑及理论综合 [J]. 社会政策研究, 2019（1）: 49-59.

❺ 叶林, 宋星洲, 邓利芳. 从管理到服务：我国城市治理的转型逻辑及发展趋势 [J]. 天津社会科学, 2018（6）: 77-81.

❻ 张兆曙. 城市议题与社会复合主体的联合治理：对杭州3种城市治理实践的组织分析 [J]. 管理世界, 2010（2）: 46-59, 187.

❼ 李岩, 江文路. 国际化城市治理的中国方案 [N]. 中国社会科学报, 2019-11-03.

（二）网格化、数字化城市管理研究

中国的数字化城市管理具有历史必然性和先进性，是中国城市管理告别传统、走向现代的一次革命。❶ 李颖玥等提出，自 2004 年北京市东城区首创网格化管理新模式，先进的信息技术手段不断应用，变革了政府内部的城市管理结构，以全新的方式监督管理单位和执法部门履行法定责任，建立了管理、执法、监督相互制约的管理结构。❷ 孙柏瑛等认为网格化管理可以视为国家对基层治理结构的重建途径，它透过信息平台进行权威整合与行政力量下沉。❸ 当前普遍的研究共识是：网格化、数字化城市管理是应对快速增加的城市问题所产生的一次模式变革，是技术与管理两条主轴的融合。一方面，引入现代信息化手段，通过数据库、通信网络、城管通终端、管理软件等支撑城市管理中的问题发现、派发处置、评估监督，形成全程留痕的城市管理事件处置闭环。另一方面，通过划分网格、出台规定、机构调整、执法力量下沉、完善处置程序等管理手段，为信息化流程提供规则依据与行政资源支撑。

（三）数字孪生、城市大脑等新型城市治理模式研究

近年来，一系列新型城市治理模式开始涌现。如上海提出"一网通办、一网统管"，雄安新区提出建设数字孪生城市，杭州等地与阿里巴巴合作建设"城市大脑"，华为提出建设"全场景智慧城市"等，针对这些前沿实践的治理理论研究处于起步阶段。

上海提出以"一网通办、一网统管"作为提升城市治理水平的主要抓手。

---

❶ 叶裕民. Citi_PODAS 模式：中国城市管理由传统走向现代的革命[A]// 北京市社会科学界联合会，北京师范大学. 2008 学术前沿论坛论文集，2008：187-204.

❷ 李颖玥，刘朝晖. 中国数字化城市管理发展综述[J]. 智能建筑与智慧城市，2017（2）：28-32.

❸ 孙柏瑛，于扬铭. 网格化管理模式再审视[J]. 南京社会科学，2015（4）：65-71，79.

汪玉凯认为，"一网通办"是对政务服务提出的新要求，目标是智能化管理、智慧化服务。❶ 董幼鸿等认为，"一网统管"是指通过建设、架构和联通与城市运行管理和突发事件应急处置相关的各类城市运行系统，形成"城市大脑"，并对海量城市运行数据进行采集、汇聚、分析、研判和应用，从而实现城市运行"一屏观天下，一网管全城"目标的技术治理模式。❷ 雄安新区是千年大计、国家大事，将建设成为一座"未来之城"，其重要的创新方向就是建设"数字孪生城市"。周瑜等认为，数字孪生城市以城市复杂适应系统理论为认知基础，以数字孪生技术为实现手段，通过构建实体城市与数字城市相互映射、协同交互的复杂系统，能够将城市系统的"隐秩序"显性化，更好地尊重和顺应城市发展的自组织规律。❸ 以杭州为代表，全国多地正在推进建设"城市大脑"。王坚院士认为，城市的复杂度远远超出人类本身智能可以解决的范围，但人类可以发明出新的智能即机器智能来解决挑战。"城市大脑"就是未来数据资源时代的城市数字基础设施，是用算力和数据资源去优化和高效调配城市自然资源和公共资源的使用，用计算能力和数据价值造福每一个家庭，将来应该像规划土地资源一样规划城市数据资源，像规划垃圾处理一样规划数据处理。❹

总结这一轮城市治理新模式的出现，背后是两大因素：一是人工智能、大数据、云计算、物联网等新一代信息技术的发展，二是国家治理体系与治理能力现代化目标的提出，让城市治理有了进一步的提升要求。

---

❶ 汪玉凯："一网通办"，政务服务新境界[J]. 中国信息安全，2019（3）：56-61.

❷ 董幼鸿，叶岚. 技术治理与城市疫情防控：实践逻辑及理论反思——以上海市X区"一网统管"运行体系为例[J]. 东南学术，2020（3）：24-33.

❸ 周瑜，刘春成. 雄安新区建设数字孪生城市的逻辑与创新[J]. 城市发展研究，2018（10）：60-67.

❹ 王坚."城市大脑"：大数据让城市聪明起来[J]. 政工学刊，2020（1）：82-83.

二

网格化、数字化城市管理：
探索技术创新与管理创新的融合

发达国家信息化建设率先起步，于20世纪80年代开始了数字化城市管理的探索。中国的数字化城市管理起步于2004年北京东城区的创新实践，在数字化的基础上叠加了网格化的管理模式，这一模式可以看作是信息化技术赋能下的管理变革，在借鉴国外经验的基础上实现了本土化创新。

（一）基本历程：2004年起步，2017年全国覆盖

2004年，北京市东城区在全国率先探索出了一套新的城市管理模式，因其将"万米单元网格"作为基础管理单元，故命名为网格化管理模式，同步形成了一套将信息技术应用于城市部件、事件管理的系统解决方案，成为"现代城市管理领域的一次突破性的整合与创新"❶。在此基础上，北京市朝阳区进一步探索了"全模式"社会服务管理系统，拓展了应用范围。随后，这一模式很快得到国家部委层面的认可与推广，由住房和城乡建设部指导出台了数字化城市管理发展规划，并于2005年至2007年在全国选定了51个

---

❶ 陈平. 网格化城市管理新模式[M]. 北京：北京大学出版社，2006.

试点城市进行推广。2009 年开始在全国推广，全国各省、市、县政府纷纷出台文件和支持政策。❶2012 年，住房和城乡建设部将该项试点推广到全国上百个城市，浙江等一些省份迅速实现了全覆盖。2015 年 12 月，《中共中央国务院关于深入推进城市执法体制改革、改进城市管理工作的指导意见》出台，明确要求"积极推进城市管理数字化、精细化、智慧化，到 2017 年年底，所有市、县都要整合形成数字化城市管理平台"，从而将数字化城市管理作为了全国市、县的"标配"，数字化城市管理成为国家部署任务。

（二）创新做法：以网格化、数字化为手段重塑城市管理体制与流程

网格化、数字化城市管理的主要创新做法包括以下四个方面。

1. 全域覆盖划分网格单元

2004 年，北京市东城区率先探索信息化技术与城市管理的结合，根据既有管理经验并经过分析认为 1 万 m² 左右的面积是较为合适的管理单元，因此将全区划分为了 1593 个地域单元，这些单元彼此相连、边界清晰、覆盖全域，配备相应的管理力量，构筑了综合性的管理基础——网格单元。实践中，网格单元可以根据地形地貌、人口密度、城市功能等进行灵活调整，网格大小可以因地制宜。在此后各地的实践中，基本上也都采用了万米网格这样一个基准。实践表明，这一规模的管理单元比较合理，便于开展精细化管理。

2. 建立城市部件数据库，配备"城管通"终端，接入市民热线等信息平台

在明确网格化单元的基础上，开展城市部件普查与定位，将城市的各类

---

❶ 中国城市科学研究会，住房和城乡建设部城市建设司. 中国数字化城市管理发展报告 2015[M]. 北京：中国建筑工业出版社，2016.

部件和事件进行信息化登记入库。如北京市东城区对全区所有的城市部件进行了普查，运用地理编码、专业测绘、信息数据库技术等对网格内的城市部件和事件进行编码，建成了基于网格单元的城市资源与基础设施信息数据库，包括各类部件的名称、隶属部门、空间定位、功能类型、建设时间、维护单位等。形象地说，就是把井盖、路灯、邮筒、果皮箱、停车场、电话亭等城市元素都纳入城市信息化管理的范畴，给每样公物配上一个"身份证"。❶ 将城市管理内容和管理对象数字化，使城市部（事）件有序、精确定位，将粗放管理转变为精确管理。❷

同时，为网格员、监督员研发"城管通"终端，便于对现场信息进行采集、定位、传送，一方面使监督员可以实时将城市问题现场的情况（图像、声音等）传递到管理指挥中心，另一方面也便于指挥中心掌握网格员的行动轨迹与工作情况。

实践中，各地逐步拓展城市管理事件的信息来源，将市民热线、政府网站等反映问题的平台也接入进来。随着3G、4G时代的到来，一些地方进一步把微信、政务App等市民反映问题的渠道也接入进来，构建起更加立体化的城市管理问题来源渠道。

3. 重构管理体制，监督指挥分立

传统的城市管理具有一些突出的问题，如职责交叉、监督与管理责任不分、考核评估力度不够等。技术的赋能为这些问题的化解提供了可能性，但同时还需要管理体制的协同配合。在划分网格、建设信息化数据库的基础上，北京市东城区同步推进了体制变革，创新了"指挥+监督"双轴心的管理体制。指挥轴的机构依托是城市综合管理委员会的指挥中心，作为主管城市市政的部门，统一调度分散在城管、市政、房管等数十个专业管理部门

---

❶ 李颖玥，刘朝晖. 中国数字化城市管理发展综述 [J]. 智能建筑与智慧城市，2017（2）：28-32.
❷ 陈平. 数字化城市管理模式探析 [J]. 北京大学学报（哲学社会科学版），2006（1）：142-148.

和街道的管理资源、执法力量，负责对城市管理中出现的问题进行处置与执法。监督轴的机构依托是新成立的城市管理监督中心，作为负责城市管理监督与评价工作的专门机构，负责对城市管理中的问题巡查、上报和立案。城市管理有无问题和问题能否结案由监督中心负责，问题由谁处理和如何处理由指挥中心负责，两个轴心各负其责、相互制约。❶

4．重塑城市管理流程，实现数字化闭环

基于上述体制、技术、数据基础，数字化城市管理模式重塑了城市管理的流程，提高了城市管理中各类事件的响应速度。相关研究基于北京朝阳区的创新经验，将这一重塑过程总结为"六化"：反映问题社会化、确定问题标准化、解决问题责任化、监督过程公开化、分析问题数字化、组织机构权威化。❷ 反映问题社会化是指城市管理问题的信息源拓展到全社会，一方面是固定巡查的网格员（许多是社区兼职人员）通过"城管通"上报，另一方面是市民通过市长热线、城管热线等进行问题反映。例如，北京市朝阳区有网格员队伍900多人，专人负责固定的网格单元，通过巡查第一时间发现问题。确定问题标准化是指管理监督中心全面梳理法律法规依据，对城市管理问题的立案、处理时限、结案都设立明确的标准，同时，对于事件处理的分配、流转也有一套明确标准，便于快速精准派发、限时处理、尽快结案。解决问题责任化是指指挥中心具有指挥各个部门、街道的权威性，因为有后续的透明化考核、定期的"晒"成绩压力，因此部署的事件增加了责任单位的处理压力。监督过程公开化是指事件处理是否完成需要监督中心根据标准来判定，避免部门推诿。同时，基于事件处理的全流程数据，监督中心定期编报每个月的处理情况报表，向上级领导报送，并在一定范围内向社会公开，

---

❶ 陈平. 数字化城市管理模式探析 [J]. 北京大学学报（哲学社会科学版），2006（1）：142-148.

❷ 叶裕民. Citi_PODAS 模式：中国城市管理由传统走向现代的革命 [A]// 北京市社会科学界联合会，北京师范大学. 2008 学术前沿论坛论文集，2008：187-204.

从而让各个处理单位接收强大的上级监督和社会监督。分析问题数字化是指因为有数字化技术特别是数据库技术的支撑，能够做到处理过程留痕以及高频的统计分析。组织机构权威化是指高层领导重视并亲自参与，依据客观数据报表对各部门工作进行评价，对涉及跨部门的工作难点进行及时协调，降低综合性、复杂性问题的跨部门协调成本。

（三）理论观察：技术与管理的互嵌、融合

由上述梳理可见，从2004年开始的网格化、数字化城市管理模式在技术赋能城市管理优化的方向上取得了显著进展，其核心特点是实现了技术创新和制度创新的"互嵌与融合"。

首先，信息通信技术（ICT）为重构城市管理模式提供了技术手段上的支撑。2G、3G网络的铺设为"城管通"等终端的出现提供了基础，也为全社会提供城市管理问题线索和事件处理信息的跨部门快速流转提供了便利。GIS技术、测绘技术、数据库技术、数据分析与可视化技术等为划分全覆盖的网格单元、构建庞大精准的城市部件数据库、持续高频生成统计评价报表等任务提供了支撑。

其次，技术赋能与体制变革、管理流程重塑、制度创新形成了合力。例如，北京市东城区探索了"双轴心"的管理体制，北京市朝阳区以及多地实践中采取了监督、指挥中心合一的模式，但背后的许多管理变革是具有共性的，都坚持基于技术手段的支撑，破除部门化的体制痼疾，创新了"信息汇集、统一指挥、分派实施、结果反馈、公开评价、监督制衡"的闭环流程，降低了城市管理中的信息成本和体制成本。

三

全周期、智慧化城市治理：面向智能社会的变革前景

基于数字化城市管理、数字政务等发展基础，叠加上近年来趋于成熟的 5G、人工智能、物联网、大数据、云计算、区块链等技术，全社会的数字化程度进一步加深，城市治理正迎来新一轮变革。未来趋势是由"新经济、新基建、新治理"合力推动城市出现"物种进化"，其对应的治理格局可以称为"全周期、智慧化城市治理"。在这一方向上，中国的一些代表性地区以及前沿科技企业正在开展多样化探索，与国际上类似的实践如谷歌 Sidewalk Toronto、丰田 Woven City 等案例相比，治理的内涵更为突出，本节选取代表性案例进行分析，并针对两次模式变革进行理论观察与比较。

（一）上海：以"一网通办、一网统管"提高城市治理水平

上海市委市政府提出，政务服务"一网通办"、城市运行"一网统管"是城市治理的"牛鼻子"工作，于 2020 年 4 月举行了"一网通办""一网统管"工作推进大会，明确了"两张网"主要的建设思路[1]。

第一，"一网通办"目标是"高效办成一件事"，让市民和企业两大主

---

[1] 谈燕. "两张网"是城市治理"牛鼻子"工作[N]. 解放日报，2020-04-14.

体办事"像网购一样方便",要让办事更高效、更便捷、更精准;"一网统管"目标是"高效处置一件事",实现"一屏观天下、一网管全城"。

第二,"一网通办"要实现"三个转变":从"能办"向"好办"转变;从部门管理导向向用户体验导向转变,提升在线办理率和全程网办率;从被动服务向主动服务转变,提供定制化、个性化的政务服务。

第三,"一网统管"树立"应用为要、管用为王"的思路。首先,做到在一个平台上对城市治理各类事项进行集成化、闭环化处置,在一个端口上实现城市治理要素、对象、过程、结果等各类信息的全息全景呈现。层级上构建"三级平台、五级应用"架构,市级平台抓总体、抓大事;区级平台发挥枢纽、支撑功能;街镇平台抓处置、强实战。市、区、街镇、网格、社区(楼宇)五级互相衔接、有序运行。

上述愿景的实现,一方面有赖于上海近年来积累的数据资源与管理经验,同时也需要深度整合运用各类新数据、大数据,为更加智能的管理场景设计技术路线,推动相应的治理变革。在平台和数据基础方面,上海城运系统利用智慧公安建设成果和大数据、云计算、物联网、人工智能等技术,推出了一套城市运行体征指标体系。这个系统汇聚了住建、交通、水、电、气等22家单位33个专题应用,包括100多个数据项,1495万个城市部件、2.68万km地下管线、1.4万多个住宅小区、3000多处历史保护建筑和实时的城管执法车辆、网格巡逻人员数据。通过地图汇聚的方式,在三级平台上实现共享交互。❶ 在技术上,如何实现数据的有序归集以及灵活、安全调用是重点和难点。在数据归集方面,上海市大数据中心自2019年开始推动了多领域主题数据库建设,由牵头部门的业务专家与数据责任部门沟通确认数据归集范围,形成"数据仓库"和服务接口资源,截至2020年5月,城市运行体征指标类接口调用超过160万次。在数据调用方面,依托大数据

---

❶ 任鹏. 上海探索超大城市精细化管理新途径[N]. 光明日报,2020-04-16.

资源平台自动化流程，数据从委办局的前置库自动抽取到全市公共数据湖中，经过自动化清洗和融合，进入到主题库，为调用提供标准化、便捷化的服务。❶

（二）雄安新区：建设数字孪生城市

雄安新区建设"未来之城"，表明中国正在面向未来科技和产业革命，积极探索系统集成的城市发展"中国方案"❷，其中重要的未来属性就是建设"数字孪生城市"，将数字城市和现实城市同步规划、同步建设，物理世界和云端的数字世界相互映射，形成交互促进的两大平行体系，做到"一根钢梁都能有映照，一个控制阀门都有一个 IP 地址"。其交互映射的原理可以总结为"万物生数、数生万物"❸，即通过方方面面的传感体系（通信网、互联网、物联网），形成数据中台和智能引擎，再拓展到各领域的智能应用，对物理世界的运行形成干预，改善生活、生产和城市的管理运营。具体的技术路径是将 GIS、BIM 技术打通，汇总形成 CIM 平台，同时，未来的各类城市基础设施将大量嵌入芯片，形成智能感知的神经网络，有了 5G 技术以及云技术的支撑，能够将城市的数字化映射密度提升至少两个数量级。

（三）杭州：联合阿里巴巴等公司建设"城市大脑"

2016 年 3 月，杭州市政府主导并联合阿里巴巴等 13 家企业，在全国率先启动了"城市大脑"建设，旨在运用大数据、云计算等新兴技术赋能城市

---

❶ 邹臻杰. 从一网通办到一网统管，上海灵活调用大数据实现精准决策[EB/OL]. （2020-05-28）. https://m.yicai.com/news/100648293.html.

❷ 焦永利，魏伟. "未来之城"的中国方案：新区政策、理论、展望[J]. 城市发展研究，2018（3）：6-12.

❸ 杨保军，段进. 雄安规划建设中的经验与感悟[EB/OL]. （2019-04-10）. http://www.planning.org.cn/video/view?id=620.

的高效运行。2016 年 10 月，杭州城市大脑 1.0 版正式发布，包括四个组成部分：市级中枢系统、部门系统和区县平台、各级数字驾驶舱、各类便民服务场景。❶ 在 1.0 阶段，杭州城市大脑选定了城市交通作为主要应用场景，城市大脑接管调控若干街区的红绿灯控制，提升通行效率。具体实现方法是通过人工智能处理视频，识别交通事故、拥堵状况，融合互联网及警务数据，实时高效感知交通运行情况，结合智能调度算法模型，对各类车辆联合指挥调度，保障特种车辆优先通行，城市交通更高效运转。

2018 年 5 月，杭州发布全国首个城市数据大脑规划，提出将城市大脑应用拓展到交通以外的平安城市、城管、旅游、医疗、环境、信用等领域。2018 年 9 月发布了城市大脑 2.0 版，管辖范围拓展到覆盖 420km^2。同时城市大脑开始向全国其他城市推广。2018 年 12 月，城市大脑 3.0 版即综合版发布，初步实现多行业数据融合的城市智能。

当前城市大脑正在从单点智能向城市智能与生态智能突破，"以弹性计算与大数据处理平台为基础，结合机器视觉、大规模拓扑网络计算、交通流分析等跨学科领域能力，实现城市海量多源数据收集、实时处理与智能计算。其创新技术能力体现在五个方面：大数据计算能力、海量多源数据规模化处理与实时分析、类神经元网络物理架构、海量视频实时分析及自动巡检、快速防御多源共计的安全能力。"❷

2019 年的杭州云栖大会公布了城市大脑建设三年的一些进展：全球 23 个城市已引入城市大脑，覆盖了交通、城管、文旅、卫健等 11 个领域，48 个场景。杭州主城区视频巡检替代人工巡检，日报警量 500 次，识别准确率 92% 以上。杭州市 59 个政府部门已经有 368.3 亿条信息汇聚在基于阿里云

---

❶ 王坚. "城市大脑"：大数据让城市聪明起来 [J]. 政工学刊, 2020（1）: 82-83.

❷ 阿里云 ET 城市大脑网站数据, 2020 年 7 月 2 日. https://et.aliyun.com/brain/city.

打造的政务服务平台，市民可一证通办 296 项事务。❶

（四）高科技企业：技术导向的城市治理解决方案

1. 腾讯：提出 WeCity 未来城市愿景

2019 年腾讯公司提出了"WeCity 未来城市"的建设构想，希望把数字政务、城市治理、城市决策和产业互联构建成一个完整的智慧解决方案。❷ 其将未来城市发展分为三个阶段：数字城市、智能城市、未来城市。数字城市是效率驱动，以系统为中心，以办公和业务的电子化、自动化为主，通过搭建各种系统完成城市要素的信息化。智能城市是场景连接，以场景为中心，通过"互联网+"将城市全场景与人连接起来，实现服务不受物理空间制约。未来城市是以人为中心，实现物理—赛博融合，深化连接，推动各系统打通，实现物理空间和数字空间融合协同。❸ 其技术架构是：集约后台 + 敏捷中台 + 生态前台。集约后台基于以云为核心的城市数字化基础设施；敏捷中台包括城市数据中台作为数据支撑、AI 中台作为算法支撑、应用中台作为运行支撑；生态前台是指打通 G 端、B 端和 C 端数据，为数字政务、城市治理、城市决策、产业互联提供交互界面。2020 年 6 月，腾讯联合学术界发布了《WeSpace 未来城市空间》报告，进一步对人工智能、大数据与云计算、移动互联网、传感网与物联网、区块链、混合实境、智能建造、机器人与自动化系统等新兴技术在不同层级作用于城市空间的场景进行了展望。❹

---

❶ 陈静."万物互联"渐行渐近、数字技术加速落地 [EB/OL].（2018-10-10）. https://www.sohu.com/a/258678384_115239.

❷ 刘静. 2019 中国国际智能产业博览会今日开幕 [EB/OL].（2019-08-27）. http://sdjd.chinareports.org.cn/jccz/2019/0827/12176.html.

❸ 腾讯研究院，腾讯云. WeCity 未来城市：智慧城市进化之道 [EB/OL].（2019-11-11）.http://www.199it.com/archives/963465.html.

❹ 清华大学建筑学院，北京城市实验室，腾讯研究院，腾讯云. WeSpace 未来城市空间 [EB/OL].（2020-06-18）.https://www.beijingcitylab.com/projects-1/48-wesapce-future-city-space/.

2. 京东：发展智能城市操作系统、城市计算

2019 年，京东公司联合赛迪顾问发布了《2019 中国智能城市发展战略与策略报告》❶，提出城市的智能会因为设备更新、场景拓展、技术进步、产业升级和生态优化得以持续提升，其中技术突破是最核心的推动力量。进而，提出了建设城市级"数据中台"与"技术中台"的解决方案，提出建设以"业务数据化、数据业务化"为核心的城市级"数据中台"和以"技术赋能、业务沉淀"为核心的城市级"技术中台"。关于其技术特点，京东公司技术负责人将之表述为：不是云，不是大脑，也不是系统集成，而是在云的上面，脑的下面，定位为操作系统。

3. 华为：推动实现"全场景城市智能体"

依托强大的硬件支持与研发能力，华为公司也发表了一系列智慧场景、智能城市解决方案。2019 年 2 月发布《5G 时代十大应用场景》报告，2019 年 10 月发布《5G 智慧港口白皮书》，2020 年 4 月发布《华为未来智慧园区白皮书》，2020 年 7 月提出"打造全场景智慧，共创世界一流智慧深圳"愿景。"全场景智慧深圳"的设想提出：智能将全面融入城市治理、公共服务以及产业发展等各个领域之中。公共服务从单一服务模式转变为面向不同个体与场景的差异化服务模式，从基于固定地点的服务走向随时随地服务模式；企业发展借助智能大幅提升产业效率；城市治理从被动响应走向主动感知、主动预测、主动预防，从而更好地提升城市的综合治理效率与服务水平。❷

---

❶ 赛迪顾问，京东云，京东城市. 2019 中国智能城市发展战略与策略研究 [EB/OL]. （2019-11-26）. http://www.cbdio.com/BigData/2019-11/29/content_6153131.htm.

❷ 新华网. 华为侯金龙：打造全场景智慧，共创世界一流"智慧深圳" [EB/OL]. （2020-07-28）. http://www.xinhuanet.com/fortune/2020-07/28/c_1126294804.htm.

四

智慧化城市治理的前景展望

进入 21 世纪以来,通过技术创新与制度创新融合,中国城市治理经历了两次范式变革,信息化赋能产生了网格化、数字化城市管理模式,当前的智能化赋能正在孕育产生全周期、智慧化城市治理模式,基于当前实践及发展潜力,有理由展望这次变革将有可能为世界的城市治理创新贡献中国方案。

(一)共性与差异:延续"两轴互嵌"规律并拓展深度

对比来看,数字化城市管理与智能化城市治理这两次模式演进在理念、应用场景、动力机制、成效产出、行政管理体制创新等方面具有许多共性,也存在一些显著差异。

共性方面,在理念与动力机制上,新一轮探索延续了上一阶段的底层逻辑,即"技术赋能+制度革新"的"互嵌"规律,一方面用新的科技手段为城市有序高效运行赋能,另一方面同步调整体制安排、流程重塑。

差异方面,新一轮变革主要体现为极大地拓宽了数字化、在线化、智能化的应用场景,加深了智能决策的深度。

在技术轴,新的科技产业变革持续转化为城市治理的赋能工具,传感器、边缘计算技术正在将越来越多传统的城市基础设施转变为具有智能的终端，5G、物联网技术正在使城市从搭建骨架走向神经网络体系发育阶段，以人工智能为底层技术的图像声音识别、决策模型等正在为城市生命体征监测、城市问题发现与处理提供前所未有的能力支撑。总体上看，数字化城市管理时期，一个城市的可感知部件可能是数万或数十万数量级的，而进入智能社会时期，这个数量级可能会是百万、千万乃至亿级的，需要的算法、算力也完全是另外一个层级，由此也诞生了诸多类型的"新基建"需求。

在管理轴，以人民为中心的治理理念强化，国家治理体系和治理能力现代化向纵深发展，自上而下的机构改革，对基层治理结构的重塑等，都在成为城市治理变革的制度与体制机制支撑。

基于上述变化，上海市"两张网"建设特别强调了要运用现代化科技手段，推动实现"三个转变"，即推动城市治理"由人力密集型向人机交互型转变，由经验判断型向数据分析型转变，由被动处置型向主动发现型转变"。上海市领导也提出，要深刻认识"两张网"建设不只是技术手段创新，更是管理模式创新、行政方式重塑、体制机制变革，在更大范围、更宽领域、更深层次推动城市治理的全方位变革。❶

（二）重要特征：政府与高科技企业实现能力融合

从上海"两张网"、雄安新区数字孪生城市、杭州城市大脑、腾讯WeCity未来城市、华为全场景智慧城市、京东城市操作系统等案例可以发现，政府端与企业端正在城市治理新模式的构建过程中实现深度的能力融合与业务融合。一方面，政府要借助现代信息技术打造四种新的政府形态：整体政府、开放政府、协同政府、智能政府。❷另一方面，在消费互联网流量

---

❶ 谈燕. "两张网"是城市治理"牛鼻子"工作 [N]. 解放日报，2020-04-14.
❷ 汪玉凯. "一网通办"，政务服务新境界 [J]. 中国信息安全，2019（3）：59-61.

天花板的效应下，互联网科技企业正在向产业互联网阶段整体转型，其中最主要的转型方向之一就是发展对政府端业务，依托自身技术（软件、算法、算力）与数据优势，为公共服务、公共管理提供能力支撑，进而谋求政府端、行业端、个人端的业务与数据整合，开辟更广阔的发展空间。❶

（三）理论观察：深化数字治理、敏捷治理、整体政府联动研究

智能化城市治理所面对的治理环境、治理问题域、治理流程等许多都是人类社会前所未有的。未来，城市中涉及居民、企业、各类组织的多源、多层次、全场景数据正在加速形成一个云端数字孪生体，从而通过物理世界和云端的互动，让各类数据资源更加系统、快捷地服务于城市运行，居民、企业所面对的"政府"也越来越具有统一、在线化的"交互"界面。这样的前景要求在理论层面深化整体政府方向的研究，以此为主轴，积极整合新兴的数字治理研究、借鉴商业界的"规模化敏捷"治理理论，通过上述理论的联动、融合、整合，为智能化城市治理奠定更为牢固的理论基础，进而指引智慧化城市治理模式持续创新、行稳致远。整体政府、整体型治理更加突出以人为本，关注居民的美好生活，这就不仅需要单个部门、单个层级的努力，而是需要各层级政府之间、政府内部各部门之间以及政府与市场、社会之间的通力合作。可以持续深化三方面的整合研究：不同治理层级的职能、机构整合再造；治理功能整合再造，包括不同部门之间的功能整合，也包括同一部门内部职能的整合与流程再造；公私部门之间的整合。如前所述，新一轮城市治理变革呈现出政府与企业业务融合、能力融合的典型特征，两大部门的有序整合也迫切需要理论指导。

---

❶ 史晨，马亮. 互联网企业助推数字政府建设——基于健康码与浙政钉的案例研究[J]. 学习论坛，2020（8）：50-55.

第九章

发展实践：中国案例与前景展望

本书第三章中列出了国内"未来城市"建设的一些前沿案例，但未及详述其发展思路与路径。本章选取最具代表性和集成性的河北雄安新区以及笔者长期跟踪研究的成都市作为详述案例，展现中国城市在营造未来之城这一方向上的一些实践与进展。进而，基于本书关于城市进化与未来城市发展的研究脉络，对城市进化进行前瞻并提出若干政策建议。

一

雄安新区：探寻未来之城的整体设计与建设 ❶

2017年4月1日，雄安新区横空出世，受到举世瞩目，这是一项重大历史性战略决策，是千年大计、国家大事。2018年4月发布的《河北雄安新区规划纲要》提出了新区的建设目标：到2035年成为高水平的现代化城市，到21世纪中叶成为世界级城市群的重要一极，建设成为人类发展史上的典范城市。这一宏伟目标须用大的历史观来审视，如前所述，我国在历史上曾出现多座具有世界影响力的重要城市，孕育了当时条件下先进的制度、先进的科技，奠定了中华文明的地位。伴随着中华民族伟大复兴的历史进程，雄安新区将站在人类城市发展史的高度，探寻未来之城的整体设计与建设。例如，数字化是我们这个时代的最大特征之一，雄安新区的规划中提出建设"数字孪生城市"，现实的城市与虚拟的城市同步建设、互相促进，物理的和云端的两个镜像将形成新的发展张力、形成新的治理互动体系。2018年12月，《河北雄安新区总体规划（2018—2035年）》正式批复，这标志着雄安新区的发展进入全面建设实施阶段。

---

❶ 本节主要内容来自《"未来之城"的中国方案：新区政策、理论、展望》一文（《城市发展研究》2018年第3期6~12页，作者焦永利、魏伟）。

雄安新区将建设成为一座"未来之城",其规划过程展示出面向新的城市发展范式的系统探索。"雄安新区将坚持以人民为中心的思想,成为一座现代宜居之城——如果说此前,中国的大部分现代化城市建设都是向外借鉴学习,那么在多年积累的基础上,雄安新区将构建一个蓬勃内生、发扬传统、自信开放的现代化城市,从而达到'从跟跑到并跑再到领跑世界',真正地成为一座'担当着新时代发展使命的未来之城'。"❶通过建设"未来之城"引领新发展,代表着在城市发展领域,中国正在积极探寻面向未来科技和产业革命进行系统集成的城市发展"中国方案"。如果说此前的各类新区更多的是地方大力构建的以生产功能为主的空间单元,那么,雄安新区可以看作探索未来城市整体发展模式的一个标志(表9-1)。

河北雄安新区建设未来之城的要点　　　　表 9-1

要点	内容
战略意义	千年大计、国家大事
战略方向	京津冀协同发展,疏解北京非首都功能
发展愿景	贯彻新发展理念的创新发展示范区
总体要求	世界眼光、国际标准、中国特色、高点定位
功能定位	核心定位:疏解北京非首都功能集中承载地; 具体定位:绿色生态宜居新城区、创新驱动引领区、协调发展示范区、开放发展先行区
长远目标	担当着新时代发展使命的未来之城
面积与开发时序	起步区面积约 100km^2、中期发展区面积约 200km^2、远期控制区面积约 2000km^2

"未来之城"最大的特征是"新",并且是系统化的"新"。这种"新"

---

❶ 新华社. 千年大计、国家大事——以习近平同志为核心的党中央决策河北雄安新区规划建设纪实 [EB/OL].(2017-04-13). http://news.xinhuanet.com/politics/2017-04/13/c_1120806042.htm.

又分为两个层面,即城市本身(人居、空间、设施、产业等维度)与城市建设(机制、融资、分配等维度)的系统集成创新,实现城市发展与治理的"未来化"。这里从规划编制、产业体系、管理体系、政策设计、生态环境保护等几个方面对雄安新区的未来城市规划与建设进行梳理。

(一)规划编制

雄安新区的规划包括总体规划以及22个专项规划,其未来城市的属性体现在以下两个方面:

第一,城市定位与发展模式。曾任京津冀协同发展专家委员会组长、深度参与雄安新区规划工作的徐匡迪院士曾这样描述雄安新区未来的生产、生活、生态三大发展空间:"水城共融犹如江南水乡,大量管廊地下藏,地底通道汽车穿梭忙,行人休闲走在马路上,街道两边传统特色建筑分外亮堂,河水穿城流淌,森林公园空气清新舒畅,被绿树隔离带包围的白洋淀碧波荡漾。"❶雄安新区的规划按照"顺应自然、尊重规律、平原建城的要求,体现中西合璧、以中为主、古今交融城市风貌特色","充分体现自然风貌,确保新区蓝绿空间占比70%以上。……保护弘扬优秀传统文化,使新区规划建设与当地历史文化传承有机融合、相得益彰"。在公共服务方面,雄安新区明确了围绕"人"这个核心谋篇布局,充分提高基本公共服务水平,配套优质教育、医疗等资源,提高对疏解北京非首都功能高端人才的吸引力。

可见,以雄安新区为代表的中国未来城市强调的是"人·生态·文化·科技"的多位一体:"人"是定位的出发点和归宿,"以人为本"的人居环境是未来城市的根本属性;"生态"与"文化"是发扬中国传统思想精髓

---

❶ 新华社. 千年大计、国家大事——以习近平同志为核心的党中央决策河北雄安新区规划建设纪实 [EB/OL]. (2017-04-13). http://news.xinhuanet.com/politics/2017-04/13/c_1120806042. htm.

与未来永续发展的两个支点，也是中华民族丰富的"文化、生态基因库"赋予未来城市的强大动力（而不是简单的"洋为中用"的文化观及生态观）；"科技"是"创新"的源泉，也是保持旺盛生命力和文明变革的唯一途径，科技在以"聚居"为本质特征的城市中的应用，才可体现其文明的价值（不是简单的"多元文化观"，而是具有正能量的"文明观"）。

第二，高水平规划与城市理论创新。主要体现是坚持"世界眼光、国际标准、中国特色、高点定位"方针，实行开门开放编制规划，集聚各方智慧，邀请300多位国内外一流专家参与规划编制。开展城市设计国际咨询，从183个国际国内顶尖团队中优选确定12家参加城市设计，完成高水平规划成果❶。

城市规划、城市研究理论界目前已形成一定共识，那就是过去几十年波澜壮阔的中国实践尚未孕育出完整的中国城市理论，而单纯的西方城市理论与城市规划理论很难顺畅地指导中国城市发展实践。"中国有独特的制度，在公共效率上极具优越性，而制度背后的基础理论、背后的科学机制尚未被很好地揭示出来，而只有揭示出这种科学机制，才能真正全面地树立制度自信。未来中国的城市及城市规划理论研究要有引领性、具备创新精神，要有为人类作出重要贡献的魄力。"❷这一判断十分有远见，根据对雄安新区规划编制情况的分析，从学科结构、创新视野上已经展现出面向未来的城市集成创新态势，有望开启新的规划思维与城市思维。

中国未来城市的规划编制工作，已不再如此前30多年快速城镇化时期的"项目任务""建设开发"导向，而是正在形成"规划制度——规划理论——规划空间"的完整体系，而这些内容正是在中国"大国复兴""示范

---

❶ 雄安发布."未来之城"如何建[EB/OL].（2017-10-20）. http://mp.weixin.qq.com/s/6tusKy-usSQ7pMMsDggKE3A.

❷ 摘自住房和城乡建设部原总经济师赵晖先生在中国人民大学城市规划与管理系成立十周年研讨会上的发言。

引领""摸索前行"的背景下开展的,没有哪一国、哪一城市、哪一理论的规划可以完全照搬,需要探索的是中国特有的"人地资源关系""人民需求增长""人与环境和谐""制度优势引领合力发展"的规划新模式。

雄安新区的规划体现出未来城市"三个生态"叠加的特征。雄安新区规划将人、自然、城市空间和创新活动进行统筹考虑,形成了"自然生态、人居生态、创新生态"三个体系的叠加。其基本逻辑在于,创新生态越来越多地依赖于前两个生态的涵养,集聚人才、集聚创新机构等要素,进而方能形成一个能够滋养创新活动的完整系统。这也充分体现出发展阶段变化与发展思维的跃迁。工业文明时代,各地通常是先发展产业,招商引资,然后吸引人口集聚,再去做一些配套公共服务设施。到了工业化中后期,城市竞争的赛道一定会切换到创新和质量上面来,这也天然倒逼城市做好环境,做好公共服务。城市的动力逻辑出现变化,三大生态体系越来越展现出互相支撑、共振的趋势。发展的次序出现倒转,必须首先靠良好的人居环境和公共服务来吸引人才、机构,然后他们的集聚再衍生出创新成果和产业转化,也就是从原来的 people follow business,走向未来的 business follow people。城市也要走向为人才特别是科技人才"量身定制"人居环境。

这一变迁的背后是思维的深刻变化,是从工业文明的思维跃迁到生态文明的思维。生态文明绝不只是加大生态环保力度而已,其意味着整个城市的操作系统的升级,而非局部的修补和应用软件的更新。在此框架下,未来城市将成为超大型的"产业孵化器"与各类前沿新技术的"应用集成场",这两个方面共同构成未来之城的未来属性。

(二)产业体系

《河北雄安新区规划纲要》明确的产业发展重点包括:

(1)新一代信息技术产业。围绕建设数字城市,重点发展下一代通信网络、物联网、大数据、云计算、人工智能、工业互联网、网络安全等信息技术产业。近期依托 5G 率先大规模商用、IPv6 率先布局，培育带动相关产业快速发展。发展物联网产业，推进智能感知芯片、智能传感器和感知终端研发及产业化。搭建国家新一代人工智能开放创新平台，重点实现无人系统智能技术的突破，建设开放式智能网联车示范区，支撑无人系统应用和产业发展。打造国际领先的工业互联网网络基础设施和平台，形成国际先进的技术与产业体系。推动信息安全技术研发应用，发展规模化自主可控的网络空间安全产业。超前布局区块链、太赫兹、认知计算等技术研发及试验。

（2）现代生命科学和生物技术产业。率先发展脑科学、细胞治疗、基因工程、分子育种、组织工程等前沿技术，培育生物医药和高性能医疗器械产业，加强重大疾病新药创制。实施生物技术药物产业化示范工程、医疗器械创新发展工程、健康大数据与健康服务推广工程，建设世界一流的生物技术与生命科学创新示范中心、高端医疗和健康服务中心、生物产业基地。

（3）新材料产业。聚焦人工智能、宽带通信、新型显示、高端医疗、高效储能等产业发展对新材料的重大需求，在新型能源材料、高技术信息材料、生物医学材料、生物基材料等领域开展应用基础研究和产业化，突破产业化制备瓶颈，培育新区产业发展新增长点。

（4）高端现代服务业。接轨国际，发展金融服务、科创服务、商务服务、智慧物流、现代供应链、数字规划、数字创意、智慧教育、智慧医疗等现代服务业，促进制造业和服务业深度融合。集聚银行、证券、信托、保险、租赁等金融业态，依法合规推进金融创新，推广应用先进金融科技。围绕创新链构建服务链，发展创业孵化、技术转移转化、科技咨询、知识产权、检验检测认证等科技服务业，建设国家质量基础设施研究基地。发展设计、咨询、会展、电子商务等商务服务业，建设具有国际水准的总部商务基地。发展创意设计、高端影视等文化产业，打造国际文化交流重要基地。发展国际仲裁、律师事务所等法律服务业。

（5）绿色生态农业。建设国家农业科技创新中心，发展以生物育种为主体的现代生物科技农业，推动苗木、花卉的育种和栽培研发，建设现代农业设施园区。融入科技、人文等元素，发展创意农业、认养农业、观光农业、都市农业等新业态，建设一、二、三产业融合发展示范区。

（三）城市管理

雄安新区管理机构的设置主要体现机制层面的"未来性"，其指导思想是精简高效。雄安新区组建了河北雄安新区管委会以及雄安集团。

雄安新区管委会采取大部制机构设置、人员精简。中国雄安建设投资集团有限公司由河北省政府批准成立，是具有独立法人资格、自主经营、独立核算的国有独资公司，也是雄安新区开发建设的主要载体和运作平台。其主要职能是：创新投融资模式，多渠道引入社会资本开展PPP项目合作，筹措新区建设资金，构建新区投融资体系；开展土地一级开发、保障性住房以及商业地产开发建设和经营；组织承担白洋淀环境综合整治和旅游资源开发经营；负责新区交通能源等基础设施、市政公用设施建设和特许经营；参股新区各类园区和重大产业项目开发建设。雄安集团专业技术人员涉及战略研究、规划、投融资、大数据、基础设施建设、园区建设、生态环境治理、市政设计、建筑设计、景观设计、招标采购、预结算、安全质量、法务、公共关系等多个方向，也体现出新型机构的新型职能。

可见，未来城市的管理模式要求开创性和探索性，是面向管控机制优化、市场机制竞合、民生机制保障的全新模式，管控机制强调效率，市场机制强调效益，民生机制强调公平，在"效率—效益—公平"中寻求城市管理的平衡。

（四）政策设计

这一方面主要涉及城市建设和发展机制的创新。雄安新区提出了"三个变"的思路："变土地平衡为城市平衡，变政府争利为让市民获利，变产权少数人拥有为社会共有"。变土地平衡为城市平衡,是指政府不再主要靠土地财政,而是通过促进城市工商业发展、扩大就业水平,在税收中扩充地方政府的钱袋子;变政府争利为让市民获利,则是指不搞一次性征地补偿,更要抑制过高的房价,真正让处于两头的老百姓共同分享土地增值带来的巨大收益;变产权少数人拥有为社会共有,是实现以上两个思路的基础。未来土地使用权将由政府和农民共有,以往的房地产开发商变身为"房产"开发商。这就相当于政府和农民以土地出资,折成股份,成为城市的"股东",而房产开发商则投入资金和技术进行开发,最后土地增值的收益在政府、农民和开发商之间进行分配,大家共享城镇化发展的成果。

关于这一方向的变革,笔者在 2015 年年初发表的《论城市的合约性质》一文❶已经从理论上提出相应的解释框架:"城市是一组要素合约的系统集成,由政府提供共用品并与企业家、人力资本、土地等市场要素合作生产出来。在城市发展过程中,各类要素以结构性合约的形式参与合作生产并获取回报。城市化进程的根本动力是改善合约结构、降低制度费用。"从这一框架出发来看,土地财政本身不是问题,它是筹集建设资金的一种途径,换个角度也可以看作是城市共用品的一种"定价机制",其真正问题在于资金时限的"时空错配"。

针对这一问题,未来应及时调整合约结构,改变激励扭曲,构建可持续的城市发展多方激励机制。第一,调整税制,增加直接税、财产税比重,补充地方政府的投资性支出,引导地方政府从注重增量扩张转向优化存量并从中获取财政收入。第二,深化城市开发制度改革,政府渐次退出要素直接配置环节,降低地方政府建设资金支出压力。第三,构建基于常住人口的公共财政与转移支付制度,以居住证制度、积分入户制度等逐步放开高等级城市的户籍限制,引导地方政府增加公共服务支出,促进居民生活类公共服务的

---

❶ 焦永利,叶裕民. 论城市的合约性质[J]. 中国人民大学学报,2015(1):79-87.

有效供给，接纳流动人口的融入。第四，当前中国宏观经济层面的主要危机之一是资产负债表杠杆率高，而化解高杠杆率的途径只有两个——减少负债或增加权益。在中国经济进入中高速增长的新常态背景下，以减少负债为主的途径容易引发债务危机，选择增加权益为主较为可行。遵循这一思路，可在城市层面推广共有产权房、公私合作的基础设施融资模式等做法，对投资与未来收益进行结构化安排，避免当前投融资期限错配造成的债务压力以及逆向分配。显然，雄安新区提出的"三个变"思路与上述理论框架的分析是一致的，展现出未来的改革方向，政策的创新需要引导土地的集约高效使用。

此外，新区开发前所作的局面管控也是汲取此前经验教训基础上的政策创新。

雄安新区提前发力、有序应对，成功抵挡了"抢建潮""炒房潮"等可能发生的问题，表明政策措施的预见性、控制力是非常成功的。当然，这也是基于对既往教训的深刻把握，沿海一些发展较快的地区，此前在快速发展过程中未能做好建设秩序的管控，导致违法建设、空间无序越来越成为当下发展的制约。"局面管控"显示出其制度优势背后的精细化管理和全局稳定作用，良好的规划要在执行过程中不走样才能得以实现，规划的顺畅实施必须有强大的空间秩序管控能力作为支撑。

（五）生态环境

生态层面，"未来"属性更多地体现为"回归"，回归自然、促进人与自然和谐。雄安新区明确未来蓝绿空间占比70%以上，启动了大型造林工程。国家层面提出生态文明的理念，未来城市的规划建设正是这种"生态优先"理念的试验场。中国的一些城市经济发达，可以走补偿生态的路子，也有部分城市深陷资源枯竭的转型困境，更有多数城市沿着经济发达城市的经验模仿，但如何找到具有共识、面向未来、顾全大局的绿色发展道路，是亟待解决的问题，更是关乎永续发展的重大命题。因此，未来城市的绿色先行探索具有重要价值。

放眼工业化以来的全球城市发展，无论是工业先驱城市曼彻斯特、利物浦、底特律、匹兹堡、鲁尔等，还是贸易金融先驱城市纽约、芝加哥、伦敦、巴黎、横滨等，其在城市发展的经济顶峰时刻，都在寻求从"生态""文化""科技"等层面的华丽转身，这些经验也告诉我们，成功者如伦敦、巴黎等，生态优先、清流如许、文化传承，艺术、科技交相辉映。未来的城市发展思路需要从工业文明时代的"产业—要素—配套"模式，转化为生态文明时代的"良好人居环境、公共服务—吸引人才、机构—衍生创新成果与产业"的发展模式。

二

成都：后发赶超型城市的创新实践 ❶

成都的发展与国家区域发展战略及政策紧密相关。中华人民共和国成立后，成都作为"八大重点城市"之一，布局了多项国家重大项目，巩固了西南地区重要中心城市的地位。此后，在"三线"建设中布局多项重要军工项目，战略地位更为重要。但是，伴随改革开放以来计划经济体制的调整，我国率先推动沿海地区开放发展，而非均衡发展的策略，也导致东中西部区域发展差距日渐突出。在此背景下，国家于世纪之交出台了西部大开发战略，

---

❶ 本节内容主要基于近年来陆续发表于《成都日报》理论版的数篇文章，此处有删改。

这为成都、重庆、西安等西部区域中心城市的高速发展提供了千载难逢的重大机遇。乘着西部大开发国家战略的东风，成都积极汲取东部沿海地区经验教训，逐步打开国际视野，积极谋划具有前瞻性的城市发展战略，开启了在社会主义市场经济环境下快速发展的历程。进入新时代，成都进一步坚持世界眼光、国际标准来谋划自身发展愿景与战略定位，积极践行国家使命，提出建设体现新发展理念的国家中心城市，建设公园城市示范区。依托自身发展基础与传统特质，吸收国内外前沿城市的创新做法，面向技术变革的未来趋势，成都进一步升级营城策略，提出"场景营城"，推动营城策略从"城市场景"向"场景城市"跃迁，这一探索堪称国内外营城思想与策略的前沿创新。

近年来，成都面向未来探索营城策略创新主要体现在以下几个方面。

（一）营城策略创新：从城市场景到场景城市

芒福德提出最好的城市模式是关心人、陶冶人，密切注意人在社会和精神两个方面的需要。良好的人居环境应满足"生物的人"在生物圈内存在的条件（生态环境），又满足社会的人在社会文化环境中存在的条件（文态环境）。❶由特里·尼科尔斯·克拉克、丹尼尔·亚伦·西尔等学者提出的"场景理论"是对上述设想的新回应，认为"场景"是集合价值导向、文化风格、美学特征和行为符号的城市空间，是城市中多样舒适物、消费活动、人群的组合，它赋予一个地方包括生产、生活、生态、体验和价值情感等不同意义。场景理论的关注点更为侧重微观层面，对于拓展后的"场景城市"而言，从场景理论借鉴的核心思维是其强调的多维度、多元素的耦合叠加，寻求超越工业时代"单向度的人"困境，并将场景理论进一步拓展到城市的中观、宏观层面。

---

❶ 吴良镛. 芒福德学术思想及其对人居环境学建设的启示[J]. 城市规划, 1996（1）: 35-41, 48.

成都正在构建的以场景为导向的城市战略更加注重多元化思维、多部门联动，全方位统筹经济社会生态文化耦合发展，激发内生动力、孕育文化活力、培育新经济动能、创造美好生活，推动城市从"城市场景"到"场景城市"的跃迁。这一营城策略创新主要体现为以下三个维度：

第一，聚人营城，激发城市发展内生动力。近年来，国内外诸多研究都论证了注重人的舒适宜居、消费审美的城市发展新范式，正迅速取代以生产为主的传统增长模型。"场景营城"的核心目标正是以"人"为核心推动城市发展方式的转变：将人视为新产业、新经济的创新主体，将"场景"作为"聚人"的重要途径。运用场景将创新创业、人文美学、绿色生态、智慧互联等原本各自发展的动力因素进行统筹，并有机融入经济社会活动中，从而让城市对人才更具吸引力，让城市更具活力。从产业到社区，从街道到商圈，成都通过空间美学的开放性设计、本地文化形象的营销、便捷智能的生活服务集合和清新绿色的自然基底，全方位提升城市的体验感和宜居性，加速创新创业、提速产业发展，全面提升城市的影响力和竞争力，让成都成为人才的"磁体"，创业者的"圆梦之都"。

第二，文化驱动，孕育新时代蓉城活力。新时代城市发展的"文化转型"意味着文化场景正逐渐成为城市发展的新动能。"场景营城"所强调的空间美学是扭转过去城市同质化趋势的一剂良药。成都前瞻部署了建设世界文化名城的顶层设计，以天府文化的人文底蕴和巴适安逸的生活美学赋能场景营造。以历史文化和自然遗产为基础，构建以龙泉山城市森林公园和天府绿道为基础的生态文化场景体系，以天府艺术公园、天府锦城为代表的人文文化场景体系；注重推动天府文化的现代表达：围绕"三城三都"，造就了一批承载休闲之都生活气息的新场景、新业态，让"像成都人那样生活"成为国内外许多年轻人的新风尚。

第三，激活创新，发展新经济、培育新动能。面对新一轮科技产业革命呼啸而来的时代背景，成都提出将发展新经济、培育新动能作为"场景营城"的核心举措，全面统筹"六大经济形态"，构建"七大应用场景"。近年来，成都发展方式转型显著，新经济动能持续迸发。面向未来，成都提出了城市机会清单、未来场景实验室、场景示范工程等创新机制，场景赋能的新经济形态有望迎来新的进展。

（二）构建面向未来的空间结构

空间战略是引导经济社会高质量发展的重要政策工具。近年来，成都以建设全面体现新发展理念的城市为战略目标，坚持以人为核心，在创新实施空间战略方面探索了一系列新做法，所取得的一些有效经验可供中西部地区乃至全国借鉴。

第一，践行国家战略，推动区域经济地理重塑。伴随着国家西部大开发战略的实施，成都的综合竞争力和城市能级持续提升，迅速跻身全国前沿城市行列，也成为全球投资者、新闻媒体以及学术界共同关注的国际化大都市。究其原因，核心是始终融入和践行国家战略，构建引导城乡和区域高质量发展的空间战略和系统性政策措施。从中心带动的圈层式空间战略，到避免东部沿海传统城镇化路径教训，搭建全域覆盖的规划管理体系，系统推进统筹城乡发展，再到成渝双城经济圈建设背景下实施东进战略，其背后是城市空间战略的区域视野拓展。例如，为加快推进成渝地区双城经济圈建设，设立成都东部新区，这一战略推动成都从"两山夹一城"变为"一山连两翼"的城市格局千年之变，是成渝相向发展国家部署的空间表达。展望未来，从国内大循环视角看，成渝双城经济圈已经成为"菱形"国土经济地理空间的重要一极，集聚和辐射能力需继续提升，从国际国内双循环来看，成都处于向西向南开放前沿，有条件加快建设国际循环的门户枢纽。

第二，坚持系统思维，谋划全域空间格局优化。近年来，在谋划全域空间结构优化方面，成都作出了多方面创新探索，这些创新举措包括：①以人为核心，将"让生活更美好"作为出发点和落脚点，实现营城思路从传统的

"产、人、城"模式到"人、城、产"理念的变迁。综合考虑人的多维度、多层次属性需求，服务人的自然属性，建设生态宜居公园城市。服务人的经济属性，建设产城融合的产业功能区和产业生态圈。服务人的社会属性，加大高质量公共服务设施布局力度，增强社区空间品质提升和治理优化。服务人的文化属性，积极开展场景营造。②以新一轮规划修编为契机，重塑城市空间结构和经济地理，在四川省内发挥带动全省的"主干"作用，推动五大经济区合作发展，在市域层面，通过"三降两提升"，进一步疏解城市核心区非核心功能，带动全域城乡均衡协同发展。明确"东进、南拓、西控、北改、中优"的十字方针，重构全市的空间布局、产业体系、功能体系、公共服务和治理体系，按照"以水定人、以地定城、以能定业、以气定形"的思路优化城市空间格局。③摒弃"摊大饼"模式，构建"双核联动、多中心、网络化"的空间格局，促进空间结构与人口规模、城市规模、产业发展和生态容量相适应，推动形成"青山、绿道、蓝网"相呼应的城市形态。④重构发展动力传导的空间组织体系。为形成和强化源头创新、原始创新在城市发展动力格局中的核心地位，成都明确了"一核四区"的科学城总体规划布局，带动全市形成"核心驱动、协同承载、全域联动"的发展格局。进而，推动"一核四区"通过数字链、创新链和价值链与全市14个产业生态圈、66个产业功能区相嫁接，涵盖了从源头创新到二次创新、到产业生态圈的发展壮大、再到产业功能区的规模化落地的完整链条，形成从科学新发现到新经济发育、新技术场景应用的完整图景，更好地适应城市进化的整体趋势。

第三，承续历史文脉，建设美丽宜居公园城市。园林是古今中外共同追求的一种理想人居境界，"城市山林"与"诗意栖居"乃是东西方各自的精彩表达。"窗含西岭千秋雪，门泊东吴万里船"，"晓看红湿处，花重锦官城"，"山桃红花满上头，蜀江春水拍山流"，"锦江近西烟水绿，新雨山头荔枝熟"，"黄四娘家花满蹊，千朵万朵压枝低"，这些脍炙人口、引人入胜的诗句都体现了成都这座美丽宜居城市的历史文脉。2018年2月，习近平总书记在成都考察时提出"突出公园城市特点"的城市建设新理念。成都在建设公园城市的方向上探索出系列创新举措。2018年7月，成都市委出台《加快建设美丽宜居公园城市的决定》，对公园城市建设作出了系统部署。此后，在全国率先成立公园城市研究院，开展了高水平系列课题研究，在全市新一轮规划建设中积极落实，划定两山（龙门山和龙泉山）、两网（岷江和沱江两大水系）和六片生态隔离区等重要生态空间，限定和稳固城市格局，依托生态空间建设一系列的城市郊野公园。结合山川水系、通风廊道和重要节点视线廊道建设各类城市公园，并与外围生态空间相互连通，形成"城在绿中、园在城中、城绿相融"的城市公园体系。结合城乡交通和水系脉络，构筑以"一轴两山三环七带"为主体骨架的天府绿道系统，串联城乡空间，融合城乡功能，加快塑造"推窗见田、开门见绿"的城市特质。同时，深度融合未来的生活场景、消费场景、创新场景推动公园、绿道的"场景革命"，为生态、生活、创新的互动聚变提供新型载体，推动美学体验和文化深度融入市民生活。当前，成都正在积极实现上述愿景，全力建设公园城市示范区，加快打造承载美好生活的未来之城。

（三）谋划新的产业发展图景

强大的产业竞争力是城市可持续发展的经济基础。西部大开发战略实施以来，成都积极谋划后发赶超的总体战略，将产业发展融入城市综合发展框架，推进产业集中、产业升级，为要素集聚、人口流动、城市转型提供了良好基础。近年来，面向新一轮科技产业革命重塑产业体系，构建覆盖全域、合理分工、创新引领的规划体系、产业格局及其治理架构，坚持"人、城、境、业"一体部署，持续建强国家中心城市、国际门户枢纽城市、美丽宜居公园城市和世界文化名城，不断提升产业竞争力和城市承载力。在推进产业发展方面探索了一系列新做法，创造了多样化的新场景。

第一，坚持系统推进，将产业发展嵌入城市总体发展战略。西部大开发战略实施20年来，东部与西部地区发展差距加速拉大的态势得到扭转，以成都为代表的西部城市也在这样的历史机遇下步入发展快车道。借鉴先发地区经验教训是成都重要的后发优势，通过推进覆盖全域的综合战略，将产业发展融入城市发展的总体布局，坚持空间、产业、人力资本、公共服务协同部署，一定程度上避免村村点火、户户冒烟的无序发展路径，提升了产业集聚效益和发展质量，也积累了创新和消费潜力，这是成都产业发展的核心特征之一。在此基础上，成都在电子信息、航空航天、汽车、芯片等先进制造业和软件、文化娱乐、金融等现代服务业领域实现高点起步，在经济增速、实际利用外资、人才集聚、城市品牌等方面迅速迈向中国城市竞争力的前列，产业竞争力持续攀升。其中的重要经验是将产业作为内生于总体战略的重要部署，适应和引领城市发展逻辑从"产城人"到"人城产"的变迁，统筹"人、城、境、业"综合部署，重塑人的美好生活需求与城市生命周期的协同共振，在创新基础、文化氛围、场景体验上进一步突出人的主体性，激发创新动能，塑造美好生活。推进"产业和人"关系从传统工业化的"人的异化"状态到"辩证统一"的方向升华。

第二，坚持未来视角，面向新一轮科技产业革命重塑产业体系。当前，新一轮科技革命与产业变革方兴未艾，成都积极拥抱这些趋势，以新经济为牵引，全面重塑产业体系。如前文所述，当前创新活动越来越趋向"为全世界而创造"，突破了经典工业化时期的经济腹地理论而走向"全球腹地"图景，这就使得那些有志于成为创新中心的城市其追求必须是"为全世界而创造"。为此，近年来成都努力超越西部内陆的传统产业区位认知，坚持在世界城市体系、国家开放战略、科技产业变革的新视野中对自身所处时空方位进行再定位，提出加快融入全球开放型经济体系，持续增强全球资源配置、科技创新策源、高端要素集成、投资消费辐射能力。加快拓展立体化通道、高能级平台和全球供应链体系，形成"一带一路"、长江经济带、西部陆海新通道联动发展的战略性枢纽。面向智能化的产业前景，成都提出以高技术服务业为动力推动现代化产业体系建设，以高能级头部企业为引领打造跨区域产业生态圈，以高品质公服供给为支撑集聚高知识、高技能人才，以高水平开放为先导率先探索服务新发展格局，以高效能改革为突破构筑城市未来比较优势。在全国率先设立了新经济发展委员会，明确了研发新技术、培育新组织、发展新产业、创造新业态、探索新模式的基本路径，聚焦六大新经济形态，探索构建丰富的新经济应用场景。面对人本导向的趋势，成都提出放大生物医药产业生态圈融合效应，培育国际特色示范医疗集群、高精医药器械集群、创新驱动转化医学平台。同时，成都历史上在生活方式、美学体验、文化品格等方面具有良好的基础，有条件在消费场景、娱乐体验、软硬件集成创新等方面探索新路径。成都已经在场景营城方面进行了广泛探索，提出全方位提升生活品质，构建覆盖全区域全人群、标准化均等化的公共服务体系，不断增强以事业成长性和生活宜居度为核心的城市竞争力。

第三，坚持以人为核心，探索"人城境业"高度统一的营城路径。产业与城市发展有着历史的规律与逻辑。在工业化前期，往往是工业化引导城市化，而到了注重质量和创新的工业化中后期以及后工业化阶段，城市化的质量、城市空间的品质往往又决定着产业竞争力的水平。纵观成都近年来城市能级和影响力的提升，这一规律显现充分。

（四）东部新区：建设未来之城

设立东部新区是成都城市格局的千年之变，在双城经济圈层面，成都东部新区有机会实现"裂变式进化"，其路径选择是以营城模式创新推动城市进化、建设未来之城，发展目标是到 2035 年基本建成人城境业和谐统一的现代化城市、美丽宜居公园城市示范区。主要创新思路包括以下几个方面。

第一，革新营城逻辑。成都东部新区建设提出了"精筑城、广聚人、强功能、兴产业"的基本理念与营城逻辑。进入创新作为主动力的阶段，诚如美国学者乔尔·科特金所言："哪里更宜居，知识人群就在哪里聚集；知识人群在哪里聚集，财富就在哪里聚集。"以自然生态保障良好的健康环境，以人居生态满足教育、医疗、交通、文化等社会需求，以创新生态为创业就业以及更高层次的自我实现提供土壤，用三个生态的集成勾勒未来理想人居前景。

第二，开展场景营造。如前所述，当前，全球发达地区的城市与社区都在发生着迅速的变化，其中最引人注目的就是向各具特色的"场景"转变，未来人们将超越具体的功能地点而更多地生活在"场景"之中。哈佛大学城市经济学家格莱泽在《城市的胜利》一书中提出，若干工业锈带城市衰落，而伦敦、旧金山和巴黎等保持了繁荣发展，原因就在于人们把它们看成适宜居住的地方。这些地方拥有丰富的消费场所，包括饭店、剧院、喜剧俱乐部、酒吧和各类接近性娱乐等。芝加哥大学的场景学派进一步将这一趋势提炼为"场景理论"。"场景"赋予一个地方更多的意义，包括生产、生活、生态、体验和价值情感，已经成为影响城市经济和社会生活的重要驱动力。成都东部新区将"广聚人"作为第一要务，探索构建"人城产"融为一体的场景生态系统，用场景营造的思维"精筑城"，营造出"一个产业功能区就是若干个新型城市社区"的新场景，进而激发新经济、新动能。

第三，推动集成创新。一是理论与实践集成。系统借鉴国内外前沿理论，如全球城市理论、场景理论、3T理论等，前瞻思考新技术条件下的城市演变，做好战略整合。通过举办竞赛、主题论坛等系列活动，汇聚全国乃至全世界的营城智慧。二是新经济与新基建的集成。成都东部新区开发建设提出引入城市合伙人、综合开发等新思路，创新市场与政府力量更优组合的新型开发运营模式，从土地平衡走向城市综合平衡，促进各类新型基础设施加速形成完整体系，激发新的增值效益，更好地应对债务等各种不确定性风险。三是多层次场景集成。将承担对外联通功能的空港、铁路港，科创基地等基础设施的"大场景"与宜人尺度的"小场景"融合；将便捷联通世界的"快场景"与放松身心的公园城市"慢场景"融合；将国际标准的功能场景与天府特色的场景融合，体现成都味道、天府神韵、中国特色、世界眼光。

（五）科学城：强化源头创新

1979年，《科幻世界》杂志社在成都创立，40多年来引领了中国科幻的发展。如今，成都拥有国内科幻最高奖项"银河奖"，被誉为中国"科幻之都"，而科幻常常成为科学的先驱。2020年，成都科学城建设浮出水面，仿佛与上述事件形成了独特的时空回响。2020年6月3日，成都市召开科技创新大会，推出《中国西部（成都）科学城战略规划（征求意见稿）》，提出"三步走"的战略安排和"一核四区"的总体布局，同时发布了加强科技创新能力建设"18条"和人才新政"2.0版"。

究其实质，科学城是科学发展的客观趋势和城市进化的内在逻辑两大力量汇合的产物。

从科学发展的规律看，有三大因素推动科学城的出现。第一，科研设备与装置的大型化。工欲善其事，必先利其器，科学设备、科学装置对于科学发现而言必不可少。400年前伽利略通过望远镜观测到月球环形山，300年前列文虎克通过显微镜观测到微生物，开启了重要的研究方向。发展到今天，前沿的基础研究必须推进到非常极端的物理条件下才可能有新发现，这些极端条件包括时间极短、能量温度极高、压力极大、尺度极微等，而这些条件的创造通常必须依托复杂、精密、费用高昂的大型科学装置。第二，当前的科学研究交叉化、团队化的特征明显，大型科研项目往往需要多学科、大规模的科研人员参加，如能形成空间集聚，有助于形成科学社群。第三，科技研发与产业发展呈现"对行趋势"。一批科研机构正在贴近市场，而市场上的一些企业（如华为）正在深入基础研究。科研成果转化为商业应用的周期越来越短，这就要求一部分科研活动尽量贴近技术应用和产业生态，需要科技服务、咨询等中介职能，而这些职能需要城市尺度才能更好发育。

从城市发展进化趋势看，传统的要素投入驱动发展模式逐渐式微，创新链条和产业链条正在深度融合，科技要素在实验室、生产线及市场之间的流动正在加快。对于那些具有雄心的城市而言，要想始终屹立于世界先进城市之林，必须安装上强大的源头创新的引擎，系统构建创新生态，用高质量科技供给支撑现代化经济体系。从这个意义上说，科学城（体系）可以看作是为科学发现和科技创新"定制城市"，为科学家、企业家、专业服务人员等主体从事科研、转化、开发等活动供给更系统、更精准的城市环境。

通常认为，科学城作为一种独特的城市物种起源于20世纪50年代，以美国的硅谷、苏联的新西伯利亚科学城、日本的筑波科学城等为代表。发展到今天，有研究认为全球的科学（技）城已经达到数百个之多。从基本特征来看，科学城与一般的科技园区既有共性，又有显著区别。科技（产业）园区更多的是科研成果"从1到N"的转化应用，而科学城则更加关注"从0到1"的源头性创新。因此，科学城主要是集聚基础研究机构与大科学装置，以科学发现、源头创新为核心目标的功能空间。科学城的检验标准是能否产生对科学发展与人类生产生活产生重要影响的理论、技术、发现等，成为某个领域、某个方向绕不过的节点。科学城体现为"四个密集"：①科学设施特别是大科学装置的密集；②科研机构的密集；③科学家的密集；④科研成果转化活动的密集。

通过建设科学城推动城市进化，其基本原理可以归结为"三个变"：第一，科学聚变。通过集聚前沿研究机构、大科学装置及高端科技人才，促进基础研究、多学科交叉研究，实现"聚变"效应，促发源头性的创新成果。第二，产业裂变。科学发现具有连锁反应、溢出效应。源头创新经由研发转化将促进产业发生裂变效应。这方面的典型案例包括：仙童公司的创办带动了此后硅谷的半导体产业；华为公司深入基础研究领域，带动了一个产业生态。第三，城市蝶变。一是通过具有根植性和持续竞争力的高科技产业发展带动整个城市的动力结构转变；二是通过集成式的应用场景，探索未来城市的前进方向。

与上述发展规律相契合，成都提出了"四个第一、四个转变"的总体认识与思路。即，依靠科技这一"第一生产力"，实现从被动跟跑到主动领跑的历史性转变；依靠创新这一"第一驱动力"，实现城市发展动能从要素驱动向创新驱动的根本性转变；依靠人才这一"第一资源"，实现从追求人口红利向释放人才红利的战略性转变；依靠环境这一"第一优势"，实现从拼政策优惠到比综合环境的格局性转变。同时，特别强调要聚焦航空航天、生物科技、信息科学、网络安全、智能智造等重点领域，携手高校院所共同争取大科学装置，全力争创综合性国家科学中心，构建"科学发现—技术发明—成果转化—产业创新—未来城市"一体贯通的全周期创新体系，构建"互利共生、高效协同、开放包容、宜业宜居"的创新生态系统。

以科学城建设为牵引，成都提出"一核四区"的科学城总体规划布局，带动全市形成"核心驱动、协同承载、全域联动"的发展格局。"一核"即成都科学城，定位是打造具有全国重要影响力的原始创新高地。"四区"即新经济活力区、天府国际生物城、东部新区未来科技城和新一代信息技术创新基地，定位是与科学城协同构建创新功能突出、创新服务完善、主导产业领先的"二次创新"承载地。进而，"一核四区"通过数字链、创新链和价值链与全市14个产业生态圈、66个产业功能区相嫁接。"1、4、14、66"这样一组数字就构成了成都未来发展动力格局的"空间密码"以及发展动能的"金字塔体系"，涵盖了从源头创新到二次创新、到产业生态圈发展壮大、再到产业功能区规模化落地的完整链条。同时，《中国西部（成都）科学城战略规划（征求意见稿）》还提出了创新营城方面的具体策略。例如，提出建设"城市未来场景实验室"，开放城市级、产业级、企业级科技应用场景，搭建面向全球的新经济、新技术展示体验大平台，支持创新产品市场验证、技术迭代、应用推广、首购首用。再如，构建公园城市国际化生活社区，提高人才的生活舒适度和工作便利度。科学城必然是人才特区，在这一方向上，成都有条件结合自身文化特色及公园城市建设等探索新路径。可借鉴上海陆家嘴金融城理事会的做法，组建纳入科学家及业界群体的科学城理事会作为业界参与的公共平台,在空间营造、景观设计等方面体现科学文化氛围,规划建设科学(家)主题公园,延续天府文化开放包容的特质,容纳融合已成为成都标签之一的科幻文化以及极客文化等。

综合来看,"核心驱动、协同承载、全域联动"的布局思路将提升、重构城市的空间体系与动力体系,实现"从 0 到 1"以及"从 1 到 N"的全链条传导,形成从科学新发现到新经济发育、新技术场景应用的完整图景,促进城市整体进化。

三

关于城市进化前景的初步思考

回顾历史可以发现,科技产业革命与思想文化变革是影响城市发展最深刻的两大力量。每一次科技产业革命都给城市发展及其空间形态带来系统性变革,这一变革力量在带来繁荣、进步的同时也会伴随以不同时代特点的"城市病",而相应的思维文化、制度变革能否适应进而引领这些变革,就决定了城市的命运转折。

从时间演进的脉络来看,当前正处于城市进化的历史机遇期。新一轮科技产业革命正在迸发强大活力,由此带来的交通、产业、信息、娱乐等方面变革正在推动城市发生"突变",进而将城市推进到智能生命体的全新历史阶段。如何开创未来,需要回到理论深处,展开更具历史穿透力的想象力,开展城市研发,探索发明未来城市。

经过一段时期的观察与研究,笔者认为,未来城市发展正在形成三条清晰的赛道：新基建、新经济、新治理，并且，与此前的发展形态有所不同的是，这三条赛道彼此之间呈现高度融合的特点，将共同推动城市和人类社会进入更高水平的智能社会。一方面，这些新变化、新机遇是激动人心的，同时，与历史上的规律一样，这些新变化还可能带来不少全新的挑战，需要用新的思想、新的制度、新的政策去"过滤"和"导航"。

未来的城市将会是云端数字世界和物理现实世界高度融合的新形态，而新基建就将为这个前景构筑数字底座。一方面，像雄安新区这样的新城市正在探索人类历史全新的数字孪生发展路径，物理城市与虚拟城市同步规划、同步建设，实现"万物生数、数生万物"的相互映射，从而提升城市管理效率，服务美好生活。另一方面，5G、大数据中心、物联网等新基建也将逐步为所有的城市铺上一张神经感应网络，通过新型基础设施建设、传统基础设施的智能化改造，让城市生命体的生命体征感知节点及干预手段极大丰富。未来，一根钢梁、一个控制阀门都在云端虚拟空间有对应的映射及控制节点，从而赋能城市的自动化、智能化感知和决策。

未来的新经济很大程度上也是为智能社会提供产业支撑。对于中国的头部区域和城市而言，核心方向就是瞄准当前许多卡脖子的关键技术领域和产业环节推动创新。目前，新经济形态的主轴渐渐清晰——新终端、新传感网络、新的计算工具与能力。新终端包括工业领域的高水平机床、新型设备、机器人等，也包括生活领域的手机、可穿戴设备、人体增强设备、新型显示界面，未来的自动驾驶汽车也将成为一类新型终端。新传感网络方面，5G 大规模铺设，产业界已经开始着手新一代网络研发，同时推动天基卫星互联网的建设。新的计算工具与能力方面，数据中心快速扩容，为数字世界修建数据湖，人工智能不断渗入各个具体场景，算法不断丰富。而这些产业主轴的进一步发展都需要大规模集成电路、新型显示、新材料等技术和产业的支撑，传感芯片、通信芯片、存储芯片、计算芯片以及背后的 IC 设计与软件产业成为前沿城市的竞争方向，各行各业的迭代离不开新材料、新能源的支持，这两大领域也持续成为竞争热点。为此，许多城市开始将创新特别是源头创新作为主攻方向，大力推动"科学城"这一新城市物种的发展，同时，纷纷建设高端新型实验室，期望在这些技术与产业领域构筑竞争优势。

可见，未来的新基建、新经济本身高度融合，与此同时，二者还将会为城市的新治理提供持续不断的新工具，赋能智能化治理变革。21 世纪初，在借鉴国外利用信息化手段提升城市管理效率经验的基础上，结合我国国情，北京市东城区、朝阳区率先探索出网格化、数字化城市管理模式并向全国推广，实现了与世界城市治理前沿的同步与局部创新。如今，上海、杭州、深圳、雄安新区等地都在大力探索智能化的城市治理模式，一些高科技企业也积极投身其中。上海提出"一网通办、一网统管"，杭州大力建设"城市大脑"，深圳联合华为公司提出建设"全场景城市智能体"，腾讯公司提出 WeCity 未来城市发展设想，京东公司提出发展"城市操作系统"等。目前，我们渐渐能够看到这一轮城市治理变革的基本轮廓。

如果说在此前的信息化发展阶段，数字化城市管理模式是和国际处于同一水平面的话，目前的应用场景显示在智能化城市治理方面，我国城市已经走在国际的最前沿。

如前所述，新基建、新经济、新治理正在崭露出新的希望，同时也必然会带来许多新的问题。例如，数字鸿沟、就业替代、贫富差距拉大、隐私界定、数据资产及其治理等，这些都是新的、更加复杂的"问题域"，无法简单通过科技的手段来解决，因而需要更深层次的治理思考与应对，需要有坚定的价值指引，既避免民粹主义陷阱，又能超越短期、局部的经济逻辑。

综上，需要在历史维度中把握基本发展脉络，以推进城市进化的思维审视时空坐标与奋斗前景，追逐城市文明新境界。武廷海教授也认为："未来城市是生产生活生态空间相宜、自然经济社会人文相融的复合人居系统，是物质空间、虚拟空间和社会空间的融合，未来城市规划设计需要顺应、包容、引导智能网联汽车、5G、能源等技术进步，塑造更加高效、低碳、环境友好的生产生活方式，推动城市形态向着更加宜居、生态的方向演进。广义的城市规划，要面向中国与世界的科技、文化、政治、经济演化图景进行综合研判，对中国未来城市的空间形态与规划、建设、管理、运维等关键问题进行持续的研究，为自觉适应和调控未来城市的行动提供战略方向和行动路线图，引领城市与人类发展走向可持续的未来。"❶

未来城市中涉及居民、企业、各类组织的多源、多层次、全场景数据正在加速形成一个云端数字孪生体，从而通过物理世界和云端的互动，让各类数据资源更加系统、快捷地服务于城市运行。这样的前景就要求在城市理论层面深化研究，秉持城市进化的大历史观，升级传统的城市规划与建设体系，迈向"城市研发"的新境界。为此，需要在以下几个方面推动制度与政策创新。

第一，强化顶层设计，构建"理念—制度—技术"相贯通的治理架构。推进包容新技术、新挑战的制度创新。"现代人们对'理想城市'认识的深化，不仅表现在目标选择上，还在于目标的实施上。关键在于要有一个具有广泛性，又有权威性的城市控制管理机构。即一个既能广泛吸取群众意见，又能协调各部分利益与矛盾，全心全意为人民谋福利，说到做到的城市政府。"❷面向智能社会前景，以整体政府、开放政府作为设计城市治理架构的基本方向，做好开放数据、开放场景的谋划，重塑城市治理业务流程。以问题导向、场景导向作为应用先进技术的基本取向，不断探索运用新技术手段应对新问题。

第二，发挥技术与治理的组合效应，提升城市治理的"规模化敏捷"能力。做到新技术与新治理的集成，通过数字孪生城市、城市大脑等新型治理方式来提升治理水平，让国土空间的规划与治理变得更智慧，提升经济社会生态等各类运行参数的感知密度、反馈速度，通过多类型传感器做到全面感

---

❶ 武廷海. 中国城市规划的历史与未来[J]. 人民论坛·学术前沿，2020（4）：65-72.
❷ 邹德慈. "理想城市"探讨[J]. 城市，1989（1）：5-7.

知、优化城市资产管理，通过虚拟现实等技术实现与市民、企业的全景互动，构建基于大数据的并行审批体系，构建适应"变形城市"的规划管治能力，提升城市生成、运行、演变的效率和效益。新技术将极大地为城市治理"赋能"，城市治理也需要探索数字时代的治理策略与方法论，像商业领域那样走向"规模化敏捷"，即能够在紧迫的约束下突破路径依赖，协同应对难解问题❶。这一方面需要城市领导者提升技术素养、提升智能时代的治理本领；另一方面也要鼓励优秀的城市治理者更多地充当"产品经理"，帮助技术端更好地理解治理原则与场景，将其内化到产品的业务逻辑和算法之中，让政务服务更加便利化。

第三，拓展新安全观，系统部署云端城市的数据安全、运行安全。一方面，关注数据与信息本身的安全，特别是公共信息、隐私数据的安全。例如，上海正在开展探索，根据《上海市公共数据和一网通办管理办法》，对公共数据采用分级分类方式管理，公共数据按照开放类型分为无条件开放、有条件开放和非开放三类。❷按照分级分类的原则对数据的调用进行把控。另一方面，伴随着物联网的逐步普及，数字孪生城市的深入，云端城市对物理城市的映射与指挥将会持续深化，若相关数据、算法遭受入侵和篡改，将可能对城市交通、安全、环境等带来灾难性影响，为此必须在法治、技术等方面未雨绸缪，作出综合部署。

---

❶ 史晨，耿曙，钟灿涛. 应急管理中的敏捷创新：基于健康码的案例研究[J]. 科技进步与对策，2020（16）：48-55.

❷ 邹臻杰. 从一网通办到一网统管，上海灵活调用大数据实现精准决策[EB/OL].（2020-05-28）. https://m.yicai.com/news/100648293.html.

参考文献

[1] 马克思，恩格斯. 马克思恩格斯选集 [M]. 中央编译局，译. 北京：人民出版社，2012.

[2] 达尔文. 物种起源 [M]. 周建人，等，译. 北京：商务印书馆，1995.

[3] 达尔文. 人类的由来 [M]. 潘光旦，胡寿文，译. 北京：商务印书馆，1983.

[4] 霍华德. 明日的田园城市 [M]. 金经元，译. 北京：商务印书馆，2000.

[5] 格迪斯. 进化中的城市：城市规划与城市研究导论 [M]. 李浩，等，译. 北京：中国建筑工业出版社，2012.

[6] 芒福德. 城市发展史：起源、演变和前景 [M]. 宋峻岭，倪文彦，译. 北京：中国建筑工业出版社，2004.

[7] 芒福德. 机器的神话：技术与人类进化 [M]. 宋俊岭，译. 北京：中国建筑工业出版社，2015.

[8] 芒福德. 城市文化 [M]. 宋俊岭，李翔宁，周鸣浩，译. 北京：中国建筑工业出版社，2009.

[9] 芒福德. 技术与文明 [M]. 陈允明，王克仁，李华山，译. 北京：中国建筑工业出版社，2009.

[10] 霍尔. 文明中的城市 [M]. 王志章，译. 北京：商务印书馆，2016.

[11] 霍尔. 城市和区域规划 [M]. 邹德慈，李浩，陈熳莎，译. 北京：中国建筑工业出版社，2008.

[12] 克里斯蒂安. 起源：万物大历史 [M]. 孙岳，译. 北京：中信出版社，2019.

[13] 李德华. 城市规划原理 [M]. 北京：中国建筑工业出版社，1989.

[14] 董鉴泓. 中国城市建设史 [M]. 北京：中国建筑工业出版社，1989.

[15] 沈玉麟. 外国城市建设史 [M]. 北京：中国建筑工业出版社，1989.

[16] 吴良镛. 人居环境科学导论 [M]. 北京：中国建筑工业出版社，2001.

[17] 吴良镛. 中国人居史 [M]. 北京：中国建筑工业出版社，2014.

[18] 梁鹤年. 旧概念与新环境：以人为本的城镇化 [M]. 北京：生活·读书·新知三联书店，2016.

[19] 梁鹤年. 经济·土地·城市：研究思路与方法 [M]. 北京：商务印书馆，2008.

[20] 梁鹤年. 以人为本规划的思维范式和价值取向：国土空间规划方法导论 [M]. 北京：商务印书馆，2019.

[21] 梁鹤年. 西方文明的文化基因 [M]. 北京：生活·读书·新知三联书店，2014.

[22] 叶裕民. 中国城市化之路 [M]. 北京：商务印书馆，2001.

[23] 叶裕民. 数字化城市与政府治理创新 [M]. 北京：中国人事出版社，2012.

[24] 阿博特. 未来之城：科幻小说中的城市 [M]. 上海社会科学院全球城市发展战略研究创新团队，译. 上海：上海社会科学院出版社，2018.

[25] 许宏. 先秦城邑考古 [M]. 北京：金城出版社、西苑出版社，2017.

[26] 柏拉图. 理想国 [M]. 郭斌和，张竹明，译. 北京：商务印书馆，2018.

[27] 维特鲁威. 建筑十书 [M]. 陈平，译. 北京：北京大学出版社，2017.

[28] 杨宽. 中国古代都城制度史 [M]. 上海：上海人民出版社，2006.

[29] 中国古都学会. 中国古都研究 [M]. 杭州：浙江人民出版社，1985.

[30] 成一农. 古代城市形态研究方法新探 [M]. 北京：社会科学文献出版社，2009.

[31] 久保田和男. 宋代开封研究 [M]. 上海：上海古籍出版社，2010.

[32] 包伟民. 宋代城市研究 [M]. 北京：中华书局，2014.

[33] 施坚雅. 中华帝国晚期的城市 [M]. 叶光庭，徐自立，王嗣均，等，译. 北京：中华书局，2000.

[34] 侯仁之，邓辉. 北京城的起源与变迁 [M]. 北京：北京燕山出版社，1998.

[35] 帕克，等. 城市：有关城市环境中人类行为研究的建议 [M]. 杭苏红，译. 北京：商务印书馆，2016.

[36] 布罗代尔. 15 至 18 世纪的物质文明、经济和资本主义 [M]. 顾良，施康强，译. 北京：生活·读书·新知三联书店，2002.

[37] 希弗尔布施. 铁道之旅：19 世纪空间与时间的工业化 [M]. 金毅，译. 上海：上海人民出版社，2018.

[38] 林奇. 城市意向 [M]. 方益萍，何晓军，译. 北京：华夏出版社，2001.

[39] 沙里宁. 城市：它的发展、衰败与未来 [M]. 顾启源，译. 北京：中国建筑工业出版社，1986.

[40] 科斯托夫. 城市的形成：历史进程中的城市模式和城市意义 [M]. 单皓，译. 北京：中国建筑工业出版社，2005.

[41] 雅各布斯. 美国大城市的死与生 [M]. 金衡山，译. 南京：译林出版社，2005.

[42] 贝利. 比较城市化：20 世纪的不同道路 [M]. 顾朝林，译. 北京：商务印书馆，2008.

[43] FRIEDMANN J. China's Urban Transition[M]. Minneapolis：University Of Minnesota Press，2005.

[44] 邹德慈. 城市规划导论 [M]. 北京：中国建筑工业出版社，2002.

[45] 张京祥. 西方城市规划思想史纲 [M]. 南京：东南大学出版社，2005.

[46] 泰勒. 1945 年后西方城市规划理论的流变 [M]. 李白玉，陈贞，译. 北京：中国建筑工业出版社，2006.

[47] 勒盖茨，斯托特，张庭伟，田莉，等. 城市读本 [M]. 北京：中国建筑工业出版社，2013.

[48] 沙森. 全球城市：纽约、伦敦、东京 [M]. 周振华，译. 上海：上海社会科学院出版社，2005.

[49] 芦原义信. 街道的美学 [M]. 尹培桐，译. 天津：百花文艺出版社，2006.

[50] 林奇. 城市形态 [M]. 林庆怡，陈朝晖，译. 北京：华夏出版社，2003.

[51] 培根. 城市设计 [M]. 黄富厢，朱琪，译. 北京：中国建筑工业出版社，2003.

[52] 盖尔. 交往与空间 [M]. 何人可，译. 北京：中国建筑工业出版社，2002.

[53] 德让. 巴黎：现代城市的发明 [M]. 南京：译林出版社，2017.

[54] 伯纳姆，本内特. 芝加哥规划 [M]. 南京：译林出版社，2017.

[55] 赖特. 一部自传 [M]. 杨鹏，译. 上海：上海人民出版社，2014.

[56] 奥沙利文. 城市经济学 [M]. 苏晓燕，译. 北京：中信出版社，2003.

[57] 赵民，陶小马. 城市发展和城市规划的经济学原理 [M]. 北京：高等教育出版社，2001.

[58] CHANDLER T. Four Thousand Years of Urban Growth: An Historical Census[M]. Lewiston, NY: Edwin Mellen Press, 1987.

[59] 王受之. 世界现代建筑史 [M]. 北京：中国建筑工业出版社，2012.

[60] 刘敦桢. 中国古代建筑史 [M]. 北京：中国建筑工业出版社，2008.

[61] 文丘里. 建筑的复杂性与矛盾性 [M]. 北京：中国水利水电出版社、知识产权出版社，2006.

[62] 诺伯舒兹. 场所精神：迈向建筑现象学 [M]. 施植明，译. 武汉：华中科技大学出版社，2010.

[63] 李允鉌. 华夏意匠：中国古典建筑设计原理分析 [M]. 天津：天津大学出版社，2005.

[64] 合信. 博物新编 [M]. 上海：墨海书馆，1855.

[65] 席泽宗. 科学编年史 [M]. 上海：上海科技教育出版社，2011.

[66] 丹皮尔. 科学史：及其与哲学和宗教的关系 [M]. 李珩，译. 北京：商务印书馆，1979.

[67] 克里斯塔勒. 德国南部中心地原理 [M]. 北京：商务印书馆，2010.

[68] 李泽厚. 美的历程 [M]. 北京：文物出版社，1981.

[69] 西尔，克拉克. 场景：空间品质如何塑造社会生活 [M]. 祁述裕，吴军，译. 北京：社会科学文献出版社，2019.

[70] 张钦楠. 阅读城市 [M]. 北京：生活·读书·新知三联书店，2004.

[71] 李浩. 八大重点城市规划：新中国成立初期的城市规划历史研究 [M]. 第二版. 北京：中国建筑工业出版社，2019.

[72] 王缉慈. 创新的空间 [M]. 北京：科学出版社，2019.

[73] 麦克哈格. 设计结合自然 [M]. 芮经纬，译. 天津：天津大学出版社，2006.

[74] 哈维. 资本的城市化：资本主义城市化的历史与理论研究 [M]. 董慧，译. 苏州：苏州大学出版社，2017.

[75] 理查德. 未来的城市交通 [M]. 潘海啸，译. 上海：同济大学出版社，2006.

[76] 孙施文. 城市规划哲学 [M]. 北京：中国建筑工业出版社，1997.

[77] 所罗门. 未来人类 [M]. 郭怿暄，译. 北京：民主与建设出版社，2021.

[78] 列斐伏尔. 都市革命 [M]. 刘怀玉，张笑夷，郑劲超，译. 北京：首都师范大学出版社，2018.

[79] 洛根，莫洛奇. 都市财富：空间的政治经济学 [M]. 陈那波，译. 上海：格致出版社，2015.

[80] 托夫勒. 未来的冲击 [M]. 黄明坚，译. 北京：中信出版社，2018.

[81] 温纳. 自主性技术：作为政治思想主题的失控技术 [M]. 杨海燕，译. 北京：北京大学出版社，2014.

[82] 尼葛洛庞帝. 数字化生存 [M]. 胡泳，范海燕，译. 海南：海南出版社，1997.

[83] 卡斯特. 网络社会的崛起 [M]. 夏铸久，王志弘，译. 北京：社会科学文献出版社，2000.

[84] 芳汀. 构建虚拟政府：信息技术与制度创新 [M]. 邵国松，译. 北京：中国人民大学出版社，2004.

[85] 库兹韦尔. 奇点临近：当计算机智能超越人类 [M]. 董振华，李庆诚，译. 北京：机械工业出版社，2011.

[86] 凯利. 必然 [M]. 周峰，董理，金阳，译. 北京：电子工业出版社，2016.

[87] 米切尔. 伊托邦：数字时代的城市生活 [M]. 吴启迪，等，译. 上海：上海科技教育出版社，2005.

[88] 布鲁克. 未来城市的历史 [M]. 钱峰，王洁鹏，译. 北京：新华出版社，2016.

[89] 巴蒂. 创造未来城市 [M]. 徐蜀辰，陈翔怡，译. 北京：中信出版社，2020.

后 记

改革开放以来,中国经历了人类历史罕见的、波澜壮阔的工业化、城市化进程。目前,如何更深入解读和解释这个进程仍然是令人兴奋的理论命题,诸多成果从经济学、城乡规划学、地理学、社会学等方面进行了研究。

2015年,笔者在加拿大女王大学访学,跟随梁鹤年先生研修公共政策评估方法,兼涉梁先生的西方文明的文化基因、城市人理论等两个研究方向。感受到梁先生深邃的历史思考、广博的文化视野以及拳拳的爱国情怀。梁先生经常举出旅鼠效应(Arctic Hamster Effect)的案例。迷茫的旅鼠带来启发,现代主义之后各种思潮纷纷,人类是否也正如旅鼠般迷茫、惊慌?显然,站在当下无法洞悉这样的历史命题,需要将视野拉长。当各种思潮涌动推动人们前行,各种新科技、新现象层出不穷,应接不暇,几有"乱花渐欲迷人眼"之势。如果不能十分确定方向的正确性,那最好的选择并非随波逐流,而是走慢一点,或者能停下来,思考更远的过去,拿着时间望远镜去历史中寻找线索、规律和信心。梁先生的《西方文明的文化基因》一书梳理了西方历史演变中那些关键的"人事时空",《旧概念与新环境》一书把历史上那些思想家"请"到今天来助力分析当前的城市发展。笔者从中学到了从长线条的历史脉络看未来,于是,埋下了一颗历史方法论的种子。

回国后,观察研究城市发展的一些前沿趋势与实践,如河北雄安新区等,愈加感受到必须有更加长远的历史眼光才能有所把握。当今世界,城市已经是多数人的家园,如何建设城市、发展城市显然十分重要。城市、城乡、区域这样的宏大命题，需要综合的视野，进行系统分析和架构的能力。十分幸运的是，攻读博士学位期间，从导师叶裕民教授身上学习了分析城乡发展的系统视角和治学方法，这一收获长远受益。

自参加工作后，经常与各个城市的决策者交流，学习到他们的许多治理经验与智慧。同时，交流中也探讨到很多问题，这些问题来自实践，也蕴含深刻的理论涵义，无法简单从书本上找到答案。

于是，写作本书的计划慢慢清晰，要拿起历史望远镜，坚持综合视角，去看西方的柯布西耶、赖特、芒福德、格迪斯、霍华德、马克思、恩格斯，去看欧文、傅立叶、莫尔、康帕内拉、苏格拉底、柏拉图、亚里士多德，去看东方的样式雷、《营造法式》、《周礼·考工记》、管子。去观察分析纽约、伦敦、巴黎、东京、新加坡、伊斯坦布尔、耶路撒冷、罗马、雅典，两河流域的苏美尔城，去回溯中华文明的明清北京元大都，宋开封、杭州，汉唐长安、洛阳，以至二里头、陶寺、良渚。

如何把握这样的历史长线条？恰好在武汉大学读本科阶段曾学习魏伟老师主讲的《中外名城赏析》这一精品课程，该课程汇总梳理了人类历史上那些星光熠熠的城市的发展与规划历程。魏老师还指导我们建筑系与规划系组成的一个小团队获得了挑战杯全国大学生竞赛一等奖。此后，魏老师也在梁鹤年先生处访学，并且成为"城市人"理论的主要研究推广者。基于这些渊源，与魏伟教授相继合作发表了两篇梳理人类城市历史演变大脉络的文章，分别刊发于《中国国土资源报》以及光明网学术频道，初步提出了"城市进化"的理论分析视角。

以上种种的缘分汇聚形成了本书的选题与研究进路。从历史大脉络看，近代以来，中国的发展、中华民族的发展从未像今天这样在诸多领域迈步在人类发展的前沿，中国的城市发展也迎来了巨大的历史机遇，有条件承续历史文脉与辉煌，接纳整合新一轮科技产业革命新能量，为人类城市文明作出新的贡献。躬逢这样的伟大时代，希望能从学者角度作出一些历史规律梳理，为未来城市的发展提供镜鉴，这本书是这样的研究愿景的初步尝试，希望能够抛砖引玉，引发学界更多、更好的研究成果的出现，共同繁荣城市中国的理论园地。

作者简介

焦永利,中国浦东干部学院教研部副教授,中浦院牛津大学联合城市研究中心研究员,入选上海市青年拔尖人才(2020)。